COURS
ÉLÉMENTAIRE
D'EDUCATION
DES SOURDS ET MUETS.

COURS
ÉLÉMENTAIRE
D'ÉDUCATION
DES SOURDS ET MUETS,

Par M. l'Abbé DESCHAMPS, Chapelain de l'Eglise d'Orléans.

SUIVI d'une Dissertation sur la Parole, traduite du latin de JEAN-CONRAD AMMAN, Médecin d'Amsterdam.

Par M. BEAUVAIS DE PRÉAU, Docteur en Médecine à Orléans.

Labor improbus omnia vincit. VIRG.

PARIS,
Chez les freres DEBURE, Libraires, Quay des Augustins.

M. DCC. LXXIX.
Avec Approbation & Privilége du Roi.

A

SON ALTESSE SÉRÉNISSIME

MONSEIGNEUR

LE DUC D'ORLÉANS,

PREMIER PRINCE DU SANG.

Monseigneur,

Nous n'avons entrepris les Ouvrages que nous prenons la liberté d'offrir à VOTRE ALTESSE SÉRÉNISSIME, que dans la vue de concourir au bonheur de l'hu-

manité. Sous quels auspices plus favorables pourrions-nous les faire paroître, MONSEIGNEUR, que sous ceux d'un Prince ami des hommes, & célebre à jamais par sa bienfaisance? Nous osons supplier VOTRE ALTESSE SÉRÉNISSIME, de les recevoir avec bonté. Trop heureux, s'ils peuvent répondre au zele & au très-profond respect avec lesquels nous sommes,

MONSEIGNEUR,

DE VOTRE ALTESSE SÉRÉNISSIME,

Les très-humbles & très-obéissans Serviteurs,

DESCHAMPS, *Chapelain de l'Eglise d'Orléans.*

BEAUVAIS DE PRÉAU, *D. M.*

APPROBATION.

J'ai lu par ordre de Monseigneur le Garde des Sceaux, un Manuscrit intitulé : *Cours Elémentaire d'Education des Sourds & Muets*, par M. l'Abbé Deschamps ; & je n'y ai rien trouvé qui doive en empêcher l'impression. A Orléans le 5 Novembre 1778.

DE REYRAC.

PRIVILÉGE DU ROI.

LOUIS, PAR LA GRACE DE DIEU, ROI DE FRANCE ET DE NAVARRE : à nos amés & féaux Conseillers, les Gens tenant nos Cours de Parlement, Maîtres des Requêtes ordinaires de notre Hôtel, Grand-Conseil, Prévôt de Paris, Baillifs, Sénéchaux, leurs Lieutenans Civils, & autres nos Justiciers qu'il appartiendra ; SALUT. Notre amé le Sieur Abbé DESCHAMPS, Nous a fait exposer qu'il desireroit faire imprimer & donner au Public un Ouvrage de sa composition, intitulé : *Cours Elémentaire d'Education des Sourds & Muets*; s'il Nous plaisoit lui accorder nos Lettres de Priviléges à ce nécessaires. A CES CAUSES, voulant favorablement traiter l'Exposant, Nous lui avons permis & permettons de faire imprimer ledit Ouvrage autant de fois que bon lui semblera, & de le vendre, faire vendre par-tout notre Royaume. Voulons qu'il jouisse de l'effet du présent Privilége, pour lui & ses hoirs à perpétuité, pourvu qu'il ne le rétrocede à personne ; & si cependant il jugeoit à propos d'en faire une cession, l'Acte qui la contiendra sera enregistré en la Chambre Syndicale de Paris, à peine de nullité, tant du Privilége que de la cession ; & alors par le fait seul de la cession enregistrée, la durée du présent Privilége sera réduite à celle de la vie de l'Exposant, ou à celle de dix années à compter de ce jour, si l'Exposant décede avant l'expiration desdites dix années. Le tout conformément aux Articles IV & V de l'Arrêt du Conseil du trente Août 1777, portant Réglement sur la durée des Priviléges en

Librairie. Faisons défenses à tous Imprimeurs, Libraires, & autres Personnes, de quelque qualité & condition qu'elles soient, d'en introduire d'impression étrangere dans aucun lieu de notre obéissance; comme aussi d'imprimer, ou faire imprimer, vendre, faire vendre, débiter ni contrefaire ledit Ouvrage, sous quelque prétexte que ce puisse être, sans la permission expresse & par écrit dudit Exposant, ou de celui qui le représentera, à peine de saisie & de confiscation des Exemplaires contrefaits, de six mille liv. d'amende, qui ne pourra être modérée pour la premiere fois, de pareille amende & de déchéance d'état en cas de récidive, & de tous dépens, dommages & intérêts, conformément à l'Arrêt du Conseil du 30 Août 1777, concernant les contrefaçons. A la charge que ces Présentes seront enregistrées tout au long sur le Registre de la Communauté des Imprimeurs & Libraires de Paris, dans trois mois de la date d'icelles; que l'impression dudit Ouvrage sera faite dans notre Royaume, & non ailleurs, en beau papier & beaux caracteres, conformément aux Réglemens de la Librairie, à peine de déchéance du présent Privilége; qu'avant de l'exposer en vente, le Manuscrit qui aura servi de copie à l'impression dudit Ouvrage, sera remis dans le même état où l'Approbation y aura été donnée, ès mains de notre très-cher & féal Chevalier, Chancelier, Garde des Sceaux de France, le Sieur HUE DE MIROMENIL; qu'il en sera ensuite remis deux Exemplaires dans notre Bibliothéque publique, un dans celle de notre Château du Louvre, & un dans celle de notre très-cher & féal Chevalier, Chancelier de France, le Sr. DE MAUPEOU; & un dans celle du Sieur HUE DE MIROMENIL. Le tout à peine de nullité des Présentes: Du contenu desquelles vous mandons & enjoignons de faire jouir ledit Exposant & ses hoirs, pleinement & paisiblement, sans souffrir qu'il leur soit fait aucun trouble ou empêchement. VOULONS que la copie des Présentes, qui sera imprimée tout au long, au commencement ou à la fin dudit Ouvrage, soit tenue pour dûement signifiée, & qu'aux copies collationnées par l'un de nos amés & féaux Conseillers-Secrétaires, foi soit ajoutée comme à l'original. DONNÉ à Versailles, le treiziéme jour de Décembre, l'an de grace mil sept cent soixante-dix-huit, & de notre Régne le cinquiéme. Par le Roi, en son Conseil. *Signé* LE BEGUE.

AVIS.

AVIS.

M. *l'Abbé* DESCHAMPS *offre ses services au Public pour l'Institution des Sourds & Muets. Il donne des Leçons gratuites aux Pauvres de l'un & l'autre sexe : il se chargera volontiers de prendre en pension les jeunes Gens qu'on voudra bien lui confier. Outre les connoissances directes au but qu'il se propose, qui est de faire parler les Sourds & Muets, il en ajoutera d'autres, à la volonté des Parens, comme la Langue Latine, la Philosophie, l'Histoire, &c. Il se charge même de trouver à ses Eleves des Maîtres - d'Armes, d'Equitation, de*

AVIS.

Deſſein, &c. ſi on le juge convenable.

Sa demeure eſt à ORLÉANS, *rue de Gourville, près la Croix-Rouge : il recevra toutes les lettres qu'on lui adreſſera franches de port.*

LETTRE

A M. DE S***,

Capitaine de Cavalerie,

Pour servir de Préface.

On ne cesse, Monsieur, de calomnier notre siécle. Des déclamateurs injustes lui font les reproches les plus graves. Sont-ils bien mérités ? Cette frivolité, que l'on veut être son caractere distinctif, s'étend-elle à tous les objets ? La matiere dont je me propose de vous entretenir, & que votre amour pour l'humanité vous fait desirer de connoître, doit décider la question. Je veux parler de l'éducation des Sourds & Muets. Parmi les connoissances utiles à l'humanité, celles qui tendent à l'instruction de ces êtres infortunés, retranchés en quelque sorte de la société des hommes, tiennent sans doute un des premiers rangs. Leur état, qui a toujours intéressé les ames sensibles, n'excite plus seulement notre commisération, il réveille notre industrie. On ose aujourd'hui tenter avec confiance ce dont on n'eût pas même jadis soupçonné la possibilité. Des hommes doués d'une sagacité rare & d'une patience à l'épreuve, (*a*) entreprennent de donner aux Sourds & Muets une partie de ce que la nature avare leur a refusé. S'il est beau de prêter une main secourable aux malheureux, de concourir au bien-être de ses semblables, quels applaudissemens mérite celui qui consacre ses veilles & ses talens à une occupation si noble, mais si pénible ?

Je me suis proposé, MONSIEUR, de parcourir cette carriere : j'y ai déja fait quelques pas : je n'y suis entré qu'en tremblant : je n'ai été soutenu que par mon zèle & ma sensibilité. Ces deux seuls motifs m'ont enhardi à travailler à rendre ces hommes à la Religion, à l'Etat : ce sont eux qui vous animent, & tel est sûrement le principe de votre louable curiosité; je me hâte de la satisfaire. La vie est un bienfait, la rai-

_____

(*a*) MM. de Lépée & Pereire.

son nous l'apprend, la Religion cherche tous les jours à nous en convaincre ; mais les Sourds & Muets n'en goûtent pas toute la plénitude. Privés du sens de l'ouïe & de l'organe de la parole, ils sont dès-lors incapables de profiter du commerce des hommes : ils manquent de la faculté d'exprimer distinctement leurs pensées : ils se trouvent placés dans le monde sans connoître pourquoi ils y sont, comment ils y sont, sans prévoir leur destination. Cette demeure qu'ils habitent, est pour eux une terre étrangere dont ils ignorent les avenues & les issues. C'est un désert où tout se tait autour d'eux, & où ils ne peuvent interroger personne. Ils voyent bien des Êtres qui ont les mêmes traits, qui paroissent avoir les mêmes desirs ; mais une foule d'idées contradictoires viennent croiser ces rapports foiblement apperçus, & les jettent dans l'incertitude. Que de questions intéressantes à former, dont l'impuissance de les rendre écarte la solution ! Nés pour connoître, leur avidité d'acquérir de nouvelles lumieres se développe & s'éteint à chaque instant, & successivement. Nos mœurs, nos usages font une énigme pour eux. Il est mille objets qui affectent, il est vrai, quelques-uns de leurs sens, mais qui n'en sont pas moins à leurs yeux un mystere inexplicable. Sans doute qu'ils réfléchissent quelquefois sur eux-mêmes, & se comparent avec nous : c'est alors qu'ils apperçoivent une différence dans l'explication des besoins les plus nécessaires à la vie; différence qui met entr'eux & nous un si grand intervalle, & qui est toute à leur désavantage. *Pourquoi*, doivent-ils se dire à eux-mêmes, *les autres hommes se communiquent-ils si facilement, par le mouvement des levres, leurs besoins, leurs pensées; tandis que, forcés de recourir à la plus grande application, pour nous faire entendre par des signes, nous ne réussissons souvent qu'avec difficulté ?* Leur malheur est alors en raison de leur dégré d'intelligence. C'est donc à les tirer de cet état violent, que doivent se diriger tous nos efforts; mais quelle est la voie qu'il faut suivre ? C'est ce que nous allons discuter.

Plusieurs moyens se présentent : le plus court, sans doute, seroit de guérir la surdité; malheureusement il est impossible. On ne connoît point la cause de cet état primitif dans les Sourds & Muets. On a dit qu'elle venoit en général, ou d'une obstruction ou compression de nerf acoustique, ou de quelqu'amas de matiere dans la cavité interne de l'oreille, ou de ce que le conduit auditif étoit bouché, soit que ce fût par des excroissances, ou par le gonflement de quelques glandes, ou enfin par un corps étranger. Peut-être, ajoute-t-on, le nerf, organe immédiat du sens de l'ouie, est-il étroitement enveloppé de quelques membranes hétérogenes; peut-être même, sans ton, & sans ressort, est-il tout-à-fait paralytique; peut-être…. Vaines & chimériques suppositions, qu'on ne doit qu'à la manie si commune & si dangereuse de vouloir tout expliquer ! De quelle utilité peut être ici cette théorie vague ? Quelle est celle de ces causes si variées qu'il faut adopter ? Passons à quelque chose de plus certain.

Croire que les Sourds & Muets n'entendent absolument rien, ce seroit se tromper. Ils ont communément une perception du son : (quelques-uns d'eux m'ont fait connoître qu'ils étoient affectés d'un bourdonnement plus ou moins fort, en raison du bruit qui le faisoit naître) mais cette perception est si confuse, si imparfaite, qu'elle n'est pour eux d'aucune utilité. Cependant ce principe reconnu nous donne la solution de plusieurs phénomenes, qui semblent inexplicables au premier coup d'œil. Si on se place derriere un Muet, qu'on l'appelle fortement, il se retourne, & semble vous entendre. Il se fait alors chez lui une impression quelconque, qui l'avertit du bruit, mais d'une maniere foible & obscure, qui ne lui permet pas de distinguer les sons. Cette impression est, ou un bourdonnement qui se propage par les voies ordinaires, jusqu'à l'organe immédiat de l'ouie, ou un effet de la pression de l'air sur toute la surface du corps; pression qui produit une sensation intérieure, à peu-près semblable à celle que nous éprouvons au bruit du tonnerre, du canon, &c. Quoi qu'il en soit de ces deux manieres, dont les Sourds & Muets ont la perception du bruit, il est certain qu'ils n'entendent point, à proprement parler, puisqu'ils ne peuvent distinguer les sons, & que conséquemment ils ne peuvent les imiter. Telle est, je crois, l'idée qu'on doit se former de leur surdité : aussi les Sourds de naissance sont-ils Muets ordinairement, par la seule incapacité d'apprendre à parler. Mais pourquoi les yeux n'aideroient-ils pas les oreilles, ou, pour mieux dire, ne les suppléeroient-ils pas ? Les Sourds & Muets ne peuvent-ils, à la rigueur, entendre ce qu'on dit, en observant le mouvement des levres & de la bouche ? Qui les empêche même de s'accoutumer à faire des mouvemens semblables, &, par ce moyen, d'apprendre à parler ; les obstacles qui pourroient s'y opposer, ne sont pas invincibles. L'art si curieux & si utile, d'apprendre à parler aux Muets, se présente à leur secours : art important, & dont la postérité enviera peut-être à ces derniers siécles la découverte.

L'époque où il commença à être cultivé n'est pas encore bien reculée. VALLIS, en Angleterre ; AMMAN, en Hollande, l'ont pratiqué avec un succès admirable dans le siécle dernier. Les Ouvrages de ces deux Sçavans sont entre les mains de tout le monde. Il paroît, par leur témoignage, qu'un certain Religieux s'y étoit exercé avant eux. EMMANUEL RAMIREZ DE CORTONE, & PIERRE DE CASTRO, Espagnols, avoient aussi travaillé sur cette matiere plusieurs années auparavant : peut-être, & nous n'en doutons point, d'autres Auteurs ont-ils écrit & publié des méthodes qui ne sont pas venues jusqu'à nous. Quoi qu'il en soit, il est vraisemblable que c'est le P. PONCE, Espagnol, mort en 1584, qui a inventé le premier l'art de donner la parole aux Muets ; mais il ne nous a point transmis sa Méthode. De nos jours, M. PEREIRE, né en Espagne, doit la sienne à son génie : on peut voir ses succès dans l'Histoire de l'Académie des Sciences. M. l'Abbé DE LÉPÉE, son digne émule, s'est également frayé la route qu'il suit dans l'Institution des Sourds & Muets : il en a donné une idée au Public, dans un Ouvrage imprimé à Paris en 1776, sous le titre d'*Institution des Sourds & Muets, par la voie des signes méthodiques*. Notre siécle est trop éclairé, pour qu'il reste des incrédules sur la possibilité de l'existence de l'Art important qui nous occupe. Qui oseroit aujourd'hui révoquer en doute les faits suivans ?

Le Docteur VALLIS parle de deux jeunes gens qui étoient Sourds & Muets de naissance, & qui ne laissoient pas d'entendre ce qu'on leur disoit, & de répondre pertinemment. Le Chevalier DIGBY nous dit avoir vu un autre exemple de la même chose.

M. VALLER, Secrétaire de la Société Royale de Londres, donne dans ses Transactions Philosophiques, N°. 313, l'histoire d'un frere & d'une sœur, âgés l'un & l'autre de 50 ans, & nés dans la même Ville que lui, qui tous deux étoient entiérement sourds, & qui cependant connoissoient tout ce que l'on leur disoit, en examinant seulement le mouvement des levres, & y répondoient sur le champ. Tous deux avoient joui du sens de l'ouïe, étant enfans; mais ils l'avoient perdu dans la suite, & n'en avoient conservé qu'un langage barbare qui pouvoit devenir intelligible à ceux qui les voyoient fréquemment.

L'Évêque BURNET rapporte un exemple presque semblable dans l'Histoire de la fille de M. GODDY, Ministre de Saint Gervais, à Geneve. Cette fille devint sourde & muette à l'âge de deux ans. Depuis ce temps, elle n'entendit plus que le grand bruit, mais rien de ce qu'on lui difoit : cependant, en obfervant le mouvement des levres de ceux qui lui parloient, elle apprit un certain nombre de mots, dont elle fe compofa une efpece de jargon, au moyen duquel elle pouvoit converfer avec ceux qu'une longue habitude mettoit dans le cas d'entendre fon langage. Elle ne pouvoit rien fçavoir de ce qu'on lui difoit, à moins qu'elle ne vît le mouvement des levres de la perfonne qui lui parloit. Pendant la nuit, on ne pouvoit caufer avec elle fans lumiere : ce qui femble extraordinaire, c'eft que cette fille avoit une fœur, avec laquelle elle converfoit plus aifément qu'avec perfonne, même durant l'obfcurité : il lui fuffifoit alors de mettre fa main fur la bouche de fa fœur, pour fçavoir ce qu'elle lui difoit, & pour pouvoir y répondre. (*Burn. Lett.* 4, *pag.* 248.) Je viens de dire que ce fait femble extraordinaire ; il ne l'eft, MONSIEUR, que pour les perfonnes qui ne font point au fait de cette forte d'éducation. Rien de fi facile à concevoir en effet ; il ne vient que de ce que la fœur de Mademoifelle GODDY articuloit avec précifion,

& qu'elle prononçoit un peu lentement.

Quelques hommes, touchés fensiblement du malheur des Sourds & Muets, ont tâché de les inftruire : ils ont d'abord eu recours à la voie des fignes. Cette tentative a réuffi, il eft vrai ; mais elle n'eft pas fuffifante. Le peu de fondement qu'on peut faire fur eux, leur fignification équivoque & arbitraire, l'obligation de les connoître, tant de la part de ceux qui les voient, que de ceux qui les font, font autant de raifons qui doivent nous porter à les rejetter. Je ne prétends point confondre dans ces fignes ceux qui regardent les befoins phyfiques : ces derniers font dans la nature de l'homme. Il n'eft perfonne qui, dans un Pays étranger, fe laiffât manquer des chofes néceffaires, faute de pouvoir fe faire entendre par fignes, au défaut de la connoiffance de la langue des habitans : mais doit-on borner toutes fes inftructions, relativement aux Sourds & Muets, à leur donner la connoiffance des fignes ? C'eft ce que je ne peux me perfuader. On a cru long-tems qu'il étoit impoffible de leur apprendre à parler, parce que la parole n'étant qu'une fuite de fons, il falloit s'entendre soi-même, & que les Sourds & Muets, faute d'organe qui leur rendît compte de ces sons articulés, ne pourroient jamais parvenir à les former. Ce raisonnement avoit toute l'apparence de la vérité ; on ne considéroit alors l'effet de la parole, que comme des sons qui représentoient nos idées : c'étoit à son méchanisme qu'il falloit s'attacher, je veux dire à ce qui s'exécute dans l'organe qui la forme. Mais cette découverte, l'Anatomie seule pouvoit nous la faire appercevoir.

Cette Science, comme un flambeau, a porté la lumiere dans les esprits ; elle a dissipé les ténebres des préjugés ; elle nous a montré le méchanisme de la parole ; elle a rendu les sons tributaires de la vue ; ils sont devenus palpables. Déja on étoit parvenu à donner du corps aux pensées, à peindre la parole : maintenant on l'a rendu sensible avec le souffle & le mouvement des levres. On parle aux doigts ; on se fait entendre aux yeux ; & le visage d'un homme qui articule des mots, est un livre ouvert, où peut lire celui qui l'écoute. En un mot, nous suppléons au défaut de l'ouie, dans les Sourds & Muets, par la vue & le toucher.

Les Sourds & Muets ne parlent pas, parce qu'ils n'entendent point. Vérité incontestable ! Si nous pouvons suppléer à la faculté d'entendre, nous levons l'obstacle qui paroissoit insurmontable. Alors les effets que la surdité occasionnoit, ne peuvent plus subsister, & l'usage de la parole peut leur devenir facile. L'expérience le démontre de maniere à ne laisser aucun doute.

La voix peut être considérée, ou comme son simplement pris comme tel, ou comme son articulé : dans l'une & l'autre supposition, elle est toujours l'effet des organes qui lui sont propres. Or l'Anatomie n'a jamais reconnu aucune différence dans les organes des Sourds & Muets, & dans ceux des autres hommes : ils sont semblables dans les uns & dans les autres. Examinons-en la structure.

La partie supérieure de la trachée-artere est la plus grosse & la plus considérable : on la nomme larynx ; elle est composée de plusieurs cartilages, qui tirent leur nom de leur figure, ou de leur usage. On les appelle thyroïde, cricoïdes, aritenoïdes, épiglotte. Ces piéces sont unies par des muscles, des ligamens, des membranes, & forment un tuyau mobile qui peut se resserrer & s'élargir à volonté. On peut le regarder comme une espece de flûte inimitable. Au haut est une fente qu'on nomme la glotte, dont le diametre change, selon les inflexions qu'on donne à sa voix : son usage est de la former, & de la modifier. Phénomene admirable ! & dont l'utilité surpasse encore les merveilles. Développons ceci.

Le son n'est probablement produit que par une compression subite des parties de l'air. Cette compression se fait par des corps, dont les molécules intégrantes venant à être resserrées tout-à-coup, se rétablissent d'abord, & obligent l'air à se replier sur lui-même. Dans la formation de la voix, c'est l'air même qui, allant heurter contre les bords de la glotte, se brise, & fait plusieurs vibrations qui forment le son.

Selon quelques Auteurs, lorsque les parois de la glotte sont plus ou moins longues, tendues, écartées, les vibrations qu'elles communiquent à l'air sont tout-à-fait différentes ; mais le seul resserrement de la glotte doit varier les sons. L'air qui vient d'un lieu fort large, passe rapidement dans le larynx ; cette rapidité avec laquelle il va heurter contre la glotte, y cause des vibrations. Plus l'ouverture de la glotte est étroite, plus l'air y passe avec rapidité, plus le son est aigu; & au contraire, ceux qui élargissent trop l'ouverture de la glotte, ne rendent aucun son. La bouche & les narines ne contribuent en rien à la parole qui se forme dans l'ouverture de la glotte; mais elles la modifient.

Il est certain que la différence de la prononciation des lettres *a* & *b*, prononcées sur le même ton, ne vient pas du plus ou du moins de mouvement, puisqu'on peut les prononcer avec la même force sur *sol* ou *fa*; mais il est évident que l'air, diversement réfléchi, doit varier le même ton : ce sont les modifications que la bouche & la langue donnent à l'air qui font cette différence dans la prononciation des voyelles.

Il y a plusieurs instrumens qui servent à la parole : la langue est le principal ; les levres, les dents y contribuent aussi.

Pour que la voix se forme aisément, il faut 1°. de la souplesse dans les muscles qui ouvrent & resserrent la glotte. 2°. Il faut que les ligamens, qui unissent les piéces du larynx, obéissent facilement. 3°. Il faut une liqueur qui humecte continuellement le larynx. 4°. Il faut que le thorax puisse avoir une dilatation considérable : car si les poumons ne peuvent pas bien s'étendre, on sera forcé de prendre haleine à chaque moment ; & si la prononciation de nos Sourds & Muets est longue, ce n'est point parce que les poumons respirent avec peine, c'est par le peu d'habitude qu'ils ont à prononcer. En parlant de leur prononciation, nous ferons voir qu'il est possible d'y remédier par la suite. Le premier son, formé par le seul organe de la voix, est informe, sans aucune modulation, sans aucune variation. Tel est celui que rendent nos Sourds & Muets lorsqu'ils ne sont pas instruits: tel seroit également celui que rendroit tout homme élevé hors du commerce des autres, quand même il ne seroit ni Sourd, ni Muet.

L'Homme enfant, qui n'est point privé de l'ouïe, entend les autres hommes parler entr'eux, se demander leurs besoins, se communiquer leurs idées, & cela, par des sons qu'il veut également imiter : il s'étudie à les rendre ; il commence par les balbutier, il en approche; il vient enfin à les imiter parfaitement. Dans cet intervalle, on le voit avoir recours aux signes; il en sent bientôt de lui-même toute la foiblesse & l'impuissance. Il n'a pas besoin de Maître pour s'appercevoir qu'il ne s'énonce pas comme le reste des hommes; qu'il manque souvent d'expressions & de signes pour transmettre au dehors ses idées. Ses passions naissantes lui inspirent des desirs multipliés : nouveau sujet d'aiguillon pour lui. Les femmes qui le soignent se font un plaisir de lui apprendre quelques mots usités, de lui faire connoître par signes, ou de lui montrer l'objet de la signification du mot. La joie & les ris accompagnent toujours ces leçons, qui ne sont, à proprement parler, que des amusemens & des jeux pour les Eleves & pour les Maîtresses. Il s'exerce donc, par un mouvement purement naturel, par un instinct, pour ainsi dire, machinal, à ouvrir la bouche, à trouver à la langue, aux levres, une position convenable pour l'expression : aidé d'ailleurs par la vue de ces organes dans le visage de ceux qui lui donnent ses leçons, il est un spectateur attentif, qui veut, sans le sçavoir, apprendre des choses dont il ignore la nécessité & l'usage. Il est si vrai, qu'il fait attention aux levres de ceux qui lui parlent, qu'il prononce beaucoup mieux quand on le tourne vers soi & qu'il vous voit, que lorsqu'il ne vous apperçoit point: aussi les nourrices ont-elles grand soin de donner aux enfans cette position. J'avoue qu'elles le font sans en connoître la cause ; mais ce fait n'en est pas moins constant, & prouvé par une expérience journaliere.

On ne sçauroit donc disconvenir que ce premier son informe & inarticulé ne soit dans tous les hommes, tant dans les Sourds & Muets, que dans ceux qui ne le sont pas, le principe & la source des paroles articulées. Par une conséquence nécessaire, l'articulation réelle & formée ne vient que de la position locale de la langue & des levres. La preuve en est dans tous les hommes, & chacun peut se convaincre soi-même de cette vérité. Qu'on essaye à prononcer la lettre *a* avec une position contraire à celle qui est nécessaire pour la prononciation de cette lettre, on verra évidemment que la prononciation dépend de la position méthodique de ces organes, puisque cette prononciation ne sera pas celle de l'*a*, mais de la lettre qu'exigera la situation de la langue & des levres qu'on aura prise. Si cette position étoit celle de la lettre *e*, elle donneroit la prononciation de cette lettre, & ainsi des autres. Delà il s'ensuit également que si cette situation étoit forcée, elle donneroit une articulation fausse, plus ou moins éloignée de la vraie prononciation, à proportion que la disposition des organes se trouveroit plus ou moins éloignée d'une vraie position quelconque. En donnant aux Sourds & Muets cette vraie disposition des organes, nous leur rendons effectivement & réellement la parole : ils s'en servent sans avoir d'idée des sons. Pour les autres, ce sont des sons articulés, des paroles; pour eux, ce sont des signes muets, qu'ils rendent par l'organe de la voix, auxquels ils attachent des idées. Ce sont des paroles pour les autres, puisque ce sont des sons articulés, images de nos pensées : ce sont des signes muets pour eux, puisqu'ils ne les entendent point.

On divise les lettres en voyelles & consonnes. Celles-là forment des sons simples, qui n'ont besoin d'aucune autre lettre pour pouvoir être prononcées ; c'est pourquoi on les appelle voyelles. Les consonnes, au contraire, ne peuvent être prononcées que par le secours des voyelles. Il ne faut, pour prononcer les premieres, que la seule ouverture de la bouche; & elles se diversifient par les différentes dispositions du passage de la voix. La jonction de ces voyelles, ou sons simples, forment des diphtongues : dans cette union, aucune des deux lettres n'a le son qui lui est propre.

C'est pourquoi nous nous attachons d'abord à la prononciation des cinq voyelles, parce qu'il est clair que, pour pouvoir modifier une chose, il faut commencer par la connoître. Parvenu à la prononciation des voyelles & des syllabes, on commence à jouir du fruit de ses travaux. Toutes ne présentent pas la même facilité à prononcer : il y en a quelques-unes qui sont d'une difficulté, pour ainsi dire, capable de décourager. C'est au temps, à la patience, à l'application à lever ces obstacles.

Il est impossible de fixer un temps

pour ces articulations. Je conçois aisément que si on se contente d'un son approchant plus ou moins du véritable, il ne faut ni une longue étude, ni une application fort grande : alors on n'atteint point le véritable but qu'on doit chercher. L'objet qu'on se propose est en effet de donner aux Sourds & Muets une prononciation bien formée, pour qu'ils puissent se faire entendre facilement ; autrement leurs organes ne rendroient que des sons mal articulés : ce seroient plutôt des cris que des paroles. La facilité, ou la difficulté que les Muets ont à trouver une juste position des levres, des dents & de la langue, abrege le travail, ou contribue à le rendre plus long. Lorsque les Sourds & Muets sont parvenus à bien prononcer les voyelles & les syllabes, tant à l'inspection des levres, qu'à la vue des lettres, soit imprimées, soit écrites, le Maître peut se flatter de la réussite. Qu'il ne se rebute point de la lenteur des progrès. Guidés dans toutes leurs opérations par les yeux & le tact, qui leur montrent la position des levres, de la langue & des dents, les Sourds & Muets ont besoin de beaucoup de temps pour s'instruire. Il faut d'abord qu'ils voient le caractere de la lettre; qu'ils regardent ensuite le visage du Maître; qu'ils imitent la même position de ses organes; qu'ils prononcent, & qu'ils réiterent la prononciation à l'aspect seul de la lettre. Les autres enfans n'ont besoin que d'une oreille attentive; ce qui abrege beaucoup le temps. Les syllabes bien prononcées conduisent aux mots : ceux-ci sont, ou monosyllabes, ou composés de plusieurs syllabes. S'ils sont monosyllabes, la prononciation en est simple & facile; s'ils sont de plusieurs syllabes, il ne s'agit que de les faire articuler chacune l'une après l'autre. Voici ma méthode, pour faire comprendre à mes Eleves qu'il les faut prononcer de suite : je commence à écrire séparément toutes les syllabes du mot que je veux qu'ils prononcent, & je les prononce à mon tour chacune séparément : je les leur fais articuler de même; ensuite je joins ces syllabes, en les écrivant à côté les unes des autres, comme elles doivent l'être; je les prononce alors, en les joignant les unes aux autres. Si cela ne suffit pas, pour leur faire connoître encore plus clairement

ment l'obligation de joindre ces syllabes ensemble, je prends autant de petits bouts de fil, qu'il y a de syllabes; je mets chaque bout de fil séparé sous chaque syllabe séparée; je les prononce, & je les leur fais aussi prononcer séparément, en levant chaque bout de fil de dessous les syllabes. Je leur fais observer que le second bout de fil est aussitôt noué avec le premier, & que je prononce les syllabes qui y correspondoient, en les joignant les unes aux autres; ce que je leur fais répéter: j'en fais de même pour les syllabes suivantes. Par-là, j'ai obvié à cette difficulté qui se présente d'abord à l'esprit, qui tendroit à faire craindre que cette prononciation fût si lente, qu'elle fût une articulation de syllabes, & non pas de mots. L'expérience démontre clairement que, quoique la prononciation soit lente, elle est cependant propre à faire sentir les mots, qui sont distingués les uns des autres; ce qui n'ôte rien de l'agrément de leur prononciation. Beaucoup de gens, qui ne sont ni Sourds, ni Muets, en ont une bien plus désagréable. Parvenu à faire prononcer des mots à mes Eleves, il leur sera facile de prononcer des phrases, & de les comprendre. Cette vérité, Monsieur, vous paroîtra peut-être un paradoxe : je vais chercher à vous désabuser.

Pour montrer la vérité de mon sentiment, qu'il me soit permis de mettre en parallele deux enfans, dont l'un ne sera ni Sourd ni Muet, & l'autre le sera. Dès l'enfance, j'accoutume le premier à attacher des idées aux sons qui frappent l'oreille. Né avec la faculté de concevoir & de raisonner, il est par ces sons instruit des vérités, tant physiques que morales : il attache aux paroles qu'il entend des idées conformes aux choses. Ainsi il s'accoutume insensiblement à raisonner, à parler d'après sa façon de penser : on voit croître avec son âge l'agrandissement de ses idées. Le Sourd & Muet sera dans le même cas : les sons, il est vrai, ne frappent point son organe de l'ouie, puisqu'il est privé de la faculté de s'en servir ; mais ses yeux sont habitués à lire les paroles que les autres entendent. D'après cette lecture, il raisonnera, il concevra, il sera instruit des vérités qu'il lui importe de connoître : il attachera à la lecture des sons, des idées conformes aux choses que représentent ces sons. On le verra, comme l'autre, s'accoutumer à raisonner, à analyser; il donnera de vive voix son sentiment: comme les autres, on le verra, avec le temps, accroître la somme de ses idées, les rectifier, les combiner. Pour peu qu'on réfléchisse sur la cause du développement des idées, on ne sera point étonné de ce que j'avance. Ce ne sont point dans les autres hommes les sons qu'ils entendent qui leur donnent la faculté de concevoir, c'est cette faculté qui leur fait appliquer aux sons des idées convenables. Dans les Muets, ce ne sera point la lecture sur les levres qui leur donnera la faculté de concevoir, ce sera cette faculté qui leur fera appliquer à cette lecture les idées convenables. Dans le premier cas, la parole, par rapport à l'ouïe, est un livre toujours ouvert aux oreilles: dans la seconde hypothèse, la parole est un livre toujours ouvert aux yeux. Le tems & l'éducation forment les uns & les autres: c'est donc de ces deux sources que dépend la réussite. Il faut convenir cependant que la maniere de donner l'éducation doit être différente pour les Sourds & Muets que pour les autres; 1°. parce que, par rapport aux uns, l'usage seul fait tout l'ouvrage dans les choses nécessaires à la vie, comme dans les idées générales de la politesse, & de la connoissance générale des Sciences. Par rapport aux autres, c'est à l'art & au discernement à développer toutes ces idées par une méthode sûre; 2°. parce que les Sourds & Muets ne nous sont confiés qu'à un certain âge; ce qui ne se peut faire plutôt, parce qu'il faut qu'ils aient de l'intelligence, pour qu'ils puissent comprendre nos principes de prononciation.

Je viens de vous dire, MONSIEUR, que je commençois par leur donner la prononciation; parce que c'est par la parole que nous énonçons nos idées, que nous comprenons celles des autres. J'y joins la lecture à la voix haute, & l'écriture: ce sont les seuls moyens que nous ayons pour cette instruction.

Pour guider l'art & le jugement dans l'instruction des Sourds & Muets, il faut imiter la marche que la nature tient dans l'instruction momentanée des autres enfans. Quoiqu'ordinairement sortis de l'enfance, on peut considérer les Sourds & Muets qu'on nous confie, comme tenant à cet âge, par le peu de connoiſſance qu'ils ont, ou qu'ils paroiſſent avoir. On ſçait qu'à cette époque de la vie, la nature ne va que très-lentement dans ſes opérations. Nous voyons les enfans commencer par dire quelques mots qu'ils eſtropient; ils les prononcent d'abord iſolés & ſans ſuite; ils commencent par connoître l'expreſſion de leurs beſoins phyſiques, & ſouvent on les entend répéter l'interrogation, au lieu d'y répondre. Peu-à-peu ils ajoutent à leurs expreſſions de nouvelles dénominations, pour diſtinguer les qualités bonnes ou mauvaiſes, pour témoigner leurs ſentimens de plaiſir & de douleur, leur amitié & leur averſion, leur eſpérance & leur crainte : ils s'accoutument inſenſiblement à raiſonner, à parler des choſes ſenſibles; delà ils paſſent aux objets qui ne tombent point ſous les ſens. Ce ſont ces mêmes opérations de la nature qui doivent guider nos Elèves.

Après avoir appris aux Sourds & Muets l'articulation des voyelles, je paſſe aux ſyllabes, & des ſyllabes aux mots. Je leur apprends le nom des choſes uſuelles, j'exige d'eux qu'ils les nomment, pour les avoir & s'en servir. A cette connoissance, je joins un adjectif, pour leur faire connoître l'énoncé de la qualité : pour les accoutumer à répondre, je leur propose des questions conformes à leurs besoins physiques, qu'ils n'obtiennent point, qu'autant qu'ils y répondent. Je ne manque jamais à leur faire joindre le signe de la chose à l'expression, pour la leur faire comprendre, lorsqu'elle n'est pas de sa nature assez palpable. Ainsi, pour leur faire dire *pelle* & *pincette*, je ne me sers d'aucuns signes, parce que la vue seule de ces objets suffit. La conjugaison des Verbes nous présente une foule de choses à expliquer ; les personnes, le nombre, le temps, comme présent, avenir & passé : elle me donne lieu de parler du commandement & de l'obéissance, de l'interrogation & de la réponse. Il est vrai que, pour cela, j'ai recours aux signes pour me faire comprendre ; mais alors je ne m'en sers que pour aider la parole, par rapport à l'intellect : dans le temps même que je conjugue les Verbes, je m'occupe de la lecture. Pour que mes Eleves puissent comprendre facilement ce qu'ils lisent, j'ai soin de ne leur présenter des leçons qui ne regardent que des besoins naturels, ou des choses qu'ils connoissent, ou à la connoissance desquelles ils peuvent être conduits par les précédentes. Je choisis pour mes premieres leçons les notions préliminaires de la Religion & de la politesse, à quoi je fais succéder des lectures suivies, prises dans des livres propres à l'instruction : ainsi, peu-à-peu j'accoutume mes Eleves à parler & à écrire. Lorsqu'ils sont parvenus à ce point, c'est à l'habitude à en donner le libre exercice.

Quand ils l'ont acquis, ils sont susceptibles, comme les autres hommes, de quelques progrès dans tous les genres de Science : ils sont rendus alors à la Religion, à l'Etat.

Pour venir à ce dégré de perfection, il faut trouver dans les Eleves un grand desir d'apprendre, de l'esprit, de la mémoire & du jugement; dans le Maître, une douceur, une complaisance extrême : il faut qu'elle soit poussée jusqu'au période où elle se changeroit en foiblesse. Il est impossible de donner une idée de la patience nécessaire, sur-tout dans les commencemens de l'inſtruction.

Mais, MONSIEUR, que le but utile que l'on ſe propoſe, fait ſurmonter aiſément tous les dégoûts qui ſe préſentent!

J'ai l'honneur d'être, &c.

INTRODUCTION.

L'HOMME est né pour la société. En recevant le jour il contracte des obligations envers ses semblables. La Nature, dès-lors, lui impose la nécessité de se rendre utile, de concourir au bien commun. La vie purement inactive & animale qu'il passeroit à satisfaire les besoins physiques, seroit-elle digne de lui ? Non, sans doute ; loin de mériter l'estime des autres, il ne pourroit qu'exciter leur mépris : il auroit perdu la plus belle prérogative de l'humanité, celle de faire des heureux. C'est le vœu de la Nature, puisqu'elle ne nous place jamais dans des situations où la pratique du bien nous soit impossible : je dirai plus, où l'occasion de le faire ne se présente pas continuellement. C'est à l'homme vertueux, c'est au Citoyen à la saisir. Que le mot de *Titus*, qui avoit passé une journée sans la signaler par quelques bienfaits, est beau ! *Mes amis, j'ai perdu un jour !* Persuadé que le temps n'étoit employé qu'autant qu'on avoit contribué au bonheur de quelqu'un, il regardoit comme perdu le moment où il n'avoit obligé personne. C'est en profitant ainsi de ce temps qui s'échappe, que l'on mérite le glorieux titre d'*ami des hommes*. Pénétré de la vérité de ces principes, j'ai cherché à les mettre en pratique. Je me suis dévoué à l'instruction des Sourds & Muets, que les circonstances m'ont fait rencontrer. Je fais plus aujourd'hui, je veux être utile à la totalité de ces êtres infortunés ; c'est dans ces vues que je publie le Cours élémentaire destiné à répandre les lumieres que ma pratique & mes réflexions m'ont fait acquérir sur ce genre d'étude.

Sensiblement touché du malheureux état des Sourds & Muets, jai fait mes efforts pour les en tirer. Ils sont privés de l'usage de la parole ; ils sont dans le monde, & au milieu des hommes, comme n'y étant point. Réduits à ne pouvoir que foiblement énoncer quelques idées, & à deviner, à peine, les sentimens des autres, si ce n'est dans ce qui regarde les besoins physiques du corps, peuvent-ils être comptés au nombre des Citoyens & des Chrétiens? Ils sont à charge aux autres & à eux-mêmes. Peu, parmi ceux à qui la fortune a refusé ses faveurs, sont capables de se procurer les choses nécessaires à la vie : dans la Société ils ne jouissent d'aucun avantage ; ils n'ont, en quelque sorte, aucune part à ce mutuel commerce, qui en lie les membres entre eux. Ignorans les devoirs établis entre les hommes, ils ne peuvent les remplir. Incapables également de connoître les vérités de la Religion, ils n'ont de Chrétien que le Baptême ; ils ne se connoissent point eux-mêmes, ils sçavent à peine qu'ils ont une ame ; réduits presqu'entiérement à la vie animale, ils n'ont que leurs passions pour guide. Portés naturellement, comme tous les autres hommes, à mal faire, quel sera le frein qui les retiendra? Ce ne peut être que celui de la Religion, & ils ne la connoissent point, & ne peuvent point la connoître. Être Chrétien, c'est croire & mettre en pratique tout ce que l'Eglise nous propose de croire & de pratiquer ; c'est aimer Dieu par-dessus toutes choses, son prochain comme soi-même ; & malheureusement ils sont dans la fatale nécessité de ne pouvoir être instruits de ces vérités si consolantes pour l'homme, si sublimes en elles-mêmes, si nécessaires pour l'éternité; ils végetent comme les animaux, sans se douter de la noblesse de leur origine; ils ignorent que dans leur formation ils sont l'ouvrage du Tout-puissant, que pour eux le Fils de Dieu a bien voulu prendre la forme d'un esclave, & mourir ignominieusement sur la Croix. C'est pour les tirer de l'état d'ignorance dans lequel ils sont ensevelis, éclairer leur esprit, leur faire connoître à eux-mêmes ce qu'ils sont, leur apprendre leurs devoirs, la fin qu'ils doivent espérer, le but qu'ils doivent se proposer, la conduite qu'ils doivent tenir, que je travaille à leur rendre la parole.

Cette noble faculté de l'homme que nous avons reçue de Dieu, est pour nous comme la santé, nous n'en connoissons le prix, nous ne l'estimons, nous n'en sentons la nécessité, que quand nous l'avons perdue; c'est elle qui met le dégré distinctif entre l'homme & la bête, qui nous fait apprécier la raison, qui nous procure le moyen continuel de rectifier nos idées, de perfectionner nos talens, de parvenir à des connoissances aussi avantageuses pour l'esprit que pour le cœur; sans elle, comme tous les autres animaux, nous n'aurions qu'un cri, celui de la joie & de la douleur. Avec son secours nous sommes parvenus à peindre nos pensées, à les faire passer dans l'esprit de nos semblables; l'habitude & l'usage continuel que nous en faisons, nous aveuglent, nous empêchent de faire réflexion sur cette marque de notre dignité, sur les avantages précieux qu'elle nous procure : c'est elle qui nous a fait parvenir à faire des sociétés entre nous, qui nous a fait convenir des droits de chaque individu, statuer des loix qui fixent à tous les membres de la société leurs devoirs, leurs fonctions; elle a réglé l'ordre admirable qui regne dans le monde policé; c'est à elle enfin que nous sommes redevables de la forme de nos gouvernemens. Cette faculté précieuse nous a fait monter de connoissances en connoissances; elle nous fait voir qu'il est encore une vaste carriere qui nous reste à courir; elle nous montre un horison immense, bien au-delà du but où nous croyons avoir atteint; elle est d'autant

plus merveilleuse, qu'elle est naturelle; elle se développe dans nous sans que nous le sçachions, sans que nous connoissions son usage, ses propriétés. Dieu qui nous a donné cette faculté, nous a également donné celle de nous servir des organes nécessaires à son développement; organes dont nous ignorons la structure. Accoutumés à entendre prononcer des sons, à en former nous-mêmes, à voir les autres y attacher un sens, nous les avons imités sans aucun travail, sans la moindre peine; nous les avons combinés entre eux, nous les avons étendus à tous les objets qui répondoient aux différentes idées que nous voulions peindre. Nos premiers peres en ont joui dès le moment de leur création, (dit M. Gebelin, *Histoire Naturelle de la Parole*, Chap. 5.) » Dès qu'il y eut
» deux personnes sur la terre, elles par-
» lerent. L'homme entraîné par l'impé-
» tuosité du sentiment, put à l'instant
» dévoiler son ame à sa compagne, lui
» manifester les sentimens qui l'agitoient,
» qui le transportoient, son admiration,
» sa tendresse. Quel obstacle l'auroit ar-
» rêté? Le desir de parler ne fait-il pas
» partie de son essence, n'est-il pas pour

» lui un besoin tel que ceux auxquels
» il est assujetti ? Est-il privé des orga-
» nes nécessaires pour cet effet ? A-t-il
» besoin de leçons pour les mettre en
» œuvre ? Demander quelle fut l'origine
» de la parole, c'est demander quand
» l'homme commença de voir, d'enten-
» dre, de marcher. La parole est une
» faculté aussi simple que les autres, son
» exercice aussi naturel; le besoin en
» est aussi grand, le Muet lui-même en
» éprouve la force. » Quelle douceur,
quelle beauté, quelle mélodie dans cet
organe ! Comme il surpasse en tout
les instrumens, fruits de l'industrie de
l'homme, peut-on lui comparer l'har-
monie de la lyre, la douceur de la flûte ?
Nous n'admirons les imitateurs, qu'autant qu'ils approchent de leur modèle,
je veux dire la voix. On peut appliquer
à la parole cette pensée d'Horace : *omne
tulit punctum qui miscuit utile dulci.* Ces
deux caracteres d'utilité & d'agrément,
marquent assez la grandeur & la puissance de celui qui l'a formée. Jamais
l'homme n'en fut l'artisan; il n'eût pas
pu l'inventer, elle surpasse les forces
de sa nature : jamais nous n'aurions travaillés à la découvrir; il nous auroit

fallu la connoître, & cette connoissance ne pouvoit être l'effet que de son usage; elle ne pouvoit être le fruit, ni de l'étude, ni de la réflexion, d'après ce principe, que tout le monde sçait, *ignoti nulla cupido*, on ne peut desirer ce qu'on ne connoît pas. Il est donc clair que la parole date son origine de la naissance du monde; que l'homme, au sortir des mains du Créateur, mit en usage cette faculté qu'il reçut de lui dès le moment de sa formation. » S'il
» avoit fallu pour parler, (conti-
» nué le même Auteur, *Chap.* 5,) que
» l'homme eût inventé la métaphysique
» du langage, qu'il eût deviné cet art,
» nous serions encore muets, notre
» cœur seroit encore à éprouver la vive
» émotion d'un discours délicieux; ja-
» mais nous n'aurions prêté l'oreille aux
» accens enchanteurs des personnes
» chéries; jamais les Poëtes n'auroient
» chanté sur leur lyre les beautés ravis-
» santes de la nature; jamais la raison &
» l'esprit ne nous auroient parlé dans
» les ouvrages immortels de ces Ecri-
» vains illustres qui font la gloire de
» leur siécle, & les délices du genre-
» humain; nous-mêmes nous ne serions

» pas dans le cas de rechercher quelle
» a été l'origine de la parole : les hom-
» mes s'entendent par le même prin-
» cipe que ceux des animaux qui s'a-
» vertiffent par des cris, de leurs be-
» foins, de leurs fenfations, de leurs
» defirs. » Si l'utilité & le plaifir font
les fuites de la parole, quel défagré-
ment, quelle douleur, fi, pénétrés des
plus vifs fentimens, nous ne pouvions
les tranfmettre au-dehors; fi, preffés
par l'impérieux mouvement des befoins, nous ne pouvions les communiquer aux autres. Telle eft la fituation
violente d'un homme accablé d'un mal
qui va bientôt le précipiter au tombeau,
& déja privé de l'ufage de la parole :
il voit tous ceux qui l'environnent fon-
dre en larmes; il les entend gémir fur
fa trifte fituation, le plaindre de ce que,
entre les bras de la mort, il combat fi
péniblement; il les voit attendre le moment fatal où il doit fuccomber fous
fes coups; chaque foupir qui parvient
à fon oreille, chaque larme qu'il voit
répandre, vont rétentir au fond de fon
ame, & y multiplier les angoiffes de la
nature expirante. Témoin des tendres
gémiffemens de fa compagne chérie,

de la douleur attendrissante de ses enfans qui redemandent inutilement un pere, du regard mélancolique de son fidèle ami; il lit au fond de tous les cœurs la tristesse & la compassion; il voudroit à tous témoigner sa reconnoissance, leur peindre sa douleur & sa sensibilité. Inutiles efforts, vœux superflus! la parole s'éteint sur ses levres livides, le silence le plus morne prononce éloquemment, & le néant de l'homme, & les regrets impuissans du mourant. Plus accablé du manque de parole que de la mort même, dont il sent qu'il est la proie, à peine jette-t-il un regard presqu'éteint; foible supplément des expressions tendres & douloureuses qu'il voudroit énoncer. Tel est l'effet que produit dans les Sourds & Muets le défaut d'organisation, qui les prive de l'usage de la parole. Les arracher à cet état violent, voilà l'objet & le motif de nos travaux.

Nous regardons la parole comme l'organe le plus nécessaire à l'homme, & c'est à elle que nous nous attachons principalement; nous nous occupons essentiellement à en rendre l'usage à nos Eleves. On n'a été aussi long-temps sans songer à cette partie souffrante de l'hu-

manité, que parce que les hommes se sont toujours imaginés qu'il n'y avoit aucun remede, & que plaindre les Sourds & Muets, & s'attendrir sur leur sort, étoit tout ce qu'on avoit à faire pour eux; il s'est passé bien des siécles sans que personne ait osé faire des tentatives: ce ne fut qu'à la longue que l'on commença sérieusement à y travaillér. Les principes qui ont dirigé les premiers inventeurs de cet art, sont nécessairement ceux qui nous servent de regles. En effet, il est facile de remonter à la source de leur défaut de prononciation: c'est la privation de l'ouie qui leur manque; c'est à ce vice d'organisation qu'il a fallu remédier, si ce n'est en le guérissant, puisqu'il est impossible, du moins en y suppléant. Dieu, en créant l'homme, lui a donné des sens pour sa conservation & pour la perfection de son être; il les a tellement disposé, que celui qui manque est suppléé par un autre, de quelque maniere que cela s'opere; la chose est constante. » Soit que nos sensations se
» fassent par ces messagers subtils répandus dans les fibres, que les Philoso-
» phes ont appellés esprits animaux, qui

« portent au cerveau les nouvelles de
» ce qui se passe aux extrémités des
» fibres, & qui sont envoyés du cer-
» veau pour mouvoir les muscles en
» exécution des volontés de l'ame; soit
» que tout cela se passe en nous de quel-
» qu'autre maniere. » (*Traité de l'Opinion*, Tom. IV. *des Sens & de l'Imagination*, Paragraphe 22.) Quoiqu'il ne paroisse point y avoir une communication
si exacte entre les sens, il ne faut
pas en conclure qu'elle soit impossible, & qu'elle n'existe point. La sensation du toucher supplée à la vue, quoique en apparence elle en soit éloignée &
distincte. » Cette sensation est effective-
» ment si parfaite, (dit M. le Cat, *pag.*
» 221,) & si généralement utile, qu'on l'a
» vue quelquefois faire, pour ainsi dire,
» la fonction des yeux, & dédommager,
» en quelque façon, des aveugles de la
» perte de la vue. Un Organiste d'Hol-
» lande devenu aveugle, ne laissoit point
» de faire parfaitement son métier; il ac-
» quit de plus l'habitude de distinguer au
» toucher les différentes especes de mon-
» noie, & même les couleurs; celle des
» cartes à jouer n'avoit pas échappé à la

» finesse de ses doigts, & il devint par-là
» un joueur redoutable; car en maniant
» les cartes, il connoissoit celles qu'il
» donnoit aux autres, comme celles
» qu'il avoit lui-même. Le Sculpteur
» Ganibusius, de Volterre, l'emportoit
» sur l'Organiste dont je viens de parler;
» il suffisoit à cet aveugle d'avoir touché
» un objet, pour en faire ensuite une
» statue d'argille, qui étoit parfaitement
» ressemblante. » Un de mes parens
me parlant sur cette matiere, m'assura
avoir joué au piquet avec un aveugle
qui le jouoit fort bien. Il m'expliqua
ainsi la méthode dont cet homme se
servoit. Son adversaire étoit obligé de
lui déclarer la couleur & la qualité de
la carte qu'il jouoit, & de celles qui lui
donnoient le point ou qui lui formoient
une quinte ou un quatorze. L'Aveugle
distinguoit les siennes moyennant deux
trous imperceptibles, pour ainsi dire, à
la vue, dont l'un desquels lui faisoit connoître la couleur, & l'autre la qualité,
selon l'endroit où ils étoient placés. Il
falloit, sans doute, que cet aveugle eût
le toucher bien délicat pour sentir cette
petite marque, qui ne faisoit aucune

impression aux autres. » On a vu à la » Cour du Grand Duc de Toscane, un » homme qui, ayant les yeux bandés, » distinguoit les couleurs par l'attou- » chement. » (*Traité de l'Opinion*, Tom. IV. *des Sens & de l'Imagination*, Parag. 37.)

Pourquoi ne pourroit-on pas suppléer à l'ouïe par la vue, comme on supplée à la vue par le toucher; ce premier sens est-il moins délicat, moins vif dans ses fonctions, moins fidèle dans ses rapports ? Certainement il est au moins aussi propre à ces relations que les autres; on n'y a point fait une réflexion assez sérieuse. L'expérience, en effet, nous prouve qu'il suffit pour les Muets que les yeux puissent & doivent leur servir d'oreilles. Chaque lettre dans la prononciation portant un caractere distinct, comme dans l'écriture, elles peuvent être tributaires de la vue; considérées comme prononcées & comme écrites; par-là, on trouve moyen de tirer les Sourds & Muets de l'état fâcheux où ils étoient réduits par leur surdité. Nous ne concevons pas combien est précieuse l'ouïe, parce que nous en jouissons; il est donc nécessaire de pou-

voir suppléer à son défaut, en donnant à un autre sens une fonction qui répare celle-là ; que mon ame soit avertie de ce qui se passe, par les yeux ou par les oreilles, c'est la même chose, pourvu qu'elle en soit instruite. La voie de l'instruction est indifférente, pourvu que l'instruction ait lieu ; autrement cette privation, qui ne seroit réparée par rien, deviendroit une mort prématurée. » Il est constant, dit M.
» le Cat, (*Traité des Sensations*, Tom.
» I. pag. 295,) que la vue supplée à
» l'ouïe..... Le monde est plein de
» Sourds à qui on fait entendre ce qu'on
» veut. Il y avoit en 1700, une Marchande à Amiens qui comprenoit tout
» ce qu'on lui disoit, en regardant seulement le mouvement des levres de celui qui lui parloit : elle lioit de cette
» façon les conversations les plus suivies. Ces conversations étoient encore moins fatigantes que les autres,
» car on pouvoit se dispenser d'articuler les sons ; il suffisoit de remuer les
» levres, comme on le fait quand on
» parle..... Si vous lui parliez une
» langue étrangere, elle vous le disoit

» d'abord...... On parvient à faire
» écrire & lire un Sourd & Muet, &
» même à le faire parler. » (*a*)

Nous ne croirions point avoir atteint le but de l'éducation des Sourds & Muets, si nous ne les mettions pas à peu-près dans la condition des autres hommes, & si nous ne les rendions pas propres à profiter de la conversation des autres, & à rectifier leurs idées en les articulant par la parole, & en les peignant par l'écriture : c'est le motif qui nous a engagé à leur restituer l'usage de l'organe que la nature leur avoit rendu inutile. Nous tâchons que la parole leur devienne facile, ensuite familiere. Nous ne nous servons point de la voie des signes pour cette éducation, parce que nous craindrions qu'en les formant ainsi, ils ne fussent encore étrangers parmi les hommes qui ne s'entretiennent point par signes. Persuadés de la clarté de nos

---

(*a*) Personne n'a poussé aussi loin, que le célebre M. Pereire, l'art de corriger les défauts des Sourds & Muets de naissance ; non-seulement il les fait lire & écrire, mais encore converser, disserter avec une étendue de connoissances presqu'égale à celles des autres hommes. (*Note de M. le Cat.*)

INTRODUCTION. xlix

principes, de la facilité avec laquelle ils peuvent être saisis, nous nous y tenons. Ce point de vue sous lequel nous considérons cette éducation, nous est commun avec plusieurs grands Hommes, dont nous nous faisons un devoir de rapporter les sentimens. S'attendre que cette parole soit aussi belle, aussi gracieuse, aussi sonore que celle des autres hommes; l'exiger, ce seroit demander l'impossible; nous ne pouvons pas d'avantage en déterminer pour eux l'usage dans un temps fixe, parce que cela dépend des dispositions des élèves, & des circonstances qui les mettent à portée de recevoir des leçons fréquentes ou éloignées. Il ne dépend donc pas de nous d'aller plus ou moins vite dans un terme marqué; il est vrai que les dispositions du Maître contribuent beaucoup au progrès & à l'avancement des élèves; mais il s'en faut bien qu'elles fassent tout; elles ne peuvent contribuer à la réussite, qu'en préparant les voies; elles sont pour les élèves ce qu'est la culture à une terre que l'on veut ensemencer; sans cette culture elle ne produiroit rien; sans l'éducation, les Sourds & Muets ne sortiroient jamais de leur état de végétation où ils sont comme forcés de rester; la culture ne met point les semences à l'abri des mauvaises influences des saisons, & des injures de l'air: l'éducation ne donne aux Sourds & Muets ni l'aptitude, ni la bonne volonté: nous entendons par aptitude, cette condefcendance à l'intention du Maître qui leur fait suivre attentivement la marche qu'il leur montre.

Nous espérons que l'exposition que nous ferons de notre méthode, pourra exciter l'émulation des Sçavans & des vrais amis de l'humanité: c'est une science neuve, pour ainsi dire, quoique non nouvelle : *multùm egerunt qui antè nos fuerunt, sed non peregerunt : multùm adhuc restat operæ, multùmque restabit, neque ulli nato post mille secula præcidetur occasio aliquid adhuc adjiciendi.* Nous ne pouvons que témoigner notre reconnoissance à la bienveillance publique, qui a daigné déja applaudir au premier Essai que nous avons osé mettre au jour. Encouragés par les Sçavans à publier notre Cours entier, nous l'offrons comme la preuve de l'intérêt que nous prenons aux maux de l'humanité; nous serons assez récompensés, si ce foible

INTRODUCTION.

Ouvrage de notre zèle peut procurer une autre méthode plus courte & plus facile.

Nous sommes fâchés de nous voir obligés d'avouer que les agrémens de cet art utile ne sont pas en raison de son utilité; ce seroit tromper les personnes qui se destineront par la suite au pénible emploi d'Instituteur des Sourds & Muets, que de ne pas leur faire connoître ces désavantages que l'amour seul du bien peut faire vaincre. Le plaisir n'accompagne point les leçons; loin delà, elles semblent avoir pour apanage l'ennui & le dégoût, elles sont nuisibles à la santé; la prononciation lente & fortement articulée, l'attention continuelle qu'il faut soutenir pour ne point varier dans sa marche, pour prêter l'oreille aux sons que rendent nos Sourds & Muets, la présence d'esprit nécessaire, pour profiter du moment où ils sont remplis de bonne volonté; tout cela contribue beaucoup au découragement du Maître: c'est principalement dans le commencement qu'il faut s'armer de patience & de force, pour attendre les progrès peu sensibles d'une éducation que le temps seuls & le travail peuvent perfectioner; soutenir le courage abattu des disciples, lorsque le sien propre est affoibli par des efforts superflus. Heureux, lorsque les plaisanteries mordantes des ignorans, toujours prêts à blâmer ce qu'ils ne connoissent point, n'accroissent pas encore le nombre des désagrémens attachés à cette fonction. A ces désagrémens, ajoutez le dégoût naturel que cette éducation entraîne nécessairement après elle : celui de vos éleves qui ne peut être que très-grand & inévitable dans les commencemens ; l'impatience réciproque du Maître & des éleves, en voyant le peu de progrès que produisent les efforts multipliés, l'attention la plus exacte, la meilleure volonté. Le grand point alors, est de ranimer le courage : si on négligeoit cette ressource, ce seroit le plus grand des obstacles ; l'inapplication, l'inattention naîtroient infailliblement de ce découragement. Qui conçoit toutes ces difficultés, étrangeres à la vérité à cette éducation, a une idée assez juste du peu de contentement qu'elle procure ; qu'on joigne à cela qu'elle ne conduit ni à la fortune, ni à la gloire. Il faut donc que le Maître qui s'y consacre, ait par

INTRODUCTION.

lui-même dequoi vivre. En effet, si ces infortunés étoient plus nombreux, on pourroit espérer de trouver des gens riches qui dédommageroient des peines que l'on prend pour les pauvres. Elle ne vous ouvre pas d'avantage le chemin de la gloire, je veux dire de celle qui est ambitionnée par la plupart des hommes, de celle qui produit des marques d'honneur qui puissent vous distinguer du commun : c'est à celui que l'esprit de patriotisme éclaire, pour qui le bonheur de ses semblables est une récompense, à courir cette carriere. Encore si tous les parens concouroient avec nous au bien de leurs enfans; mais qu'il s'en faut de beaucoup ! C'est défaut de bonne volonté, & non pas impuissance ; ils le pourroient facilement ; mais leur ignorance leur fait croire que ce doit être l'ouvrage de peu de mois.

Quelle sera la récompense de ces travaux multipliés, & des dégoûts qui en sont inséparables. Le Gouvernement seul peut exciter l'émulation, en honorant de sa protection les Instituteurs que le zèle ne cherche qu'à former. Quel siécle plus favorable que celui où nous vivous pour les établissemens de ce genre ?

Les Princes sensibles au bonheur des peuples, ne se servent de leur puissance que pour donner des marques de leur amour pour les hommes. Dieu qui a placé sur le Trône LOUIS LE BIENFAISANT, semble ne l'y avoir mis que pour nous offrir dans ce Monarque adoré une image vivante de sa bonté. Tous les jours de son regne sont déja marqués par des bienfaits, & semblent nous annoncer la renaissance du siécle d'or, pour les Etats qu'il gouverne.

Entrons dans le plan de cet Ouvrage. Après avoir exposé les deux principaux systêmes connus, par rapport à cette éducation, nous donnerons les principes de celui que nous adoptons. Nous suivrons, autant qu'il nous sera possible, l'ordre des regles. Nous terminerons le tout par les alphabets adoptés par les différens Instituteurs qui nous ont devancé dans la carriere.

COURS
ELEMENTAIRE
D'ÉDUCATION
DES SOURDS ET MUETS.

PARTIE SYSTÉMATIQUE.

Systême d'Éducation des Sourds & Muets par la voie des signes méthodiques.

Deux principaux objets peuvent partager l'attention de toute ame sensible pour le soulagement des Sourds & Muets ; l'un qui semble bien naturel, bien facile, celui des signes : il paroît même au premier coup d'œil qu'il réunit tous les avantages, & par conséquent qu'il doit être préféré. L'usage que tous les hommes en font naturelle:

A

ment, le penchant commun à tous les Sourds & Muets à faire des signes, notre inclination à nous-mêmes qui nous porte à nous en servir, sans que nous nous en appercevions, nous qui jouissons de la parole & de l'ouïe; tout semble nous engager à applaudir à un tel système, à nous le faire embrasser avec le plus grand empressement.

L'autre système est celui de la parole; il plaît moins d'abord, paroît en quelque sorte impossible, & entraîner après lui une multitude de difficultés. On le croiroit moins propre à former le cœur & l'esprit, moins facile à saisir. Cependant c'est celui que nous estimons devoir réunir tous les suffrages. Nous le regardons comme le plus beau. Il est admirable par sa simplicité, grand dans ses effets. L'attention, la réflexion démontrent combien on en doit attendre d'utilité, d'avantages; & s'il est sujet à quelques difficultés, celui des signes ne l'est pas moins. L'un & l'autre ont leurs inconvéniens; nous démontrerons même que le premier ne l'emporte pas sur l'autre, qu'il n'est pas plus propre à l'avancement des éleves que celui de la parole, qu'il ne lui-

doit point être préféré, n'y eût-il que le désagrément de n'être point à la portée de tout le monde ? On n'en peut bien juger qu'après avoir examiné la nature des signes pris en eux-mêmes, leur liaison, leur force dans tous les hommes. Les Muets ne sont pas d'une autre nature que nous.

Les signes sont naturels à l'homme, personne n'en disconviendra; mais aussi personne, sans doute, ne les regardera comme plus naturels que la parole; autrement, pourquoi Dieu nous l'auroit-il donné préférablement aux signes ? Mais renfermons-les dans les bornes qui leur conviennent, & nous serons étonnés de l'utilité que nous en retirerons. Ils donnent de la force à l'expression, présentent avec énergie la vivacité des passions, peignent avec vérité l'émotion de nos cœurs. C'est à eux que la pensée est redevable de sa vie, & l'expression de son intérêt. La parole est comme un tableau, dont le signe est le coloris qui lui donne l'éclat, souvent ils font illusion à l'esprit. C'est pourquoi nous recherchons avec avidité les meilleurs Acteurs sur le théâtre. Un Drame récité, sans être accompagné de gestes ou de signes, nous plairoit moins qu'à la simple lecture. Le geste donne un prix au débit, que l'on ne sçauroit goûter sans ce vernis qu'il en reçoit ; mais leur difficulté est en raison de leur dégré de perfection. Si vous leur donnez trop de force, ils nous révoltent; si vous leur en donnez moins qu'ils n'en doivent avoir, loin d'être utiles, ils affoiblissent, ils ôtent l'énergie à la pensée. Le Prédicateur qui n'animeroit d'aucun geste la morale & le dogme qu'il nous annonce, ne toucheroit pas également les cœurs, il ne feroit sur la plupart des hommes aucune impression : *cet homme, diroit-on, est peu pénétré de ce qu'il avance ; il est tout de glace, il n'a aucune vivacité dans le débit ; il n'est point fait pour persuader ; il ne convaincra personne.* Pourquoi raisonneroit-on ainsi ? Parce que le geste ajoute à l'expression qu'il anime. Il faut donc convenir que le signe, accompagné de la parole, est un objet sur lequel on peut & on doit même compter. Cette grande utilité que nous accordons aux signes, est-elle l'ouvrage de la nature, ou celui de l'éducation, ou bien encore celui de l'habitude journaliere ? C'est le point de la question. S'ils étoient le vœu de la nature & son ouvrage, ils seroient dans tous les hommes, & nous voyons cependant qu'il en est peut-être dans les mœurs desquels ils ne sont point. On connoît la réponse de ces peuples à qui un Missionnaire prêchoit les vérités de l'Evangile : animé par le zèle qui le conduisoit, il faisoit une multitude de gestes pour donner plus d'énergie à ce qu'il annonçoit. Un des Sauvages, surpris de le voir ainsi déclamer en parlant, se leva en lui demandant pourquoi il se fâchoit, puisque personne ne le contredisoit. Ce fait prouve que l'habitude nous rend les signes beaucoup plus nécessaires qu'ils ne sont en eux-mêmes, que nous leur prêtons quelquefois une valeur qu'ils n'ont point. Un homme phlegmatique ne fait presque point de gestes en parlant, il ne se sert, pour ainsi dire, d'aucun signe. Ennuie-t-il ? Non, s'il parle avec esprit, & de maniere à intéresser ou à instruire. Prouve-t-il moins ? Non ; son sang froid intéresse. Peint-il moins vivement la force des passions qui l'agitent ? Non ; ses expressions sont mieux choisies ; nous les estimons leur juste valeur, parce que n'étant point frappés par les signes, nous ne songeons qu'à elles. Sénéque mourant tranquillement par les ordres du plus cruel des hommes, & entretenant ses disciples du mépris de la vie & de l'immortalité de l'ame, au moment même où il étoit la victime de la tyrannie; Guatimosin, que la barbare avarice des Espagnols avoit étendu sur un lit de feu pour lui faire avouer où étoient ses trésors, & adressant ces mots à un de ses courtisans qui se plaignoit, *& moi suis-je sur un lit de roses ?* avoient-ils besoin de signes pour ajouter à leur discours. Ces traits, me dira-t-on, sont eux-mêmes des signes, & par-là vous prouvez ce que vous niez. Ce raisonnement seroit bon, & je mériterois le reproche, si véritablement toute action n'étoit pas un signe ; le mouvement des levres d'un homme qui parle en est un; le repos d'un homme qui dort en est également un. Mais ce n'est pas de ces signes dont il s'agit.

Quand même les signes feroient nécessaires pour donner plus de force à nos idées, plus d'ame à nos discours, plus d'énergie à nos expressions, plus de vivacité à notre débit, & qu'il les rendroit plus propres à fixer l'attention de l'Auditeur, à émouvoir les cœurs, s'enfuivroit-il que, feuls, ils font la même impreſſion? Sont-ils de nature à nous donner cette foule de connoiſſances ſi néceſſaires à l'homme même agreſte & ruſtique? Sont-ils propres à développer dans nous le germe d'une infinité de vérités, qui feroient totalement ignorées, ſi nous étions privés de l'uſage de l'ouïe, conſéquemment de la parole? Il nous feroit aiſé d'en faire la preuve. Qu'on tranſporte un Sourd & Muet de naiſſance à nos Spectacles, à celui où le jeu de l'Acteur ſemble le plus néceſſaire, où il ſoit le mieux appliqué, au Théâtre François? Dans ces morceaux où le ſentiment & la paſſion ſont peints avec tant de vérité, que retiendra mon Sourd & Muet d'un pareil ſpectacle? Si ce n'eſt quelque émotion de l'ame, quelque ſenſation d'attendriſſement & de plaiſir, quelquefois de douleur, mais ſans ſçavoir au juſte ce qui peut l'occaſionner, quel en eſt le ſujet. Sentira-t-il la beauté du rêve d'Athalie; la force & la vérité de la derniere Scene de Mérope; l'horreur du dénouement de Rodogme & de ses imprécations ? Non, le sublime de ces morceaux qui brillent de toutes parts dans les chefs-d'œuvres des plus beaux génies, est perdu pour lui; le jeu de l'acteur est une suite de signes expressifs & naturels, qui augmentent, à la vérité, la force de l'expression, mais qui n'y suppléent point.

Nous sont-ils naturels, peuvent-ils être pour nous comme une langue qui puisse nous suffire? Pouvons-nous, avec leur secours, énoncer le grand nombre de nos idées, peindre la multitude de nos pensées, développer en nous l'entendement, porter la lumiere dans les esprits, adoucir les mœurs, détruire les préjugés. Si cela étoit, pourquoi ces Peuples qui n'ont qu'une langue extrêmement pauvre, dénuée d'expressions, & se bornant peut-être au cri de la douleur & du plaisir, & au simple besoin physique, pourquoi vivent-ils depuis tant de siécles dans une si grande ignorance, presque sans loi & sans aucune commodité de la vie? Malheureusement presque semblables aux animaux, auxquels ils disputent leur proie, ils n'en paroissent différer qu'à l'extérieur. Pourquoi leur raison est-elle si obscurcie, &

ténébreuse? Pourquoi ce flambleau céleste, cette divine émanation du Tout-puissant, est-il comme éteint chez eux? Leur ame n'est pas d'une autre nature que la nôtre. Créés comme nous, ils portent glorieusement l'image de la Divinité empreinte dans leurs traits, & principalement dans les perfections de leur ame. Pourquoi l'écoulement des siécles n'a-t-il pas produit dans la partie du monde qu'ils habitent, les mêmes effets qu'il a développés dans celle où nous vivons? Sortis tous de la même souche, nous avions tous les mêmes dispositions, nos ames ne différoient point en facultés; ils ont été, ainsi que nous, les témoins de la maniere de vivre de nos premiers peres; pourquoi donc sont-ils restés depuis ce temps dans une ignorance si profonde, tandis que peu-à-peu nous nous sommes policés, que de moment à autre nous avons faits des découvertes? Semblables à ces insectes étonnans, destinés par le Tout-puissant à vivre en société sous des loix communes, qui concourussent au bon ordre, par la sagesse du Roi qui est à la tête; ces Peuples dont nous parlons, vivent en remplissant, pour ainsi dire la tâche prescrite, & nul ne cherche à perfectionner, à améliorer. A quoi attribuerons-nous cette différence énorme qui les éloigne tant de nos mœurs? Ce ne peut être qu'à la pauvreté de leur langue. Mais d'où vient que des hommes qui n'ont rien de plus cher que le bonheur, rien de plus gracieux que la douce consolation de se communiquer toutes leurs idées, de perfectionner leurs connoissances, en éclairant leur esprit; d'où vient, dis-je, que leur langue, dans sa pauvreté, ne leur étant presque d'aucun secours, n'ont-ils pas recours aux signes naturels à l'homme? Ils ne pouvoient leur manquer; ils sont aussi diversifiés que la parole, & à leur aide, ces peuples pouvoient, comme avec elle, peindre la pensée, la communiquer & la recevoir des autres. Je vais plus loin, & je dis que naturellement les signes auroient dûs se trouver parmi eux; il semble en effet qu'il soit plus aisé de faire des signes, que de composer une langue de mots, qu'il faut moins de combinaisons, moins d'efforts; cependant l'expérience y est contraire. Ne voit-on pas les Missionnaires s'instruire avec beaucoup de peines des langues des pays où ils se destinent à annoncer les vérités de notre Religion sainte; ils auroient bien plutôt fait d'écouter la nature, d'apprendre d'elle les signes, & de les faire servir à la réussite de leur entreprise; d'autant mieux que la prononciation défigure souvent le discours, & l'empêche d'être compris facilement. Ils sentent donc qu'avec les signes ils ne seroient point entendus. La même raison subsiste pour ces barbares, & par rapport à nous, sans la parole notre ame eût été comme une terre qui, n'étant point cultivée, ne produiroit que des ronces & des épines; les connoissances de l'esprit de l'homme ne se seroient pas perfectionnées; ses idées sont comme le diamant, elles ne se polissent qu'à la longue; notre esprit ne se cultive, nos cœurs ne se rectifient, nos mœurs ne s'adoucissent que par l'usage de la parole; les signes ne peuvent y suppléer; ils ne sont donc pas plus naturels que la parole.

Le penchant naturel que les Sourds & Muets ont à s'exprimer par signes, ne prouve pas que cette voie soit la meilleure pour leur éducation; pour cela, il faudroit qu'ils leur fuffent naturels, qu'ils n'y euffent point été accoutumés par les perfonnes avec lefquelles ils vivent; c'eft à cette habitude qu'il faut remonter, pour nous décider dans ce choix. Si leurs parens leur euffent appris à demander, par de courtes expreffions, les befoins phyfiques qu'ils demandent par les fignes, nous aurions conclus, avec autant de raifon, que la parole leur étoit auffi naturelle que les fignes. Ainfi donc on ne peut tirer aucune preuve de ce penchant, puifqu'il n'eft que l'effet de l'éducation, & non de la nature, l'un n'étoit pas plus impoffible que l'autre; les parens auroient pu faire ce que nous faifons; mais ils n'en avoient ni la connoiffance, ni la volonté. Les connoiffances que les Sourds & Muets ont acquis par la voie des fignes, font extrêmement bornées; elles ne s'étendent qu'aux chofes phyfiques; on n'en voit aucun qui, lorfqu'il nous eft confié, ait la moindre idée ni de Dieu, ni de l'ame. S'ils fçavent les fignes des befoins corporels, ce n'eft que parce que l'on leur a fait voir le rapports qui eft entre le figne & la chofe: fi de même on leur eût fait connoître le rapport de la parole & du besoin, ils auroient eu les mêmes idées ; il étoit conséquemment indifférent de commencer ces premiers momens de l'éducation par l'une ou l'autre voie. Les signes ne sont donc pas plus le vœu de la nature, que l'usage de la parole ? Ils ne sont donc pas naturels, mais seulement l'effet de l'habitude. Dans la suite de leur éducation, l'une & l'autre voie souffre, à la vérité, des difficultés, est sujette à des inconvéniens ; mais le système de la parole, qui paroît le moins aisé, le moins propre à leur avancement, est cependant, comme nous le ferons voir, celui qu'il faut admettre.

Les signes, dit-on, sont les seuls moyens de leur développer le jugement, de leur faire naître des idées, de leur apprendre leur devoir envers Dieu, envers les autres, envers eux-mêmes ; parce qu'ils portent avec eux la signification des choses qu'ils énoncent, au lieu que la parole ne la donne point. Le but que l'on doit se proposer dans leur éducation, est, sans contredit, la lumiere de leur esprit, ce qui ne peut arriver que par la connoissance que l'on leur donne des choses qu'on leur apprend; delà il s'enfuit que, comme la parole ne donne point la connoissance de la chose, mais seulement l'expression qui la dénomme, & que les signes, au contraire, donnent l'intelligence des mots dont on se sert; il est absolument nécessaire de se conduire par cette voie, & non point par la parole. Vos Sourds & Muets répéteront, ajoutent-ils dans le système de la parole, les mêmes prononciations que les autres hommes, avec cette différence qu'ils n'y attacheront aucune idée; ce sera alors une espece d'automate, au lieu que, conduits par les signes, ils sentiront aussitôt la liaison qui existe entre le signe & l'objet représenté. Pour qu'ils puissent comprendre le sens de ce qu'ils énoncent, il faudroit qu'ils s'entendissent, & qu'ils entendissent les autres, ce qui ne peut être, vu la privation de l'organe de l'ouie; les yeux leur suffisent pour juger des signes; ils les comprennent facilement, parce qu'ils sentent la force qu'ils ont, & qu'ils peignent l'objet tel qu'il est : ce sont pour eux comme des tableaux qui leur montrent l'objet sous le vrai point de vue, de maniere que les choses se gravent dans leur esprit, les attachent, frappent leur imagination, exercent les facultés de leur ame : c'est un flambeau qui les éclaire, avec le secours duquel ils étendent leurs connoissances ; ils peuvent, à l'aide des lumieres que les signes leur procurent, converser, causer, raisonner des matieres sur lesquelles on les exerce ; c'est la langue qu'ils entendent, qu'ils font entendre aux autres, dans laquelle ils rendent leurs idées, leurs expressions ; c'est à la variation des signes qu'ils attachent des idées différentes, au lieu qu'à la variation des expressions de la parole, ils ne peuvent en attacher, parce qu'ils ne s'entendent point parler, ils font comme s'ils ne se parloient pas ; nous ne sçavons que nous ne disons en parlant que ce qu'il faut dire, que parce que nous nous entendons prononcer ; sans cela, nous serions souvent dans le cas de dire tout ce que nous ne voudrions pas ; il nous arriveroit de tenir des propos sans suite, de coudre des mots disparates les uns aux autres, de ne prononcer que des syllabes entrecoupées, & qui ne formeroient aucun son. Telle est la situation des Sourds & Muets ; ils ne s'entendent point, ils ne sçavent point ce qu'ils disent; les sons pour eux doivent être regardés comme les articulations d'une langue qui nous seroit étrangere : nous entendrions bien parler; mais notre esprit n'en seroit pas plus éclairé, par la raison que nous ignorerions le sens des mots prononcés & articulés. Leur état de surdité emporte nécessairement l'inutilité de la parole & la nécessité des signes; ainsi on en conclura qu'ils n'auront qu'une connoissance des mots, & non du sens des mots, en s'attachant dans leur éducation à la formation de la parole; qu'au contraire, en s'attachant aux signes, ils sçauront, ils comprendront ce que l'on leur veut apprendre, que dans le premier cas, c'est s'éloigner de la nature, que dans le second, au contraire, c'est s'en approcher & marcher par la route qu'elle nous prescrit.

A ces objections, que l'on peut faire contre le système qui dirige l'éducation des Sourds & Muets par la voie de la parole, nous allons tâcher de répondre, en démontrant d'abord que les signes ne sont pas plus propres à donner une idée vraie des choses que la parole; qu'ils doivent également attacher à l'une & aux autres, des idées conformes à ce qui leur est expliqué & enseigné; que l'intelligence des mots n'est pas plus difficile à acquérir que celle des signes. Ensuite nous prouverons qu'ils doivent sentir la liaison des mots, qui font un sens, comme ils peuvent comprendre celle des signes, qui en font une entre eux; delà nous conclurons qu'ils pourront également raisonner, causer, s'entretenir par la voie de la parole comme par celle des signes, quoiqu'ils n'entendent pas le bruit de l'air frappé par les organes de la voix; que les expressions, dont nous nous servons, ne seront point pour eux comme celles d'une langue étrangere par rapport à nous; que les différentes expressions, dont nous faisons usage, leur donneront différentes idées, comme la différence des signes peut leur en donner; que nous ne nous éloignons pas davantage de la nature, en suivant cette éducation, par la parole que par les signes, puisque les difficultés d'une méthode sont celles de l'autre.

Croire que les signes soient plus propres à donner des idées des choses que la parole, ce seroit admettre que Dieu, qui nous a donné la premiere, nous auroit fait une bien moindre grace, qu'en nous donnant les signes; ce seroit condamner le Tout-puissant lui-même, qui, lorsqu'il voulut manifester sa volonté sainte, se servit du langage des hommes, & non pas des signes. Cependant, Auteur de l'un & de l'autre, pourquoi & comment ne se fût-il pas servi de ce qu'il y avoit de plus noble, de plus expressif & de préférable ? Ce seroit condamner tous les Peuples qui, d'un consentement unanime, se sont continuellement & toujours attachés à cet organe, pour le commerce qu'ils ont entre eux ; ce seroit renverser toutes les idées reçues. Avancer un tel paradoxe, n'est-ce pas se faire illusion ? Si toutes les choses étoient physiques, matérielles, sensibles & présentes, peut-être les signes pourroient-ils être à l'égal de la parole ? Réduisons-les à leur juste valeur. Dans les besoins naturels ils peuvent peindre les idées sensibles ; l'amour & la colere, en un mot, les passions & leurs effets : sortis de cette sphere bornée, quelles seront leurs fonctions, si vous les admettez pour exprimer le moral, le passé & l'avenir ? Pour l'expression

pression d'une seule parole, il vous faudra une périphrase de signes; & peut-on regarder, comme richesse d'une langue, la nécessité de recourir sans cesse à des circonlocutions, pour suppléer à la dénomination simple d'une chose? Les divers sens dans lesquels ils peuvent être pris, ne seront-ils pas toujours un obstacle capable d'arrêter, de faire changer de marche? Prenons pour exemple un de ces mots abstraits, & dont la connoissance de la chose qu'il détermine est essentielle. *Dieu* : par la parole, nous faisons entendre aisément que c'est l'Être par excellence, qui a fait toutes choses, & qui réunit toutes les perfections. Par les signes, nous montrerons le Ciel, lieu que le Tout-puissant habite. Nous décrirons que tout ce que nous voyons sort de ses mains. Qui peut assurer que le Sourd & Muet ne prend pas le firmament pour Dieu même, qu'il ne lui adressera pas ses prieres, comme au Dieu que l'on cherche à lui faire connoître, qu'il ne lui attribuera pas toutes les perfections de l'Éternel? Mais, me dira-t-on, on lui apprendra par signes que ce n'est pas le firmament qu'il voit, qui est Dieu, mais que c'est Dieu qui l'a fait. Qui l'em-

B

pêchera de croire que c'est un autre ciel au-dessus de celui qui frappe sa vue, bien plus beau, qui lui est caché par celui qui est devant ses yeux ? Avec le secours de la parole, il apprendra que ce n'est ni le ciel qu'il voit, ni celui qu'il ne voit pas; il sçaura ce que c'est que Dieu; c'est-à-dire, il sçaura tout ce qu'il n'est pas, sans sçavoir ce qu'il est. Il ne le confondra ni avec le firmament qu'il voit, ni avec la terre qu'il habite, ni avec aucun autre être; il sera au niveau de tous les hommes. On sent, on aime, on desire son existence, ses perfections; mais on n'en est pas plus instruit pour cela; on n'en comprend pas davantage sa nature & sa maniere d'être. Les signes, me répondra-t-on, joints les uns aux autres, forment des sens complets; leur enchaînement leur prête un mutuel secours, & empêche qu'ils ne soient confondus avec d'autres objets; ils expliquent ainsi leur nature & leur propriété. La même raison qui me fera convenir de la vérité de ce principe, forcera aussi nos adversaires à convenir qu'il en sera de même de la parole. Un mot isolé n'aura aucun sens, ne sera pour nos Eleves d'aucune utilité;

mais joint avec d'autres, il leur donnera un sens fixe & précis, qui empêchera les Eleves de les confondre avec toute autre chose. C'est donc de l'ensemble des mots, comme des signes, que dépend le développement du jugement & de l'intellect, & non pas du signe en tant que signe, & de la parole en tant que parole; ce n'est donc pas de leur nature; l'un n'est donc pas plus propre que l'autre à faire distinguer l'objet qu'ils déterminent. Il n'est donc pas vrai que les signes soient plus propres à donner des idées claires des choses, que la parole; ainsi l'un & l'autre sont donc au moins de niveau.

Nous allons plus loin; nous avançons que le sens des choses n'est pas plus difficile à acquérir par la parole que par les signes. Qu'est-ce que la parole, par rapport aux Sourds & Muets? Sont-ce des sons modifiés? Non, ce sont des caracteres que les lettres prennent dans les traits du visage de l'homme qui parle. C'est d'après cette idée qu'il faut raisonner. Ainsi elle n'est pour eux qu'une espece d'écriture, & personne ne nie qu'ils ne puissent parvenir à écrire & à connoître ce qui est écrit. Ainsi la conversation de deux personnes, dont l'une est sourde & muette, & l'autre pas, n'est qu'une lecture & une écriture continuelle. Cette vérité, toute certaine qu'elle est, pourroit peut-être avoir besoin de quelques explications. Il est aisé de la donner. Chaque lettre dans l'écriture se différencie entr'elles par son caractere. Un *a* n'est point de la même forme qu'un *e*, & ainsi des autres voyelles; il en est de même dans la prononciation, celle d'un *a* differe de celle d'un *e*; on peut en faire l'expérience par soi-même, en examinant, avec beaucoup d'attention, la prononciation de l'une & l'autre lettre, articulées devant son miroir. La même différence subsiste pour les consonnes; ainsi la parole est également tributaire de la vue & de l'ouie. Tombant donc dans la classe des choses visibles, elle est tout aussi commode que les signes. A la vérité, si elle n'étoit susceptible que de donner des sons, & non des caracteres, alors elle ne pourroit être à nos Eleves d'aucune utilité, par la raison qu'ils n'en seroient point, & qu'ils ne pourroient point en être informés; conséquemment qu'ils n'en auroient jamais aucune connoisfance; mais nous fommes bien éloignés de la regarder comme telle, puifqu'elle eft véritablement, par rapport aux yeux, une écriture fenfible, palpable, même au toucher. Sufceptible d'être vue comme les fignes, elle eft d'une reffource égale, elle peut également donner des idées des chofes; car on ne préfere les fignes, que parce que foumis à la vue ils lui appartiennent. On peut donc, pour inftruire les Sourds & Muets, fe fervir de la parole, puifqu'elle-même eft du reffort des yeux. Elle eft elle-même un figne, & ce fens exprimé par la parole ne fera pas plus éloigné de la nature de la chofe prononcée, articulée, que par le figne. Puifque pour faire comprendre les Sourds & Muets vous avez befoin de joindre les fignes enfemble pour les expliquer, de même par la parole vous aurez recours à d'autres expreffions, qui fe prêteront un mutuel fecours. Par exemple, nous voulons faire comprendre à nos Eleves que le mot *aimant* eft un participe, qu'il tient du verbe & du nom; nous avons d'abord befoin du figne comme racine, qui eft *aimer*, enfuite du figne qui faffe connoître qu'il participe à ces deux objets, le nom & le verbe, & de celui qui désigne le temps présent où l'on aime : dans le syſtême de la parole, je leur fais lire ſur mes levres qu'*aimant* eſt une modification d'*aimer*, qu'il eſt nom, en ce ſens qu'il ſe décline ; je leur en donne un exemple, *Dieu aimant*, &c. qu'il tient du verbe, parce qu'il eſt un temps compris dans la conjugaiſon des verbes. Je leur en donne de même l'exemple.

INFINITIF.

PRÉSENT, *aimer.*
PARFAIT, *avoir aimé.*
FUTUR, *qu'il aimera,* ou *qu'il aura aimé.*
PARTICIPE PRÉSENT, *aimant,* &c.

Qui ne ſent pas que nos Eleves ſeront tout ainſi inſtruits par l'une de ces deux voies que nous voudrons choiſir ? Donc la parole eſt auſſi propre à expliquer la nature des choſes que l'on veut leur enſeigner, que les ſignes ; donc elle n'eſt pas moins convenable à leur in-infirmité, que les ſignes ; donc en les mettant de niveau, nous ne faiſons que leur rendre ce qui leur appartient.

D'après ce que nous venons d'avancer, il eſt certain qu'ils ſentiront également le sens des phrases formées par les paroles comme par les signes. Pour sentir le sens renfermé, contenu dans une phrase, quelle qu'elle soit ; c'est-à-dire, dans quelque langue qu'elle soit énoncée, il faut connoître le sens de chaque expression qui la compose ; & qui peut procurer ces lumieres ? C'est l'habitude, l'usage & l'explication des mots. Une fois parvenu à ce point de perfection, l'ouvrage est fort avancé ; le sens de ce que l'on énonce est compris. Les Sourds & Muets, ayant acquis ces connoissances, sont alors dans le cas de juger si le sens est achevé, ou s'il exige encore quelque chose. La différence de l'expression ne change rien de ce qu'ils connoissent, dès qu'ils ont acquis la connoissance de chaque expression propre à déterminer la force des idées qu'elles énoncent. C'est comme si on parloit Hébreux, Syriaque, Latin, &c. à un homme qui sçauroit toutes ces langues ; il comprendroit ce qu'on lui diroit. C'est donc l'ensemble de la connoissance de la relation que chaque expression a avec les choses qu'elle désigne, d'où naît le jugement que nous portons de la force des idées jointes ensemble, de quelque maniere qu'elles soient exprimées, représentées, que nous voyons si le sens est complet, ou s'il desire autre chose.

Nous pouvons donc assurer qu'ils pourront causer, s'entretenir, raisonner, juger par la voie de la parole, comme par celle des signes. Pour ces opérations de l'esprit que faut-il ? Des idées, & la faculté de les mettre au jour. Pour les idées, leur origine ne dépendant pas la plupart du temps des Maîtres qui instruisent, elles doivent leur naissance à mille circonstances qui naissent à chaque instant, & qui nous font réfléchir aux lectures qui nous occupent, aux discours que nous entendons, aux actions que nous faisons, & que nous voyons faire. Les organes plus ou moins délicats, une complexion plus ou moins forte ; l'arrangement des fibres du cerveau, la constitution du tempérament, la maniere de vivre, tout cela contribue beaucoup à l'éclaircissement, ou aux ténébres des idées ; & aucune de ces causes ne dépend, ni du Maître, ni de l'Eleve. Dieu a mis une telle liaison entre notre corps & notre -ame, qu'ils sont dans une mutuelle dépendance l'un de l'autre. Ils influent sur eux-mêmes d'une maniere toute particuliere. C'est ce que l'expérience démontre tous les jours. Deux hommes également bien nourris, dans un embonpoint qui dénote le meilleur ordre, le plus exact équilibre dans les humeurs, la meilleure constitution ; nourris des alimens de même nature, vivans tous deux dans la même aisance, en un mot, semblables pour le physique autant qu'ils le peuvent être, sont cependant bien différens au moral : l'un aura une imagination brillante, tandis que l'autre en sera presque totalement privé. Celui-ci jouira de la mémoire la plus heureuse, & l'autre, au contraire, n'en aura aucune : le premier joindra au jugement solide le talent heureux de la facilité de concevoir, de prévoir les événemens, tandis que l'autre sçaura à peine distinguer les objets, & sera privé des connoissances même les plus communes. Leur éducation aura été semblable. L'homme en santé, l'homme malade pensent différemment ; les idées ne sont plus les mêmes. La même opération, celle du trépan, a quelquefois occasionné la perte de la raison, quel-

B v

quefois aussi elle l'a rendu à ceux qui l'avoient perdue ; tel ne se développe qu'à trente ans, tandis que l'autre est un homme fait avant l'âge où l'on commence d'ordinaire à se connoître. La naissance des idées est donc indépendante en quelque sorte du travail du Maître. Il ne faut donc plus que la faculté de les rendre : or cette faculté consiste à les faire passer dans l'esprit des autres, par une voie quelconque. Si c'est par les signes, dès que les Eleves en sçauront assez pour peindre les images des idées qu'ils auront formées au-dedans d'eux, ils se serviront de cette voie pour les faire connoître aux autres. Ils seront entendus, si ceux pour qui ils les font les comprennent, sont au fait des mêmes signes. Ils en agiront de même par la parole, s'ils sçavent l'expression qui convient pour exprimer telles & telles idées, telles & telles sensations ; ils s'en serviront de même, une fois connue, la maniere de les faire passer au dehors, de les recevoir des autres ; il n'existe plus de difficulté pour la conversation ; il n'en subsiste pas d'avantage pour le raisonnement. Pour raisonner, en effet, il faut concevoir l'enchaînement des idées, les combiner entre elles, en tirer des conséquences; dès le moment qu'ils en auront formé, qu'ils auront une voie pour les fixer dans leur esprit, pour les peindre au dehors, ils pourront porter des jugemens, & raisonner sur les matieres qu'ils connoîtront, quelle que soit la maniere dont ils se servent, la voie dont ils feront usage, soit que ce soit celle des signes, soit que ce soit celle de la parole.

En vain, pour combattre notre façon de penser sur le Système d'Éducation par la parole, dira-t-on que la parole ne peut & ne doit pas affecter les Sourds & Muets, puisqu'elle n'est autre chose que l'emploi des sons formés par l'air, frappé diversement par les organes qui les modifient; que, privés de l'usage de l'ouie, la parole seroit pour eux ce que seroit pour nous une langue étrangere. Aux raisons que nous avons déja données; sçavoir, que la parole ne doit point être regardée comme son pour les Sourds & Muets, mais comme écriture, tant dans les Muets qui parlent, que dans ceux qui leur énoncent leurs idées; nous ajoutons que ce n'est pas l'organe qui nous fait entendre, qui dirige notre langue & les autres organes de la voix, mais l'intention que nous avons d'exprimer nos idées; c'est ce que l'expérience nous montre tous les jours. Nous voyons des personnes extrêmement sourdes, causer, parler avec beaucoup de bon sens; quoique privées totalement de l'organe de l'ouïe, qu'on ne dise pas que ces Sourds ont acquis cet usage dans le temps où ils pouvoient entendre, qu'en ayant formé l'habitude, ils agissent par une suite de cette habitude. Je réponds que l'on ne peut rien conclure contre l'usage de la parole pour nos Muets, par la raison que formés insensiblement, & par dégrés à la parole, ils s'accoutumeront à la position des organes, pour la prononciation de chaque lettre, de chaque syllabe; ils sentiront donc cette position, & c'est d'elle que dépend leur connoissance de la prononciation. Ainsi les Sourds & Muets ont la perception de ce qu'ils disent, non comme rendans des sons, mais comme affectans telle ou telle position des organes; le dégré de souffle, l'ouverture de la bouche, la disposition de la langue, l'air aspiré avec plus ou moins de force, les levres plus

DES SOURDS ET MUETS. 31

ou moins ferrées, font des mouvemens physiques, qui font suffisans pour leur faire connoître qu'ils parlent, & qu'ils parlent juste; donc la parole peut leur devenir tout aussi facile que les signes; elle n'est donc point pour eux comme une langue étrangere, mais comme une écriture dont ils peuvent connoître la force, l'expression, & le rapport qu'elle a avec leurs idées; donc on ne s'éloigne pas plus de la nature en leur rendant la parole, en les formant par son moyen, que par les signes; donc l'une & l'autre voie font convenables, quoiqu'avec des avantages inégaux; & peuvent conduire au même but; c'est-à-dire, au développement de l'esprit, à la facilité d'un entretien mutuel entre eux, comme avec les autres hommes.

Il n'y a pas plus de difficulté à croire que les paroles différentes donnent des idées différentes, que les signes en donnent, puisque, comme nous l'avons remarqué, elles ont, ainsi que les signes, des caracteres qui leur sont propres; les uns & les autres sont de nature à se faire distinguer par eux-mêmes dans l'expression variée des divers objets; ils ont besoin, pour se faire comprendre, de se secourir mutuellement ; ils peuvent l'un & l'autre être repétés sans être entendus. Puisque les signes, comme la parole, requierent du secours pour être compris, ainsi les difficultés des uns sont celles des autres ; les raisons qui combattent pour les signes, militent pour la parole, & réciproquement. Delà, j'en conclus qu'il est aussi possible de former leur esprit aux connoissances par une voie, comme par l'autre ; que l'habitude qu'ils en contractent, fait la facilité de leur instruction, quelque marche qu'on leur fasse suivre.

Nous avons semblé jusqu'ici mettre les signes au même rang que la parole, & leur accorder le même usage & la même efficacité ; cependant la voie de l'instruction par la parole, nous paroît préférable, à bien des égards. Les raisons sur lesquelles nous nous fondons, sont la difficulté & la complication des principes que suppose la connoissance des signes ; l'étude à laquelle le Maître sera obligé de se livrer avant de rien commencer dans cette carriere, est un nouvel obstacle. Quel sera l'homme assez ami de l'humanité, pour dévorer les dégoûts inséparables de l'étude de la langue des signes? Ne sera-t-il point effrayé de se voir obligé d'approfondir un ouvrage aussi long que le seroit le Dictionnaire des Signes, s'il en existoit un; & sans ce Dictionnaire, qu'on n'a point encore, on ne peut faire aucun pas dans cette carriere; il faudra autant de justesse dans les signes, qu'il y en a dans le sens des mots & de leur modification. Qui pourra se flatter d'avoir assez de génie, pour ne point augmenter ou diminuer la force des signes décrits dans ce Dictionnaire, pour rester dans le juste milieu qui exprime le sens sans aucun changement; de se tenir dans les bornes étroites de leur juste valeur, d'appliquer positivement aux signes les variations qui désignent les justes modifications des mots? L'étude qui sera nécessaire pour un semblable exercice, exige une tournure, une trempe d'esprit que tout le monde n'a point. Les hommes ne se refuseront-ils point à une méthode aussi compliquée & aussi longue; par une suite nécessaire de sa longueur, de sa multiplicité de principes, elle sera moins facile à être saisie, à être retenue. Les difficultés qui naîtront de cette méthode, seront d'autant plus réelles, que les signes que l'on employera pour les idées métaphysiques & abstraites, seront pris dans un sens par les uns, & dans un autre par d'autres; ils y feront peu-à-peu des changemens, & bientôt ce ne sera plus la même méthode, mais diversifiée d'après la maniere de voir, de sentir, de juger de chaque Instituteur; & si tous ces changemens contribuent à simplifier l'instruction par signes, ce ne pourra être qu'à la suite d'un grand nombre d'années; il y a même lieu de craindre qu'ils ne deviennent très-embrouillés, si tout le monde s'ingere d'y faire des changemens; mais aussi n'est-il point à craindre qu'on veuille difficilement s'astreindre à suivre pas à pas la route déja tracée.

De la part des Eleves, il n'y aura pas moins d'inconvéniens, & d'abord ils ne seront pas dans le cas d'être entendus de tout le monde. Personne ne doute que les signes soient fort significatifs dans les choses physiques, & dans celles qui y ont un rapport immédiat, & qu'un Sourd & Muet ne sera jamais embarrassé à demander, par cette voie, ses besoins, & à exprimer ses volontés, à entendre l'expression des mêmes besoins de la part des autres; qu'il ne sera pas plus difficile d'exprimer & de comprendre les passions & leurs effets, parce qu'elles se caractérisent toutes sous des points de vue physiques; c'est pourquoi il est clair que quiconque se trouvera transporté dans un pays dont la langue lui sera parfaitement inconnue, pourroit entendre & être entendu, relativement à ce qui est renfermé dans ce genre; on suivra alors la voix de la nature, qui ne nous en a donné l'usage que pour cela. Sortez delà pour entrer dans les choses métaphysiques & morales, vous y trouverez des difficultés sans nombre; puisque c'est le rapport du signe avec la nature de la chose qu'il exprime, qu'il faudra faire entendre au Sourd & Muet, & qu'il faudra qu'il fasse comprendre aux autres pour être entendu; il ne suffit pas qu'il s'entende lui-même & qu'il soit compris de ceux avec lesquels il a étudié, il faut qu'il se fasse comprendre de tous les hommes, autrement il ne pourroit être mis hors de sa société ordinaire. Le voici dans un monde nouveau où il ne peut plus ni entendre, ni être entendu; il est donc, pour ainsi dire, dans le même état où il étoit avant son éducation. Les parens seront toujours obligés d'avoir une plume ou un crayon à la main, pour écrire leur pensée. Que de circonstances dans la vie, qui font rejetter cette incommodité ! Il faut, ou qu'ils souffrent cet inconvénient, ou qu'ils soient privés de leurs enfans, ou bien encore qu'ils aillent eux-mêmes être les disciples du Maître qui les éleve, & qu'ils en apprennent cette langue de signes. Le système de la parole n'est pas sujet au même inconvénient ; il n'y a qu'à prononcer lentement pour être entendu ; & si la réponse des Muets n'est pas comprise la premiere fois, elle le sera une seconde ; d'ailleurs, on suppléera bien plutôt au sens de la parole, qu'à celui des signes, par l'habitude que nous avons de la premiere, & le peu de connoissance que nous avons des autres.

Quoi qu'il en soit de toutes ces réflexions que nous soumettons au jugement des personnes éclairées, & qui semblent prouver l'excellence de la parole, & sa supériorité sur les signes, nous pouvons assurer, dans la plus grande vérité, que notre intention n'a jamais été de vouloir diminuer le mérite du travail de ceux qui s'appliquent à cette éducation par la voie des signes; mais seulement de nous disculper de ce que nous ne suivions point la route qu'ils nous ont tracés, en tâchant de faire voir les raisons qui nous en ont écartés. Ce n'est point pour les blâmer dans leurs vues bienfaisantes, mais seulement pour nous justifier que nous avons ainsi montré les difficultés de l'usage des signes. Il étoit nécessaire d'en faire voir les inconvéniens, puisque nous ne les embrassions point. Nous serons toujours portés à publier, avec le plus grand plaisir, les talens des hommes généreux qui passent leur temps à un emploi si utile. Est-il quelqu'un qui s'y consacre avec plus de noblesse & de grandeur d'ame, que le respectable M. l'Abbé *de Lépée ?* Qui ne rendra pas toute la justice dûe à ce grand homme ? Il mérite, à tous égards, l'estime & la reconnoissance de son siécle & de la postérité. Pour peu qu'on y fasse attention, on verra avec étonnement combien il lui a fallu de temps, de peines & de travaux pour se faire un système aussi beau, aussi méthodique que le sien; de quelle constante application il a fait ufage pour trouver des fignes comme racines, comme dérivés, comme modifiés. D'après la théorie des expreffions qui renferme ces différentes claffes de mots, il lui a fallu des fignes généraux, particuliers, abftraits & communs pour ces genres de mots, des déclinaifons, des conjugaifons dans les fignes, comme nous en avons dans les langues. Par cette langue de fignes, il a trouvé l'art de peindre toutes les idées, toutes les penfées, toutes les fenfations. Il les a rendu fufceptibles d'autant de combinaifons & de variations, que les langues dont nous nous fervons habituellement pour peindre toutes les chofes, foit dans le moral, foit dans le phyfique. Les idées abftraites, comme celles que nous formons par le fecours des fens, tout eft du reffort de la langue des fignes. Pour créer une langue qui paroît à un fi haut dégré de perfection, il a fallu la réflexion la plus profonde, le jugement le plus fain, l'imagination la plus vive, unis à la connoiffance la plus parfaite de la Grammaire. Il étoit réfervé à un génie auffi vafte que le fien, d'inventer une langue de fignes qui pût fuppléer à l'ufage de la parole, être prompte dans son exécution, claire dans ses principes, sans trop de difficulté dans ses opérations. Voilà ce que M. l'Abbé *de Lépée* a exécuté avec l'applaudissement général, & le plus mérité. Quelque belle que soit sa méthode, nous ne la suivons cependant point, fondés sur ce que nous croyons nos principes moins compliqués, plus faciles à être saisis & à être expliqués, beaucoup moins multipliés que ceux des signes ; persuadés d'ailleurs que notre méthode, dans ses effets, produit au moins autant d'avantages.

SYSTÊME

Sur l'Éducation des Sourds & Muets, par la voie de la Parole.

Pour sentir la nécessité de notre système, par rapport à l'éducation des Sourds & Muets, qui nous fait préférer la voie de la parole aux signes, il faut avoir présente devant les yeux leur infirmité, qui doit être la mesure de nos efforts pour les en guérir. Il faut se persuader que la parole, par rapport à eux, soit qu'ils la voient dans les autres, soit qu'ils s'en servent eux-mêmes, n'est autre chose qu'une écriture mutuelle, formée par des caracteres imprimés sur les organes de la voix, & faire ici abstraction des sons que les autres hommes entendent; autrement il nous seroit impossible de nous faire comprendre dans le développement de notre méthode. Reprenons tous ces points de vue les uns après les autres.

Quelle autre différence peut-il y avoir entre les Sourds & Muets & nous, que le défaut de l'ouie, qui entraîne nécessairement celui de la parole; défaut incurable par malheur pour ces infortunés. D'après l'impossibilité reconnue de leur rendre jamais l'usage de l'organe de l'ouie, il sembleroit que l'on devroit renoncer entiérement à les voir jouir de celui de la parole; instrument merveilleux que Dieu a donné aux hommes pour se réunir, & lier un commerce réciproque qui les mît en état de cultiver les Arts & les Sciences. Pour parvenir à ce but, il a fallu que les hommes eussent un moyen de se communiquer réciproquement leurs pensées, & ce moyen, c'est la parole. Les Sourds & Muets, par une suite de leur organisation, semblent exclus de la jouissance de ces avantages. Cependant l'industrie est venue à leur secours. On a découvert une voie qui les conduit à ce but; c'est de faire suppléer les yeux aux oreilles, & l'expérience démontre que ceux-ci peuvent très-bien remplir les fonctions des autres. Que l'ame soit informée de la relation & du rapport des choses entr'elles, par tels ou tels organes, cela est fort indifférent en soi-même, pourvu qu'elle connoisse ce rapport. Elle est éclairée, cela suffit; puisqu'elle peut, d'après cette connoissance, & raisonner & juger. Il n'est donc question que de bien habituer nos Eleves à lire sur les lévres; ils deviendront naturellement portés à rendre, par cette voie, des sons par lesquels ils rendront compte de leurs idées. Ils verront les autres en faire autant; ils chercheront bien certainement à les imiter, sur-tout si des principes clairs peuvent aider chez eux la nature qui s'essaie, & qui desire réussir. Les voici donc dans le cas de profiter des paroles des autres, & de communiquer avec eux, & d'être ainsi rendus à la Religion, à la Société. Par la parole, on les tire donc de cet état de malheur dans lequel ils sont nés. Sans elle nous croirions ne leur donner que la connoissance de leur infirmité, en les mettant dans le cas de ne pouvoir ni entendre les autres, ni en être entendus; ce qui seroit infailliblement inévitable, si au sortir de nos instructions ils ne pouvoient jouir de la parole. Par elle seule nous les rendons à la société, puisque, pour qu'ils en soient membres, il faut qu'ils soient en communication

avec

avec ceux avec qui ils peuvent avoir des affaires, des relations de sang ou d'amitié. La parole est la seule voie qui puisse leur faire participer au commerce établi parmi nous. C'est vers ce but que nous dirigeons tous nos efforts; & pour l'atteindre, nous nous livrons à un travail pénible, mais bien propre à animer le zèle du Chrétien & du Citoyen.

L'habitude où nous sommes d'entendre dire que les Sourds & Muets ne peuvent point parler, parce qu'ils ne peuvent entendre; le temps immense qui s'est écoulé, sans qu'on ait songé à leur donner une éducation qui fût pour eux un remede à leur maux, fait que souvent nous nous refusons à croire les vérités qu'on nous annonce en ce genre. Cependant les prodiges étonnans qu'a opéré le célebre M. *Pereire* en font foi. Les Papiers publics retentissent, à juste titre, de ses éloges. L'Académie des Sciences, cette Société si connue par la vaste étendue de ses lumieres, trois fois a consigné dans ses Annales les justes tributs de louanges que méritoit cet illustre Instituteur. Le Sçavant Naturaliste, M. de Buffon, répand sur les travaux de M. Pereire la gloire qui lui est dûe. M. le Cat, dans son *Traité des Sensations*, se joint à ces grands hommes pour applaudir aux succès, & transmettre à la postérité le talent supérieur du sçavant Portugais. La génération présente souscrit avec empressement à ces témoignages autentiques rendus au mérite, & les générations futures nous envîront le bonheur de l'avoir possédé. Son nom passera à la postérité la plus reculée ; l'immortalité lui est acquise. Quelques Eleves des autres Instituteurs, en prouvent aussi la vérité ; & le raisonnement seroit bientôt convaincu, si on réfléchissoit que la parole peut être lue, comme elle est entendue ; qu'elle est susceptible de caracteres distinctifs, comme l'écriture ; que pour nos Muets c'en est une, soit qu'ils parlent, soit qu'ils lisent sur les levres des autres. Cette vérité ne devroit pourtant pas paroître si paradoxale, puisqu'il n'est pas si rare de trouver des personnes qui, devenues sourdes par différens accidens, lisent à merveille sur les levres, les discours que les autres hommes entendent. Ce principe est le fondement de notre éducation, le point d'où nous partons, celui qui sera absolument nécessaire à tout homme qui voudra entreprendre de courir cette carriere. Il faut donc se convaincre que nous ne regardons la parole, par rapport aux Sourds & Muets, que comme caractere, figure, écriture même, & non pas comme son.

Si pour toutes les sciences il est nécessaire d'avoir recours à une marche méthodique pour les apprendre, comme pour les enseigner, c'est principalement dans l'art intéressant de donner la parole aux Muets ; & l'ordre que l'on doit garder, est celui qui approche le plus de la nature : comme elle produit les choses les plus merveilleuses, par des causes extrêmement simples, il faut donc aussi que nous cherchions des principes de la plus grande clarté, courts & faciles. De même qu'elle ne va que lentement dans toutes ses opérations, préférons l'utile lenteur à une apparence trompeuse de réussite trop prompte : *sat citò, si sat benè*. Ne cherchons point à vouloir surmonter les difficultés, qu'après avoir préparé le chemin, par la connoissance des choses les plus faciles, & qu'être monté ainsi de difficulté en difficulté. Il en est de la parole, ainsi que de la santé ; elle est bientôt perdue,

& on ne la recouvre qu'avec peine, & presque insensiblement. On ne conçoit pas, dira-t-on, comment on peut rendre la parole aux Sourds & Muets; mais conçoit-on davantage comment un enfant bien organisé peut apprendre à parler? Nous entendons par cette expression, avoir des idées & les peindre, & les communiquer mutuellement; il n'y a pas plus loin pour l'un & l'autre, de la connoissance de la chose que l'on nomme, que du rapport de la parole à l'idée que nous donne la prononciation. La distance est la même : c'est cependant ce que produit l'habitude dans tous les enfans, c'est ce qu'elle fera dans les Sourds & Muets. Il faut pourtant avouer que pour les premiers, aidés par la faculté d'entendre, l'ouvrage est à moitié fait; tandis que dans les autres, privés de cette faculté, le jugement ne peut se développer sans secours. L'habitude que les autres contractent, leur est impossible; il faut que l'art seconde la nature; il faut montrer aux Eleves la maniere de se servir de leurs yeux, comme les autres se servent de leurs oreilles; leur apprendre à lire les discours que les autres entendent. L'habitude pour le commun des hommes, leur a fait attacher des idées aux mots qu'ils entendent : cette ressource est interdite à nos Muets ; c'est à l'art à suppléer à l'usage, & à produire, dans eux, l'effet que l'habitude produit dans les autres. De ces deux principes dérivent naturellement deux divisions, *lecture* & *écriture* de la parole : ce sont ces deux chefs principaux, sous lesquels nous considérons cette éducation.

Nous ne concevons point comment un Auteur, d'ailleurs respectable, & ami de l'humanité, a pu avancer que l'éducation des Sourds & Muets, considérée sous ce point de vue, loin de pouvoir faire l'occupation d'un homme de génie, ne pourroit que le rebuter, & être en quelque-sorte dangereux pour les Eleves. Il ajoute de plus, que c'est *se ravaler* jusqu'au niveau des Maîtres d'Ecole. De telles assertions semblent incroyables ; on les trouve cependant consignées dans un ouvrage connu & estimé. Le développement de notre méthode, prouvera si elle est contraire au bon sens & à la saine raison, si elle est incompatible avec un génie transcendant ; sa facilité, la clarté de ses principes, ne peut que flatter beaucoup le Public; au moins nous osons l'espérer, puisque par-là, tout le monde sera dans la position de concourir à l'instruction des Sourds & Muets. Pourquoi rechercher une méthode enveloppée d'une apparence de science profonde & d'une longue haleine, tandis que, dégagée de toute espece de difficultés, elle peut être saisie par tous les hommes qui voudront se livrer à cet art intéressant ? Nous donnons notre Méthode au Public, comme le fruit de l'expérience & du raisonnement, comme une preuve du desir sincere que nous avons de lui être utile, & de mériter son estime. Nous sentons, il est vrai, que nos premiers exercices ressemblent assez à ceux des Maîtres d'Ecole; mais ce n'est point s'avilir que de procéder pendant quelque temps comme eux, parce que l'état de ces hommes consacrés à l'éducation de la jeunesse, est un état honnête, respectable par son utilité.

DE LA PAROLE,

Considérée comme lecture, par rapport à ceux qui écoutent; comme écriture, à l'égard de ceux qui parlent.

Nous l'avons déja dit, & nous le répétons, la parole ne peut être considérée, à l'égard des Sourds & Muets, comme son, puisqu'ils sont dans l'impuissance de l'entendre ; il a donc fallu leur donner un moyen qu'ils pussent saisir pour la comprendre : ce ne pouvoit être que le caractere qu'elle prend dans la position des organes qui la forment : pour cela, il leur faut faire remarquer avec soin cette position & le caractere qu'elle représente. Quand nous commençons l'instruction d'un Muet, nous faisons nos efforts pour lui faire entendre ce que nous voulons lui apprendre. On sent assez qu'il est bien plus facile de lui faire voir que l'on peut lui montrer à écrire, à lire même, qu'à parler. C'est cependant ce qu'il faut qu'il connoisse, pour qu'il puisse se prêter à nos opérations, qui ne sont point de nature à l'intéresser ; nous pourrions même dire qu'elles sont propres dans les commencemens à lui inspirer du dégoût pour ces principes préliminaires. Lui faire concevoir que nous entendons les différens sons que forme la voix d'un homme qui nous adresse la parole, lui promettre qu'il les entendra aussi ; ce seroit le tromper, l'induire en erreur, le décourager, insulter à son infortune, & nous mettre dans le cas de ne pouvoir nous attirer sa confiance. Indépendamment de la difficulté de lui faire connoître ce qu'est le son en lui-même, ou du moins les effets du son, par rapport à nous, nous ne pourrions que lui causer beaucoup de chagrin, en lui donnant une juste idée de son infirmité, & de la supériorité de notre organisation sur la sienne ; nous savons que les Sourds & Muets peuvent saisir cette idée ; un Auteur très-instruit en fait foi dans son Ouvrage. Cependant nous ne voyons pas de quelle utilité cela peut-être, par rapport à eux ; c'est une humiliation de moins que nous leur épargnons. Qu'ils aient une idée du bruit, que ce bruit leur occasionne une sensation plus ou moins forte ; quelle que soit la cause de ce phénomene dans eux, il est certain que la plupart d'entr'eux en éprouvent l'effet ; que ce soit par la propagation des voies ordinaires, ou autrement, on ne peut disconvenir qu'ils en ont une sensation. En effet, pourquoi n'y auroit-il point autant de dégrés de surdité, qu'il y a de dégrés d'aveuglement ; c'est-à-dire, que comme certains aveugles entrevoient la différence des couleurs, qu'il en est qui distinguent la lumiere des ténebres, & d'autres qui n'ont aucun sentiment ni des couleurs, ni de la lumiere, qui ne soupçonnent pas même qu'il puisse y en avoir, & que cependant tous sont rangés dans la classe des aveugles, parce que pour l'aveuglement il suffit d'être privés de la vue au point de ne pouvoir en tirer aucun avantage ; pourquoi, dis-je, n'en seroit-il pas de même des Sourds & Muets ? Nous regardons comme certain que quelques-uns d'eux n'entendent absolument rien ; que d'autres soupçonnent qu'il peut y avoir du bruit excité par l'air frappé ; que d'autres, enfin, en ont des idées ; mais si confuses, qu'il ne leur est pas possible de pouvoir en discerner la différence. Pourquoi à ces sortes d'hommes refuseroit-on la dénomination de sourd, puisqu'ils n'entendent pas assez pour se servir de l'ouie, puisqu'il est chez eux de nature à ne leur rendre aucun service. Si nous renfermons dans la classe des aveugles tous ceux qui ne voient pas assez pour les usages de la vie, nous devons également renfermer dans celle des Sourds de naissance, ceux qui n'entendent point assez pour le commerce établi entre les hommes; & pour être dans le cas de recevoir notre éducation, il n'est pas nécessaire de ne rien entendre du tout; il ne faut qu'entendre assez peu seulement pour ne point distinguer les sons, de maniere à pouvoir dire : celui-ci differe de celui-là, en ce qu'il est non-seulement plus ou moins fort, mais d'une autre nature : ce n'est que par le défaut de cette distinction que les Sourds & Muets ne peuvent point s'habituer à l'usage de la parole : c'est donc à ce défaut qu'il faut s'attacher, si ce n'est pour y remédier, du moins pour y suppléer.

Trois différentes opérations nous paroissent essentielles pour réussir à leur faire connoître ces caracteres distinctifs des lettres. Nous commençons par leur montrer la même lettre imprimée & écrite, tant en gros qu'en petit caractere; ensuite nous leur apprenons la position des organes pour sa formation. Dès qu'ils la sçavent, & qu'ils l'ont bien articulée, nous applaudissons à leur succès. Nous leur faisons signe qu'il ne faut point l'oublier. Nous la leur faisons écrire. Nous leur montrons alors que le caractere qu'elle reçoit dans l'écriture, est différent de celui de l'impression; nous leur faisons voir que la même lettre n'est pas formée de même dans l'une & l'autre peinture. La prononciation de ces lettres exige plus ou moins de temps dans les divers sujets que l'on éleve, en raison de leur facilité ou de leur difficulté à concevoir. Il en est de même de l'écriture. Quand ils sçavent à peu-près le caractere de la lettre que l'on leur enseigne, & passablement sa prononciation, on la leur fait lire sur les levres. Pour cela on leur fait signe de nous regarder, & quand ils ont les yeux sur nous, nous prononçons alors cette lettre posément & avec précision. Nous la leur faisons ensuite répéter au mouvement de nos levres, & à l'inspection de la lettre, soit imprimée, soit écrite. Il est même très-bon de les accoutumer à l'écrire sur notre prononciation, à la leur faire chercher, & à nous la montrer dans la premiere page d'un livre, dans un nombre considérable de cartes sur lesquelles seront imprimées toutes ces lettres ; & chaque fois qu'ils la montrent, il ne faut pas négliger de la leur faire prononcer ; opération qu'il ne faut cesser de réitérer à chaque lettre que l'on leur apprend à prononcer, en observant de joindre les premieres apprises avec les nouvelles, & de ne point passer à une nouvelle lettre, que celle que l'on enseigne ne soit sçue. En apprenant ainsi toutes les lettres, ils sçavent distinguer le caractere qu'elles ont dans la prononciation, dans l'impression, & dans l'écriture. Ils sçavent les lire sur les levres de ceux qui leur adressent la parole, comme nous les lisons dans les livres & les écrits. Nous réservons, pour la Partie pratique, à parler des moyens que nous mettons en usage pour leur apprendre cette prononciation.

De la lecture des lettres nous passons à celle des mots ; nous les leur faisons écrire, en prenant bien garde de ne point négliger aucune des opérations dont nous venons de parler; & jusqu'à ce que nos Eleves soient assez formés à lecture sur les levres, comme à l'écriture, pour pouvoir répéter ce que l'on leur fait dire, sans en excepter aucun mot, quelque difficile qu'il soit, nous n'entrons dans aucune espece d'explication pour le sens que les paroles prononcées & écrites nous donnent. Ce terme est absolument nécessaire pour entreprendre avec raison ces éclaircissemens, qui doivent porter la lumiere dans leur esprit; & pour ne leur point faire perdre le temps, qui est du plus grand prix pour eux, nous les exerçons à la lecture dans les livres sur les levres, à l'écriture, à la récitation de mémoire, & à voix haute. Nous les aidons dans les commencemens, en nous servant de l'alphabet dactilogique, ou manuel, & de notre propre prononciation, pour les conduire pas à pas à la prononciation de mémoire. Ensuite nous ne leur indiquons que la lettre qui commence la syllabe qu'ils doivent prononcer; enfin, en leur laissant à eux-mêmes l'ouvrage tout entier à faire. On verra dans la Partie pratique les principes & le développement de ces exercices.

Nous venons de dire qu'il falloit attendre que les Eleves aient acquis une certaine facilité dans la lecture sur les levres, & qu'ils fussent familiers avec l'écriture, pour entrer dans l'explication des mots. Cette marche est absolument essentielle, pour que l'explication puisse être de quelque utilité; il faut quelle soit susceptible d'être entendue, soit par la lecture sur les levres, soit par la vue de l'écriture; il a donc fallu les préparer à recevoir les explications qu'on vouloit leur donner; autrement, & tout le monde le sent, il auroit été impossible d'entreprendre cette partie de leur éducation si nécessaire, n'ayant aucun moyen connu pour être entendu mutuellement. En vain on me dira que nous ne l'avons pas d'avantage dans ce moment, que nous ne l'avions dans le commencement, parce que cette voix de la parole lue sur les levres, est toujours pour eux une langue étrangere dont ils ne font aucune application, dont ils ne sentent point la portée, de laquelle, conséquemment, ils ne peuvent retirer aucun avantage réel. Nous répondons que ce raisonnement seroit concluant contre notre méthode, si véritablement ils n'étoient point à l'égal des autres hommes, d'après l'éducation que nous leur avons déja donnée, puisque la parole est peinte, non par la qualité du son, mais par le caractere qu'elle reçoit dans les organes qui la rendent. Que l'ame soit informée par les yeux ou par les oreilles, c'est la même chose : ce n'est pas la maniere dont passe l'instruction, qui développe les facultés, qui instruit l'ame, c'est l'instruction, lorsque par elle-même elle est bonne, & de nature à être comprise. Si ce principe étoit faux, il s'ensuivroit que la lecture d'un bon livre ne seroit d'aucune utilité pour nous, puisque sûrement il ne nous instruit point par les oreilles, mais par les yeux ; qu'une lettre que nous recevons, ne nous seroit d'aucun avantage, puisque nous ne sçavons ce qu'elle renferme que par le secours des yeux : si donc les yeux peuvent instruire à l'égal des oreilles, ils peuvent donc saisir nos expressions. Il y a, dira-t-on, une très-grande différence entre les Sourds & Muets, & ceux qui entendent, même par rapport à la lecture, puisque ceux-ci ne conçoivent ce qu'ils lisent, que parce qu'ils y ont été préparés par les idées qu'ils ont reçues par l'organe de l'ouïe : pure chicanne, qui ne peut en imposer que dans le premier moment ; mais que la réflexion apprécie à sa juste valeur. Quel sens, en effet, attribue l'enfant à qui on apprend à parler, aux expressions souvent les plus communes, à plus forte raison à celles qui n'annoncent que des choses abstraites ? Aucun, bien sûrement ; l'habitude seule le familiarise avec elles, lui fait concevoir la convention des hommes, le rapport des choses avec l'énoncé de ces mêmes choses, c'est-à-dire, avec la parole ; l'habitude en fera de même dans l'esprit de nos Sourds & Muets. Les explications qu'ils lisent sur nos levres, & sur celles des autres, ne seront pas plus nouvelles pour eux que pour les autres enfans ; la disproportion qui existe entre l'idée de la chose & de la parole qui l'énonce, est égale pour tous ; les difficultés sont donc les mêmes ; ils sont donc de niveau avec ceux qui parlent dès le moment qu'ils peuvent lire sur les levres : c'est pourquoi nous regardons ce point comme le plus essentiel de leur éducation.

DE L'EXPLICATION du sens des Paroles.

Quoique nous venions d'avancer que nous attendions, pour cette explication, le temps où les Eleves étoient familiers avec la lecture sur les levres, & l'écriture, nous n'avons point voulu exclure l'explication des mots purement physiques, non plus que de ceux qui désignent des fonctions animales, comme *boire*, *manger*; ces choses sont de la plus grande facilité à concevoir, c'est pourquoi nous ne nous y arrêtons pas; nous conseillons même de les faire lire par ordre alphabétique; le Dictionnaire est très-propre à cette lecture; on sent à merveille la nature des signes qu'ils demandent. L'explication que nous entreprenons de détailler ici, est celle des choses qui ne peuvent tomber sous les sens, comme l'histoire de la Religion, ses dogmes & sa morale. Nous choisissons cette partie préférablement à toute autre, parce qu'elle renferme plus d'objets que toutes les autres, & qu'elle est d'une nécessité indispensable. De la connoissance de notre Religion dépend la formation de notre cœur, la bonté de nos mœurs, la pureté de nos intentions, & la sainteté de nos ames. La Religion est cette source féconde de consolation pour nous, de soutien dans nos infortunes; elle est cette chaîne d'or qui nous lie au trône de l'Eternel, ce flambeau céleste qui nous conduit de cette vie malheureuse à la vie éternelle, où, occupés uniquement à bénir l'Être des Êtres, nous jouirons dans la contemplation de ses divines perfections, de la plus grande félicité. Elle ne nous donne pas seulement la connoissance des choses morales, mais encore celle des choses physiques. La création de tous les Êtres nous ouvre une vaste carriere pour détailler les qualités nuisibles & avantageuses de tous les objets que Dieu a tiré du néant. L'Histoire du Peuple Juif nous apprend une foule de choses de la plus grande nécessité; nous pouvons même prendre delà occasion de leur donner des notions de l'Histoire Profane, au moins des connoissances préliminaires à l'étude de l'Histoire des Peuples anciens. Nous devons donc choisir pour objet de nos premieres leçons, la Religion, parce que c'est elle qui fera le plus dans le cas de servir aux Sourds & Muets que nous voudrons instruire. On en restera là, probablement, pour beaucoup d'Eleves, puisqu'il y a un bien plus grand nombre de pauvres que de riches, & que pour ces premiers il est inutile de chercher à leur donner des connoissances qui ne seroient d'aucune utilité pour eux, étant destinés à passer leur vie à des occupations qui puissent subvenir à leurs besoins.

L'homme, considéré comme membre de la société, a des devoirs à remplir, & il ne le peut qu'avec le secours de la vertu. Elle seule peut lui donner les qualités du cœur, qui le rendent propre à concourir au bonheur des autres, au sien propre, à lui faire estimer ses devoirs, à les lui inspirer, à le garantir de la corruption du siécle ; quel frein plus sûr peut-on imposer aux passions, que la Religion ? Il y a dans nous une malheureuse disposition qui nous entraîne vers le mal, & cette pente naturelle est fortifiée par tout ce qui nous environne Si nous ne les formons point, principalement à cet âge où ils nous sont confiés, n'attendons point que jamais ils y fassent des progrès. En les accoutumant à rapporter toutes leurs actions à Dieu, on leur apprendra à les sanctifier, à les rendre méritoires, à tendre au seul bonheur, à celui du Ciel, à ne desirer qu'à plaire à Dieu, leur seul & unique principe. Ainsi instruits de la Religion, ils l'aimeront, ils la regarderont comme la source du bonheur. En les sanctifiant, elle étendra leur génie, elle leur donnera des idées sublimes. Que de ressources trouve le génie dans la Religion ! Quelles beautés elle nous dévoile, soit que nous réfléchissions sur tout ce qui nous environne, soit que nous nous replions sur nous-mêmes !

Nous avons cru que la Religion étoit l'objet auquel nous devions d'abord nous attacher, parce qu'elle forme le cœur, qu'elle peut embrasser tous les genres différens qui contribuent à éclairer l'esprit. Fondés sur ces motifs, nous avons suivi cette route dans leur éducation, & pour leur donner les idées que nous souhaitions qu'ils acquissent, nous nous sommes servis de la voie que nous allons indiquer.

L'époque des différens âges du monde , & les événemens remarquables qui se sont passés dans ces âges, nous fourniffent la suite des idées que nous devons acquérir. Nous commençons donc par la Création du monde. Nous exposons à leurs yeux une estampe où est représenté le Tout-puissant qui tire du néant tous les êtres. Nous leur montrons chaque objet l'un après l'autre ; ensuite nous écrivons le nom de tous les objets représentés. Nous leur montrons après cela l'objet & la dénomination, tant avec l'écriture (*a*) que dans l'estampe. Nous ne négligeons point de la leur faire répéter, exercice que nous recommençons jusqu'à ce qu'ils ne s'y trompent plus. Ils en sont instruits, lorsqu'ils donnent à l'objet la dénomination qui lui est propre. Nous effaçons l'explication que nous avons donnée de l'estampe, & nous leur faisons faire ce que nous avons fait nous-mêmes devant eux, & expliquer chaque objet repré-

---

(*a*) Il est bon d'avertir ici que nous avons un tableau pour chaque Eleve, sur l'un desquels nous écrivons les explications : pour cela , nous nous servons d'un crayon blanc ; cette écriture s'efface facilement, & nous donne lieu de les faire écrire sans être embarrassés de papier, de plume & d'encre.

senté dans l'estampe, par la dénomination propre. Nous entrons ensuite dans un plus grand détail par rapport à ces objets; nous les examinons chacun en particulier; nous en faisons connoître les qualités les plus essentielles. Delà nous passons aux mots qui ont besoin d'explication. La Création du monde examinée, va donner une idée plus nette de nos opérations, un point de vue qui puisse mettre au fait, & rendre capable de les pratiquer quiconque le desirera.

Dieu sera, sans contredit, le premier objet qu'il faudra expliquer & faire connoître. Nous écrirons sur notre tableau le mot *Dieu*, montrant du doigt l'objet qui le représente. Le second sera ce qui représente la *terre*; la leur montrant, nous leur ferons connoître que nous faisons abstraction de tous les autres objets; nous leur dirons que nous la nommons *terre*, expression que nous écrirons de même sur le tableau. Le troisiéme objet sera le *soleil*, que nous leur ferons remarquer sur l'estampe, & dans la nature elle-même, si aucun nuage ne nous le cache. Nous écrivons alors le mot *soleil*. Nous leur disons que la partie du haut de l'estampe,

& qui occupe dans la nature le lieu le plus élevé, s'appelle *firmament*; nous écrivons firmament. Le cinquième objet fera *les eaux*; nous leur ferons connoître que Dieu les a séparées de la terre; nous écrirons *eaux*, & nous y ajouterons le mot de *mer*, en leur montrant que c'est là ce que nous appellons de ce nom. Le sixiéme objet fera l'herbe; en la leur montrant, nous écrirons cette expression *herbe*. Le septiéme objet fera les arbres, nous les leur montrerons, & nous écrirons le mot *arbre*. Le huitiéme objet renfermera les poissons, que nous leur montrerons également, & nous écrirons le mot *poissons*. Le neuviéme objet fera les oiseaux; nous les leur ferons voir, & nous écrirons *oiseaux*. Le dixiéme objet fera les animaux terrestres; nous les leur montrerons, & nous écrirons *animaux terrestres*. Nous entrerons dans le détail des especes d'animaux représentés; par exemple, s'il y a un *chien*, un *cheval*, un *bœuf*, un *liévre*, &c. nous écrirons leurs noms. Le onziéme objet fera l'*homme* & la *femme*; nous les leur montrerons, & nous écrirons ces deux mots *homme* & *femme*; c'est ce que nous leur ferons répéter à la lecture du tableau, & à la vue de l'estampe, dans laquelle ils seront obligés de montrer les objets désignés par les expressions. Lorsqu'ils ne les confondront point les uns avec les autres, nous leur ferons nommer chaque objet, & nous les leur ferons écrire d'eux-mêmes, jusqu'à ce qu'ils ne se trompent plus. On sent bien que l'on ne peut point déterminer la quantité d'objets que l'on peut leur faire connoître dans une séance, puisque cette connoissance dépend du plus ou moins de capacité des Eleves.

Reprenons chaque objet l'un après l'autre, pour donner une idée de la maniere dont nous les expliquons, pour faire sentir la force des expressions, & le rapport qu'elles ont avec nous. Nous ne nous occupons de ce dernier objet, qu'autant qu'il ne revient point essentiellement à quelques-uns des chefs dont nous nous occuperons par la suite.

Dieu : nous écrirons d'abord que c'est lui qui a formé toutes les choses que nous voyons, que nous touchons, que nous possédons ; qu'il est Auteur des animaux comme de nous-mêmes ; qu'Auteur, Créateur, signifie celui qui
fait

fait, qui produit, qui enfante, que Dieu a créé par sa volonté seule; que nous ne pourrions point en faire autant; que pour faire quelque chose, il faudroit que nous agissions; que dans Dieu le mouvement étoit inutile, que sa volonté suffisoit. On sent à merveille que les signes aident beaucoup dans cet exercice. Nous leur faisons répéter ces explications, d'après la lecture du tableau, ensuite de vive voix; quand ils ont rendu cette explication, on la leur fait écrire. Après cela nous passons à ces demandes : *Qui a fait le monde? Dieu. Comment l'a-t-il fait ? Par sa puissance*, &c. Ensuite nous nous attachons à leur faire connoître ce que c'est que demande & réponse. Nous les habituons à se faire entr'eux ces mêmes interrogations, & ces mêmes réponses. Nous passons ensuite aux perfections infinies de Dieu : *Esprit, éternel, bon, juste, tout-puissant, sçachant tout*, &c. Esprit; c'est-à-dire, qui ne peut être vu de personne, parce qu'il n'a point de corps; qui ne peut être touché par personne, parce qu'il n'a point de superficie. Que la matiere & les corps ont une élévation, un côté, une largeur, une profondeur; que les esprits n'en ont point. Lorsqu'ils nous ont répété ces explications, nous ne leur en demandons point davantage. *Eternel*, *il n'a point eu de commencement*, au lieu que nous, nous en avons eu un, nous avons commencé par être enfans, nous sommes parvenus à l'âge viril. Dieu n'a point été petit, puis grand, mais il a toujours été tel qu'il est, *& il n'aura jamais de fin ;* il restera toujours tel qu'il a été, tel qu'il est ; le nombre des années n'ajoutera rien à son existence, & n'en diminuera rien, au lieu que, par rapport à nous, elles nous vieillissent, & nous conduisent au tombeau ; nous mourrons, mais Dieu ne mourra jamais. *Bon* : c'est lui qui nous donne tout, les habits qui nous couvrent, la nourriture qui nous soutient, la santé qui nous est nécessaire pour remplir les devoirs attachés à notre état ; qui nous pardonne nos péchés, &c. Nos peres sont bons, mais Dieu est encore meilleur ; nos peres nous donnent ce dont nous avons besoin, mais Dieu les leur donne pour nous les donner. *Juste* : il nous punit à cause de nos péchés, comme nos peres nous punissent quand nous leur désobéissons. Il

DES SOURDS ET MUETS 69

nous pardonne après nous avoir punis, comme nos peres nous pardonnent après nous avoir punis. *Tout-puissant* : Dieu peut faire tout ce qu'il veut, rien ne lui est impossible, rien ne résiste à sa volonté, rien ne s'oppose à ses desseins. Nous, nous ne pouvons faire que peu de choses, les forces nous manquent, le temps n'est pas suffisant, les circonstances ne sont pas favorables, &c. *Sçachant tout* : Dieu sçait tout, rien ne lui est caché, tout est présent à ses yeux ; pour lui il n'y a point de ténébres, il voit la nuit comme le jour. Nous, nous ne sçavons presque rien, nous apprenons avec beaucoup de peine, &c. Après leur avoir fait lire ces détails plusieurs fois, les leur avoir expliqués par des signes naturels, nous en faisant rendre compte, nous effaçons toute l'écriture, excepté l'énoncé des perfections, qu'ils sont obligés de remplir d'eux-mêmes. Nous réitérons les mêmes exercices, jusqu'à ce qu'ils les sçachent, & qu'ils puissent les faire eux-mêmes sans notre secours. On voit par-là comment nous nous y prenons pour faire connoître Dieu. Nous allons maintenant examiner la création par rapport à tous les êtres.

Terre, Monde, Univers : la terre est ce que nous habitons ; c'est sur quoi nous vivons ; nous la cultivons pour y faire venir notre nourriture & nos vêtemens. La terre, comme toutes les choses corporelles, a des côtés, une partie supérieure, une partie inférieure, une profondeur, une largeur, une longueur; dans le sein de la terre se forment les métaux, l'or, l'argent, le fer, le cuivre, le plomb ; il y a de l'eau, du feu.

Le soleil est un globe lumineux qui nous donne la lumiere, le jour, qui échauffe la terre ; il parcourt la vaste étendue du firmament, son cours sert à mesurer le temps; c'est d'après lui que l'on a marqué sur les montres, les pendules, l'heure qu'il devoit être. Plus il est perpendiculaire sur nos têtes, & plus il nous échauffe; au contraire, plus il est oblique, & moins il nous donne de chaleur.

Firmament : c'est le ciel que nous voyons ; nous y admirons les étoiles & la Lune qui nous éclairent la nuit. Entre le firmament & nous, il y a de l'air, c'est ce qui nous fait vivre ; nous le respirons, sans cela nous ne pourrions pas vivre. Les nuées s'y amassent & retombent en pluie, en neige, en grêle.

Les eaux ; nous ne pourrions point vivre sans eau ; elle nous défaltere dans la soif, elle nous procure le moyen de faire cuire notre nourriture ; nous avons trouvé la facilité de voyager dessus les eaux, d'y transporter les choses les plus pressantes. La mer est une étendue d'eau immense qui environne la terre de tous côtés ; les fleuves, les rivieres, les fontaines, les ruisseaux coulent au milieu de la terre pour la rafraîchir & l'arroser.

Les poissons vivent dans l'eau ; il y en a de grands & de petits, nous en mangeons, d'autres nous servent à différens usages, comme ceux dont nous tirons l'huile, &c.

Les oiseaux vivent dans l'air ; ils volent sur les branches des arbres ; ils vivent de mouches, de vers, de grains, qu'ils vont chercher sur la terre, de fruits qu'ils vont béqueter ; ils servent à notre nourriture, & à notre amusement.

Les animaux terrestres : les uns contribuent à notre plaisir, les autres à notre utilité ; il y en a de nuisibles par leur férocité, d'autres nous sont entiérement attachés, &c.

L'homme & *la femme* sont des animaux raisonnables, parce qu'ils sçavent se conduire par la raison. Ils sont les Maîtres de la nature, jusqu'aux bornes où Dieu a terminé leur puissance. Ils connoissent, ils aiment le bien, ils ont une ame jointe à leur corps ; cette ame est un esprit qui n'a aucune dimension de la matiere, dont les sens sont les organes ; elle voit, elle s'exprime par ces mêmes organes. Les sens sont comme le miroir qui répete sans connoître ; mais l'ame est comme l'homme qui, voyant la peinture du miroir, raisonne & juge des objets qu'il représente.

Nous n'avons pas besoin d'avertir que ces explications sont bien plus détaillées dans l'exécution ; que l'on travaille à les rendre plus sensibles ; que l'on cherche dans les commencemens à se servir des expressions les plus simples, les plus faciles ; & si nous avons dressé ces tableaux, c'est afin de donner une légere idée de nos opérations. Nous ne les donnons pas comme des regles, mais seulement comme des preuves de la facilité que nous avons à expliquer à nos Eleves les différentes choses que nous voulons leur faire concevoir.

Nous croyons devoir terminer cette Partie par l'exposition des sentimens des Sçavans qui ont pensé comme nous sur cette matiere : ce seront comme autant de piéces justificatives de notre système, & nous espérons prévenir favorablement le Public sur cette Méthode, en l'appuyant de l'autorité respectable des grands Hommes qui ont travaillés sur cette éducation.

Le célebre M. l'Abbé *de Lépée* reconnoît, (page 155 de son Ouvrage intitulé: *Institution des Sourds & Muets, par la voie des signes méthodiques*; à Paris, chez Nyon, 1776.) que le moyen unique de rendre » totalement les Sourds » & Muets à la société, c'est de leur » apprendre à entendre des yeux, & à » s'exprimer de vive voix. »

Le Docteur *Bruhier* (dans son Ouvrage intitulé: *Caprices d'imagination, ou Lettres sur différens sujets d'histoire*, &c. à Paris, chez Briasson, 1750.) fait voir dans la onziéme Lettre sur cette matiere, *page* 205, que c'est la méthode la meilleure & la plus sûre. » L'on a

» inventé, dit-il, une méthode très-
» sçavante pour apprendre à parler, à
» ceux-mêmes qui seroient inaccessi-
» bles aux sons, de quelque maniere
» que ce pût être. Elle consiste à leur
» faire connoître, avec une précision
» assez parfaite, le mouvement des dif-
» férens organes qui servent à la for-
» mation & à l'articulation des sons,
» pour pouvoir montrer aux autres à
» les produire par imitation : c'est ce
» dont plusieurs Auteurs ont fait une
» étude particuliere, & composé des
» Traités. *François Mercurius Helmon-*
» *tius* a fait l'*Analyse des sons de la*
» *Langue Hébraïque.* Le Docteur *Wallis*
» l'a fait pour la Langue Angloise, &
» toutes celles qu'il sçavoit. *Guillaume*
» *Halder*, de la Société Royale de Lon-
» dre, dans son *Traité des élémens des*
» *Langues*, a marché sur ses traces,
» & peut-être enchéri sur lui......

» Mais pour faire voir la possibilité
» de l'exécution, il faut nous rappeller
» des faits, de quelqu'un desquels il
» n'est pas possible que vous n'ayez
» été témoin.

» Les Sourds ont la vue extrême-
» ment bonne, de sorte que s'ils voient

DES SOURDS ET MUETS. 75

» deux personnes s'entretenir d'affai-
» res, au fait desquelles ils soient, ils
» sçavent par le mouvement de leurs
» levres ce qu'ils ont dit, comme s'ils
» le lisoient en écrit.

» Avec cette délicatesse de vue,
» on parvient à connoître les mouve-
» mens les moins sensibles des parties
» organiques, servant à la parole, de
» la même maniere qu'on apprend à
» lire; au dernier cas, on commence
» à se familiariser avec de gros carac-
» teres, puis on passe à de plus petits,
» enfin à de différens caracteres, &
» même à des abrégés, tels qu'ils n'ex-
» priment qu'imparfaitement la pensée.
» De même les Sourds étudient d'abord
» les mouvemens bien caractérisés des
» parties découvertes des levres, des
» joues, du menton, du gosier, & même
» de la langue des personnes qui par-
» lent fort haut, ou sont dans l'agita-
» tion de quelques passions. De ces élé-
» mens de connoissances, ils passent
» à des mouvemens moins caractéri-
» sés, puis à ceux qui le sont très-peu,
» & enfin parviennent à deviner les
» pensées par les premiers mouvemens

D v

» des levres, sur-tout s'ils voient ha-
» bituellement les personnes.

» Quand ils sçavent les mots, il n'est
» pas difficile de leur apprendre à lire ;
» il ne s'agit, pour y réussir, que de
» leur montrer la correspondance en-
» tre les mouvemens des organes de la
» parole qu'ils ont appris à connoître,
» & les caracteres qui servent à les
» exprimer.

» Au reste, cette opération est d'au-
» tant plus aisée, que le caractere des
» langues demande plus d'ouvertures
» de bouche & de gosier, ce qui est
» propre aux Langues Orientales ; au
» lieu que dans les pays tirant au Sep-
» tentrion, à peine ouvre-t-on la bou-
» che pour parler.

» Ce systême ne paroît imaginaire
» qu'à ceux qui ne voudront point faire
» attention qu'il n'y a pas de répu-
» gnance qu'on puisse apprendre, aidé
» d'un Maître, ce qu'on apprend quel-
» quefois de soi-même, par l'extrême
» envie qu'on a de le sçavoir.

» Il ne reste plus qu'une difficulté à
» surmonter, c'est de faire connoître
» aux Sourds & Muets de naissance,

» la force des sons que l'on leur a appris à former.

» Pour sentir la possibilité de ce point, il faut faire attention que les enfans, par le moyen des sons que l'oreille leur fait entendre, acquierent par dégrés la connoissance des mots & de leur construction, de sorte qu'en peu d'années ils parviennent à une très-grande facilité d'expliquer dans leur langue, du moins quant aux notions les plus communes. (a) D'où vient seroit-il impossible que l'œil attachât des idées aux combinaisons des lettres ou caracteres, puisque l'oreille en attache à la combinaison de

---

(a) L'expérience que nous en avons faite dans les Eleves que nous formons, nous est une preuve assurée de cette vérité, quoiqu'il y ait eu une foule de choses qui s'opposoient sensiblement à leur avancement ; comme de ne venir recevoir des leçons que pendant deux heures de la matinée, sur lesquelles il faut encore ôter les Dimanches & Fêtes, & les jours d'hiver qui sont fort mauvais, & ce seulement dans l'espace de quinze mois. Cependant nos Eleves lisent maintenant couramment tout ce que l'on présente écrit ou imprimé en françois ; ils commencent déja à apprendre le Catéchisme du Diocèse par cœur, & ils écrivent assez facilement sous la dictée ; chez eux ils y demandent leur besoin, & ils appellent les personnes qu'ils veulent & qu'ils connoissent.

» certains sons ? Car, quoique dans le
» cours ordinaire les lettres soient le ca-
» ractere immédiat, comme les sons,
» le caractere des pensées de l'ame ; les
» lettres ne peuvent-elles point repré-
» senter les pensées de l'ame aussi-bien
» qu'elles le font par l'entremise des
» sons ? Il ne s'agira donc que de mon-
» trer aux Sourds la correspondance
» des sons avec les caracteres, puis
» celle des caracteres avec les choses
» dont ils sont l'image ; ainsi en leur
» montrant écrit le mot *chapeau*, on
» leur fera voir la chose désignée par
» ces caracteres, sauf, s'il en est be-
» soin, à leur prononcer distinctement
» ce mot ; afin de leur inculquer davan-
» tage des idées simples, on passera aux
» composées. »

Le P. Lamy, de l'Oratoire, dans sa Rhétorique, montre assez, par le peu qu'il dit de cet art, qu'il le regarde exécuté par le moyen de la parole, comme possible dans son exécution, utile dans sa réussite pour l'humanité, & de nature à intéresser les ames sensibles, & à occuper les grands génies.

COURS
D'INSTITUTION
DES SOURDS ET MUETS.

PARTIE PRATIQUE.

COURS
ELEMENTAIRE
D'ÉDUCATION
DES SOURDS ET MUETS.

PARTIE PRATIQUE.

Nous ne nous arrêterons point à décrire les qualités nécessaires au Maître qui se destine à l'éducation des Sourds & Muets. On sent à merveille qu'il faut une patience, & une douceur à toute épreuve, une imagination vive, un jugement sain, la connoissance de la méchanique de la parole, & les autres qualités nécessaires pour l'éducation des autres enfans : tout homme qui à ces qualités joint encore la bonne volonté, peut entreprendre de courir cette pénible carriere.

Les dispositions des Eleves consistent principalement dans la bonne volonté, & dans l'exercice de la raison. Sans celle-ci ils ne pourront rien comprendre ; sans celle-là, les efforts du Maître seront parfaitement inutiles. Nous nous bornons à ces deux dispositions, parce qu'elles renferment les autres ; la santé du corps est également nécessaire.

Comme la réussite dépend plus des Eleves que du Maître, on doit s'appliquer à faire naître dans eux le desir d'apprendre ; ce qui ne peut s'effectuer qu'en leur faisant concevoir le service que l'on veut leur rendre. Le moyen qui m'a paru le plus naturel, est de leur expliquer chacune de nos opérations, & les raisons qui nous les font mettre en pratique. Pour cela, je leur fais croire que nous lisons sur les levres des autres, & qu'ils en peuvent faire autant ; que le mouvement des levres de celui qui parle, est comme la peinture de la parole, comme sont les caracteres tracés sur le papier. Les signes seuls, pour cette explication, doivent & peuvent être employés. Après cela je prie une personne qui n'est ni sourde, ni muette, de vouloir me répondre, ou m'interroger : je fais regarder à mon Eleve que la personne m'a regardé, que je l'ai vu répondre, comme elle m'a vu lui parler; que la faculté de la prononciation dépend de la différente position des organes de la voix. Delà je passe à la lecture & à l'écriture. Après lui avoir expliqué qu'il a été un temps où j'ignorois l'un & l'autre, que je l'ai appris, que maintenant je le sçais; je les engage à recevoir mes explications, à se prêter à mes volontés. Toutes ces explications doivent être accompagnées de marques de bonté, de tendresse & de bienveillance.

Dès qu'ils ont conçu ces explications, nous commençons à leur donner la faculté de la parole : pour cela nous croyons devoir établir des principes préliminaires qui ne regardent que notre objet actuel. La position des organes, & l'effet que cette position produit par rapport au souffle, au toucher, à la vue, tout cela est de la derniere nécessité, & on ne sçauroit trop y faire d'attention : le plus ou le moins de souffle, les levres plus ou moins avancées, plus ou moins ouvertes, plus ou moins retirées, les joues gonflées, sont autant de guides sûrs pour les Eleves. A ces principes indispensables nous joignons ceux de l'Alphabet dactilogique, ou Manuel, qui n'est autre chose qu'une espece d'écriture qui se fait par le moyen des doigts. Cette voie est de la plus grande facilité pour aider nos Eleves, & même les habituer à la lecture & à l'écriture. Nous ne conseillons point du tout de passer des choses difficiles aux plus aisées, parce que par-là on les accoutume à éloigner tout ce qui pourroit les embarrasser. Il faut animer leur courage, en leur montrant qu'ayant déja bien appris les choses qu'on leur a montrées, ils parviendront à sçavoir celles qu'on leur enseigne. L'ordre dans lequel nous rangeons les lettres qu'on leur apprend, nous a toujours réussi. C'est celui de M. l'Abbé *de Lépée*, dans le dixiéme Chapitre de son Ouvrage. Nous joindrons nos réfléxions aux principes de ce célebre Auteur. Nous ne négligerons point non plus l'Alphabet manuel.

A, A, a.   *A , A , a.*

Nous expliquons aux Eleves que notre bouche s'ouvre, que nos dents se desserrent, que notre langue est baissée & sans mouvement, qu'elle est appuyée sur le palais inférieur ; que l'air sort du gosier, dans lequel il se fait un frémissement. Ensuite nous leur faisons mettre leur doigt dans notre bouche, pour qu'ils puissent sentir la position de notre langue, en observant, en même temps, de leur faire placer l'autre main sur notre gosier, pour qu'ils puissent sentir le frémissement que l'air qui y passe occasionne ; nous avons l'attention de leur faire appliquer le dessus du doigt au palais supérieur, pour qu'ils puissent s'appercevoir de l'abaissement de la langue vers le palais inférieur. Pendant cet exercice, nous articulons posément la lettre *a* plusieurs fois ; ensuite nous leur faisons mettre à eux-mêmes leur main & leur doigt dans les mêmes positions, & sur leur organe, comme ils l'avoient posé sur les nôtres ; exercice que nous réitérons aussi souvent qu'il est nécessaire, tant sur eux-mêmes que sur nous, pour qu'ils puissent la prononcer d'eux-mêmes à la vue de la lettre *a*, que nous leur montrons continuellement. Il arrive très-souvent que la sçachant, ils ne la prononcent point encore, parce qu'ils ne donnent point assez de force à l'articulation. Nous remédions bientôt à cette difficulté, en leur faisant mettre la paume de leur main tournée vers notre bouche, pour leur faire sentir le dégré de l'air qui en sort. Nous observons de prononcer la même lettre avec aussi peu de force qu'eux. Nous leur faisons signe alors que ce n'est pas comme cela qu'il faut la prononcer. Nous l'articulons ensuite fortement. Ils sentent nécessairement que l'air qui sort de notre bouche est violent, en conséquence qu'il faut qu'ils fassent de même ; nous leur faisons signe que c'est ainsi que l'on prononce. La prononciation est donc, comme on le voit, en raison de la position des organes, & du dégré du souffle. Ayant une fois obtenu cette articulation, nous la faisons réitérer souvent à l'inspection de cette lettre montrée dans les différentes pages d'un li-

DES SOURDS ET MUETS. 87

vre, sous les différens caracteres dont elle est susceptible. Nous leur apprenons que nous la désignons dans l'Alphabet manuel par le pouce levé. Nous les exerçons ensuite à l'écrire. (a)

E, Æ, Œ, E, Æ, Œ, e, æ, œ.
E, Æ, Œ, E, Æ, Œ, e, æ, œ.

Pour la prononciation de cette lettre, nous leur expliquons que la langue se leve par le milieu, & que sa pointe se baisse vers le palais inférieur. Nous leur faisons mettre leur doigt dans leur bouche, pour qu'ils sentent la vérité de notre explication. Nous leur faisons sentir le souffle & le mouvement du gosier. Nous mettons nous-mêmes nos doigts dans leur bouche, pour voir

---

(a) Nous ne répéterons point à chaque lettre que nous les appliquons à leur faire chercher dans les livres, & à leur faire écrire les lettres que nous leur enseignons; cette répétition est inutile : il suffit de sçavoir que ces exercices doivent être répétés autant de fois que l'on leur apprend de nouvelles lettres. Nous ne donnerons pas davantage non plus la maniere de leur faire sentir le dégré du souffle; il suffit d'avoir dit une fois que

s'ils obfervent les principes que nou
leur avons donnés. Cette lettre fouffre
plus de difficulté que l'*a* ; cependant on
vient à bout de la leur faire prononcer. Nous leur apprenons que nous la
défignons dans l'Alphabet manuel par
l'index levé : fuivent enfuite les exercices que nous avons indiqués pour l'*a* :
nous y joignons les lettres *æ*, *œ*, parce
qu'elles ont la même prononciation.

I, ɪ, i, Y, ʏ, y.
I, ɪ, i, Y, ʏ, y.

La prononciation de cette lettre eft
bien plus difficile que les deux autres ; il ne faut pas même être furpris

---

c'eft en mettant leur main, la paume tournée vis-à-vis leur bouche, pour qu'ils le fentent. Nous ne ferons donc que l'indiquer. Il en fera de même de la preffion des mains ; pour les adouciffemens, nous ne ferons que l'annoncer, puifqu'il fuffit de dire une fois, que pour faire fentir que l'effet eft moins grand dans la prononciation, on ferre beaucoup moins les mains de l'Eleve dans les fiennes. On fent bien auffi que nous ne nous arrêterons point à donner les principes de lecture & d'écriture, qui font communs aux Muets & aux autres enfans.

de ne pas bien l'entendre prononcer long-temps après l'éducation. Si on vouloit qu'elle le fût de maniere à être bien diſtincte, il faudroit ſe réſoudre à paſſer bien du temps inutilement. La plupart des Eleves ne la prononcent que d'une maniere ſemblable à l'ɛ. Pour la leur faire comprendre, nous leur expliquons que la langue ſe leve bien plus fortement vers le palais ſupérieur, qu'elle s'élargit des deux côtés vers les dents molaires, que les levres ſont retirées comme dans le ris, que la bouche eſt moins ouverte. Après cette explication, nous leur faiſons mettre leur doigt dans notre bouche; nous leur faiſons ſentir le ſouffle & le frémiſſement du goſier. Nous réitérons les mêmes exércices ſur eux-mêmes, pour voir s'ils ont placés leurs organes comme il faut. Pour leur faire ſentir le retirement des levres, nous leur faiſons mettre, aux deux coins de la bouche, l'extrêmité du pouce & de l'index, comme quand on prend de ces deux doigts des diſtances. Si ces opérations ne réuſſiſſent point encore, nous poſons leur langue & leurs levres comme elles doivent être. Nous y joignons l'y, parce qu'elle est semblable pour la prononciation ; nous leur apprenons que nous les désignons dans l'Alphabet manuel par le doigt du milieu levé. Succedent les autres exercices indiqués.

O, AU, AUX, EAU.
O, AU, AUX, EAU.
o, au, aux, eau.

O, AU, AUX, EAU.
O, AU, AUX, EAU.
o, au, aux, eau.

Pour ces prononciations, nous leur apprenons que la langue se retire dans le fond de la bouche, & que nous formons avec les levres une ouverture presque ronde. Nous leur faisons sentir le souffle & le frémissement du gosier ; nous ajoutons le tact des doigts dont les extrémités touchent en rond la bouche ; presque jamais elle ne souffre de difficulté. Nous ajoutons *au, aux, eau*, parce que c'est la même prononciation ; nous leur apprenons que nous les désignons dans l'Alphabet manuel, en levant

vant l'annulaire. Ensuite succedent les exercices indiqués.

U, u, u,   U, v, u.

Cette lettre est au moins aussi aisée que la précédente ; il suffit de leur montrer que les levres sont allongées & pressées l'une sur l'autre. Si la vue ne suffit pas, on peut leur faire prendre les levres entre leurs doigts. Quelquefois il arrive qu'ils prononcent *ou*, au lieu de *u*, alors on leur fair sentir le différent souffle dans les deux prononciations. Nous leur apprenons que nous désignons cette lettre dans l'Alphabet manuel, par le doigt auriculaire levé. Nous faisons ensuite succéder les exercices décrits.

HA, HE, HI, HO, HU.
HA, HE, HI, HO, HU.
ha, he, hi, ho, hu.

HA, HE, HI, HO, HU.
HA, HE, HI, HO, HU.
ha, he, hi, ho, hu.

E

Il suffit de leur faire comprendre que nous donnons pour ces prononciations un souffle plus long. Nous leur apprenons que l'h se désigne dans l'Alphabet manuel par la main qui tire une ligne de l'épaule gauche à la hanche droite, ou de l'épaule droite à la hanche gauche. Nous faisons ensuite succéder les exercices décrits.

PA, PE, PI, PO, PU.
PA, PE, PI, PO, PU.
pa, pe, pi, po, pu.
PA, PE, PI, PO, PU.
PA, PE, PI, PO, PU.
pa, pe, pi, po, pu.

Cette articulation étant plus facile, doit être la premiere à laquelle nous devons nous appliquer. Nous leur faisons comprendre que notre vent est retenu au-dedans de nous; ce qui est facile de leur faire sentir, en leur faisant voir que nos joues sont gonflées, que nos levres sont pressées l'une contre l'autre; qu'ensuite le souffle sort avec impétuosité à l'ouverture prompte de la bouche. Nous leur enseignons que le *p* est désigné dans l'Alphabet manuel par le pied qui frape la terre : succedent ensuite les exercices que nous avons indiqués.

BA, BE, BI, BO, BU.
BA, BE, BI, BO, BU.
ba, be, bi, bo, bu.
BA, BE, BI, BO, BU.
BA, BE, BI, BO, BU.
ba, be, bi, bo, bu.

Ces syllabes doivent suivre immédiatement les précédentes, parce qu'elles n'en sont qu'un adoucissement ; il ne faut, pour les prononcer, que moins presser les levres les unes sur les autres, moins enfler les joues, ne faire presque aucun effort ; nous faisons sentir très-facilement ces différences par le souffle, qui est beaucoup moins violent, & par la pression des mains. (*a*) Nous

───────────────────────────

(*a*) Nous ne répéterons point à chaque fois la maniere de faire cette pression ; nous ne ferons que l'indiquer.

prenons les mains de nos Eleves, que nous preſſons fortement entre les nôtres, en prononçant les ſyllabes *pa*, &c. enſuite nous les preſſons beaucoup moins, en prononçant celle-ci pour leur faire connoître qu'il ne faut aucun effort. Ils ſentent facilement cette différence. Nous leur apprenons que dans l'Alphabet manuel le *p* eſt déſigné par l'index placé ſur les levres : nous faiſons ſuccéder les exercices décrits.

MA, ME, MI, MO, MU.
MA, ME, MI, MO, MU.
ma, me, mi, mo, mu.
MA, ME, MI, MO, MU.
MA, ME, MI, MO, MU.
ma, me, mi, mo, mu.

Nous enſeignons ces ſyllabes auſſi-tôt après les précédentes, parce qu'elles n'en ſont qu'un adouciſſement. Cependant elles n'ont point la même facilité ; il arrive même que l'on eſt obligé de s'y prendre à pluſieurs fois ; il faut leur faire comprendre que les levres s'ouvrent lentement, que le souffle est fort adouci; ensuite nous leur faisons prendre nos levres entre leurs doigts, pour qu'ils puissent sentir le mouvement lent qu'elles font. Nous nous servons de la pression en la rendant forte pour les syllabes *pa*, &c. moins forte pour les syllables *ba*, &c. & bien plus adoucie encore pour les syllabes *ma*, &c. il faut l'ajouter aux principes indiqués. Tous ces exercices nous obtiennent la prononciation que nous demandons. Nous leur apprenons que l'*m* est désignée dans l'Alphabet manuel par les trois doigts du milieu, mis droits à côté les uns des autres, le pouce & le petit doigt étant fermé dans la paume de la main : nous faisons suivre les exercices indiqués.

TA, TE, TI, TO, TU.
TA, TE, TI, TO, TU.
ta, te, ti, to, tu.

TA, TE, TI, TO, TU.
TA, TE, TI, TO, TU.
ta, te, ti, to, tu.

Ces syllabes sont sujettes à quelques difficultés ; pour les lever, il faut leur faire comprendre que le bout de la langue doit être placé entre les dents incisives, qu'elle se retire avec beaucoup de promptitude, que les levres & les dents se desserrent avec une grande vivacité ; que nous faisons alors le même mouvement que lorsque nous voulons cracher. Pour leur rendre ces explications sensibles, nous leur faisons toucher du bout du doigt la langue ; nous leur faisons sentir qu'elle excede les dents ; en leur faisant remarquer le souffle, nous leur faisons voir qu'il est souvent accompagné d'une petite humidité, semblable à un brouillard, capable même de mouiller. Souvent il arrive que ces exercices sont sans succès ; alors nous plaçons nous-mêmes leur langue entre leurs dents, nous leur faisons fermer la bouche, & tenir la paume de leur main vis-à-vis, pour qu'ils puissent sentir sur eux-mêmes, si le souffle qu'ils rendent forme le même effet : il faut de plus, que l'autre main qu'ils ont libre soit appuyée sur notre gosier, dans le moment où ils reçoivent nos explications, & qu'ils la remettent sur le leur, dans le temps où ils s'exercent. Dès que nous avons obtenu la prononciation que nous desirons, nous leur apprenons que le *t* dans l'Alphabet manuel, se désigne par une chiquenaude que nous donnons en l'air, au haut de notre front. Suivent ensuite les exercices que nous avons prescrits.

DA, DE, DI, DO, DU,
DA, DE, DI, DO, DU,
da, de, di, do, du.

DA, DE, DI, DO, DU,
DA, DE, DI, DO, DU,
da, de, di, do, du.

Comme ces syllabes ne sont que l'adoucissement de la précédente, il suffit de les leur expliquer par la pression des mains & le souffle. Nous leur apprenons que le *d* dans l'Alphabet manuel, est désigné par un anneau que forme le bout de l'index qui touche au pouce. Nous passons ensuite aux exercices décrits.

NA, NE, NI, NO, NU,
NA, NE, NI, NO, NU,
na, ne, ni, no, nu.
NA, NE, NI, NO, NU,
NA, NE, NI, NO, NU,
na, ne, ni, no, nu.

Quoique ces syllabes ne soient qu'un adoucissement des précédentes, elles souffrent bien plus de difficultés ; il faut un travail plus fort ; nous nous servons, pour l'obtenir, du souffle & de la pression : lorsque nous avons obtenu ces prononciations, nous leur apprenons que l'*n* dans l'Alphabet manuel, est désigné par l'index & le doigt du milieu mis à côté l'un de l'autre, dans une situation droite, les autres doigts étant renfermés dans la paume de la main : suivent ensuite les exercices indiqués.

FA, FE, FI, FO, FU,
FA, FE, FI, FO, FU,
fa, fe, fi, fo, fu.

FA, FE, FI, FO, FU,
FA, FE, FI, FO, FU,
fa, fe, fi, fo, fu.

PHA, PHE, PHI, PHO, PHU,
PHA, PHE, PHI, PHO, PHU,
pha, phe, phi, pho, phu.

PHA, PHE, PHI, PHO, PHU,
PHA, PHE, PHI, PHO, PHU,
pha, phe, phi, pho, phu.

Pour donner aux Eleves l'articulation de ces syllabes, il faut commencer par leur faire connoître que la levre inférieure est entre les dents incisives supérieures; que la levre supérieure n'est point posée sur l'inférieure; que l'ouverture de la bouche est prompte, & que le souffle qui en sort est violent. Nous leur faisons mettre le pouce à un des angles de la bouche, & le bout de l'index à l'autre, pour qu'ils puissent sentir la position des levres. Nous observons également de leur faire sentir, avec le bout du doigt, l'endroit

E v

où se place la langue, tant sur nous que sur eux-mêmes. Nous leur apprenons que ces prononciations dans l'Alphabet manuel, se désignent par un coup que nous donnons de la main, le pouce élevé en haut, & le petit doigt en bas. Nous joignons ces syllabes ensemble, parce qu'elles ont la même prononciation. A ces exercices succedent ceux que nous avons indiqués.

VA, VE, VI, VO, VU,
VA, VE, VI, VO, VU,
va, ve, vi, vo, vu.
VA, VE, VI, VO, VU,
VA, VE, VI, VO, VU,
va, ve, vi, vo, vu.

Ces syllabes n'étant qu'un adoucissement des précédentes, il suffit de les indiquer par le souffle & la pression des mains; d'ordinaire elles ne souffrent aucune espece de difficulté. Nous leur montrons que le *v* dans l'Alphabet manuel est désigné par l'index & le doigt du milieu, qui, élevés & séparés l'un de l'autre, prennent les

deux narines entre eux : enſuite nous
ſuivons les exercices indiqués.

LA, LE, LI, LO, LU,
LA, LE, LI, LO, LU,
la, le, li, lo, lu.
LA, LE, LI, LO, LU,
LA, LE, LI, LO, LU,
la, le, li, lo, lu.

Ces ſyllabes exigent beaucoup de patience ; il faut que les Eleves comprennent que la langue s'éleve au-deſſus des alvéoles des dents ſupérieures, & qu'elle ſe baiſſe avec vivacité. Pour leur faire concevoir plus facilement, nous leur faiſons mettre leur doigt dans notre bouche ; nous leur faiſons ſentir la poſition de la langue, & ſon mouvement que nous faiſons ſuivre ; enſuite nous leur faiſons faire la même opération ſur eux-mêmes. Nous ſommes ſouvent obligés de mettre nos doigts dans leur bouche, pour juger de leur poſition, plus encore pour placer la langue comme il faut ; nous ſommes même dans la néceſſité de la baiſſer

E vj

comme il faut quelle s'abaisse, en la dirigeant comme elle doit être, ce que nous exécutons en baissant notre doigt subitement ; exercice qu'il faut répéter une multitude de fois de part & d'autre, en leur donnant toujours de nouveaux encouragemens. Nous leur apprenons que *l* se désigne dans l'Alphabet manuel, par la main que le pouce appuye sur l'une des deux joues, & qui, par ce moyen, forme comme un battement d'aîle. Suivent ensuite les exercices que nous avons indiqués.

CHA, CHE, CHI, CHO, CHU,
CHA, CHE, CHI, CHO, CHU,
cha, che, chi, cho, chu.
CHA, CHE, CHI, CHO, CHU,
CHA, CHE, CHI, CHO, CHU,
cha, che, chi, cho, chu.

La prononciation de ces syllabes n'est point aisée ; elle demande de l'exercice, de la patience, & de longues explications : pour la leur faire prononcer, nous tâchons de leur faire comprendre que nos lèvres font un peu écartées l'une de l'autre, que les deux coins de la bouche font retirés, qu'elles s'ouvrent un peu pour se rapprocher sans se toucher, qu'elles s'allongent en avant, comme lorsque nous faisons la moue, ou que nous crions *au chat*; que notre langue s'éleve un peu, mais pas assez haut pour toucher les alvéoles des dents incisives; qu'elle coule ensuite le long des dents supérieures, pour s'arrêter entre les deux rateliers. Nous sommes toujours obligés de conduire la langue de nos Eleves, en la plaçant avec nos doigts dans leur bouche, ayant toujours commencé par les leur avoir fait mettre dans la nôtre, & de-là dans leur propre bouche. Le souffle est absolument indispensable, c'est ce qui est le plus propre à les leur faire articuler; il faut bien leur recommander d'y faire une attention sérieuse. Le toucher des levres est un exercice qu'il ne faut point négliger. Nous répétons ces exercices autant de fois qu'il est nécessaire pour la réussite. Nous leur apprenons que le *c* se désigne par la courbure de l'index. Suivent ensuite les exercices décrits.

SA, SE, SI, SO, SU,
SA, SE, SI, SO, SU,
fa, fe, fi, fo, fu.
SA, SE, SI, SO, SU,
SA, SE, SI, SO, SU,
fa, fe, fi, fo, fu.
ÇA, ÇE, ÇI, ÇO, ÇU,
ÇA, ÇE, ÇI, ÇO, ÇU,
ça, çe, çi, ço, çu.
ÇA, ÇE, ÇI, ÇO, ÇU,
ÇA, ÇE, ÇI, ÇO, ÇU,
ça, çe, çi, ço çu.

Pour les apprendre à nos Eleves, nous leur faisons sentir, avec le bout de leur doigt, que la langue, quoiqu'auprès des dents, n'est point renfermée entr'elles ; ensuite nous leur faisons mettre leurs doigts sur les levres, de maniere qu'ils ayent le bout du pouce & de l'index sur les deux coins des levres ; nous ne négligeons point le souffle, qui est de la plus grande nécessité. En changeant la disposition de la main, nous la leur faisons poser horizontalement au niveau du menton, pour qu'ils sentent que le vent ne vient point comme aux autres lettres, mais de haut en bas : pendant qu'ils sont dans cette exercice, l'autre main doit être sur notre gosier ; nous leur faisons réitérer sur eux - mêmes ; ensuite nous leur montrons qu'elles ne sont qu'un adoucissement des précédentes par la pression. Nous leur apprenons que l's est désignée par quelques cercles que l'on forme de la main. Suivent ensuite les exercices que nous avons décrits.

JA, JE, JI, JO, JU,
JA, JE, JI, JO, JU,
ja, je, ji, jo, ju.
JA, JE, JI, JO, JU,
JA, JE, JI, JO, JU,
ja, je, ji, jo, ju.
GEA, GE, GI, GEO, GEU,
GEA, GE, GI, GEO, GEU,
gea, ge, gi, geo, geu.

GEA, GE, GI, GEO, GEU,
GEA, GE, GI, GEO, GEU,
gea, ge, gi, geo, geu.

Ces syllabes ne font qu'un adouciffement des précédentes. On les fait fentir par la preffion des mains & le fouffle. Nous leur apprenons que le *j* fe défigne par le doigt du milieu courbé, que le *g* eft également défigné dans l'Alphabet manuel, par les mouvemens de la main, qui fait, comme fi elle fouilloit dans fa poche. Nous les exerçons enfuite aux exercices que nous avons décrits.

ZA, ZE, ZI, ZO, ZU,
ZA, ZE, ZI, ZO, ZU,
za, ze, zi, zo, zu.
ZA, ZE, ZI, ZO, ZU,
ZA, ZE, ZI, ZO, ZU,
ʒa, ʒe, ʒi, ʒo, ʒu.

Comme ces syllabes ne font en quelque forte qu'un adouciffement des autres, nous croyons qu'il fuffit de leur faire sentir avec le bout de leur doigt que la langue est entre les dents incisives; ensuite nous leur faisons connoître le mouvement de la bouche, par la position de leurs doigts, dont le bout de l'index & celui du pouce sont appuyés sur les deux coins des levres. Nous leur faisons remarquer attentivement le dégré du souffle; nous leur apprenons que cette lettre est désignée dans l'Alphabet manuel par l'index qui va de droite à gauche, & de gauche à droite sous le nez; nous faisons suivre les exercices que nous avons prescrits.

XA, XE, XI, XO, XU.
XA, XE, XI, XO, XU.
xa, xe, xi, xo, xu.
XA, XE, XI, XO, XU.
XA, XE, XI, XO, XU.
xa, xe, xi, xo, xu.

Il faut, pour faire comprendre cette prononciation aux Eleves, leur faire faire beaucoup d'attention au souffle & an mouvement des levres, & au jeu des mâchoires. Nous leur expliquons que notre langue s'appuie sur les dents avec beaucoup de force; ensuite nous leur faisons mettre leur main sur notre gosier, pour qu'ils puissent sentir l'effet que l'air y produit; exercice que nous leur faisons répéter sur eux, comme sur nous-même, jusqu'à ce qu'ils réussissent. Nous leur apprenons ensuite que l'*x* est désigné par les doigts index & médius, entre lesquels de haut en bas, & de bas en haut nous faisons passer le nez : nous terminons par les exercices décrits.

KA, KE, KI, KO, KU,
KA, KE, KI, KO, KU,
ka, ke, ki, ko, ku.
KA, KE, KI, KO, KU,
KA, KE, KI, KO, KU,
ka, ke, ki, ko, ku.

CA, CO, CU,
CA, CO, CU,
ca, co, cu.
CA, CO, CU,
CA, CO, CU,
ca, co, cu.

QUA, QUE, QUI, QUO,
QUA, QUE, QUI, QUO,
qua, que, qui, quo.
QUA, QUE, QUI, QUO,
QUA, QUE, QUI, QUO,
qua, que, qui, quo.

Nous commençons par leur faire mettre leurs doigts fur nos levres, pour leur faire fentir l'effort qui fe fait au-dedans de nous ; enfuite nous leur faifons mettre un doigt dans notre bouche, pour qu'ils fentent la pofition de la langue : en même temps on leur explique qu'elle eft recourbée fur elle-même, qu'elle s'appuye fortement fur le palais fupérieur, bien avant dans la bouche : à ces opérations nous faifons fuccéder le fouffle ; nous leur faifons remarquer qu'avant la prononciation il n'en fort point, que dans la prononciation on le fent fortir avec beaucoup de force. Nous leur faifons répéter ces opérations fur eux-mêmes; & comme fouvent cet exercice ne réuffit point encore, nous mettons nos doigts dans leur bouche, pour voir si leur langue est placée comme il faut. La seule répétition des mêmes exercices peut conduire au but que l'on desire. Nous joignons les syllabes *ca* & *qua*, parce qu'elles ont les mêmes articulations. Nous leur montrons que dans l'Alphabet manuel le *k* est désigné par l'index qui frape la pointe du nez, que le *q* est désigné par la main qui frappe à plat ; nous leur faisons ensuite faire les exercices que nous avons décrits.

GA, GUE, GUI, GO, GU ;
GA, GUE, GUI, GO, GU,
ga, gue, gui, go, gu.

GA, GUE, GUI, GO, GU ;
GA, GUE, GUI, GO, GU,
ga, gue, gui, go, gu.

Ces syllabes sont l'adoucissement des précédentes. Il faut, pour les apprendre aux Eleves, s'en tenir au souffle & à la pression. Suivent les exercices prescrits.

RA, RE, RI, RO, RU,
RA, RE, RI, RO, RU,
ra, re, ri, ro, ru.
RA, RE, RI, RO, RU,
RA, RE, RI, RO, RU,
ra, re, ri, ro, ru.

Hoc opus, hic labor est.

De toutes les syllabes que nous avons expliquées, il n'y en a point d'aussi difficiles à apprendre aux Eleves ; il faut mettre en usage, pour ces prononciations, tout ce que nous avons dit pour les autres. L'inutilité des premieres opérations ne doit point rebuter. Ce n'est que par la répétition continuelle que les Eleves pourront réussir. C'est ici le lieu de dire, avec Virgile : *labor improbus omnia vincit.* Pour diminuer le travail, nous tâchons de leur faire connoître le frémissement qui se fait dans la langue, & le mouvement qui se fait dans le gosier. Nous leur apprenons que l'r se désigne dans l'Alphabet manuel par la main qui est placée sur le gosier ;

succedent ensuite les exercices que nous avons décrits.

La prononciation de plusieurs syllabes n'est point aisée ; elle demande de l'exercice, de la patience & du temps ; toutes ces choses sont de grands maîtres : il faut de plus beaucoup d'application à l'Eleve & au Maître : le principal talent de celui-ci, est d'éviter tout ce qui pourroit sentir le reproche & le blâme ; soutenir le courage des Eleves, leur travail, aider la bonne volonté, la faire naître même quand elle n'y est pas, voilà son devoir. Nous ne croyons pas qu'il soit nécessaire d'avertir : 1°. Que nous ne voyons qu'une lettre, lorsqu'elle est difficile, par chaque leçon ; 2°. qu'avant d'en commencer une nouvelle, nous faisons répéter celles que nous avons apprises précédemment ; 3°. que notre Alphabet manuel nous sert seulement pour nous aider, afin de rapeller plus facilement dans l'esprit des Eleves la prononciation ; qu'ainsi on ne doit point être étonnés si pour le *p* & l'*h* nous n'avons qu'un signe, qui est celui de l'*f* ; comme pour le *c* & l'*h* nous n'avons qu'un signe, qui est celui du *c*. 4°. Comme pour les hommes l'écriture est plus composée que la prononciation, il en est de même pour nos Eleves, l'habitude chez les premiers rectifie ce défaut, elle les rectifiera de même chez nos Eleves.

Nous nous proposons, pour la facilité des personnes qui voudroient travailler à cette éducation, de donner l'Abécédaire en entier. Quelqu'un à qui nous avions demandé des conseils, nous empêcha dans le commencement de donner à nos Eleves les syllabes renversées, sous prétexte de la longueur des opérations & de l'inutilité de ces exercices. Il nous renvoya à l'usage pour les apprendre. Nous n'avons pas été long-temps à nous appercevoir que ces principes, usités pour les autres enfans, sont encore plus nécessaires pour nos Eleves. S'ils semblent devoir être inutiles pour quelqu'un, c'est sans doute pour ceux qui, ayant la faculté d'entendre, peuvent rectifier facilement leur prononciation. Cependant tous ceux qui ont écrit sur cette matiere, en ont tous reconnu la nécessité. Ils ont donc tous donné ces syllabes sous les différentes combinaisons dont elles sont susceptibles : nous avouons, il est vrai, qu'il est beaucoup plus court de s'en tenir aux premieres syllabes que nous avons données ; mais il faut aussi convenir que l'ouvrage est bien imparfait ; défaut dans lequel nous sommes tombés innocemment, & que nous avons tâchés de réparer le plus qu'il nous a été possible. Le temps n'est rien, lorsqu'il est bien employé, & le retard de l'éducation n'est pas un inconvénient, puisqu'il procure, pour la suite, un avantage réel. Nous nous sommes servis de l'excellent Livre de M. Viard, donné au Public par les soins de M. Luneau de Boisjermain, & d'un autre Syllabaire, imprimé à Orléans, chez Jacob, en 1760. Ces deux Ouvrages renferment les idées les plus lumineuses ; nous les avons jugés d'après l'expérience qui nous les a fait accommoder à notre Education.

SYLLABES combinées, pour conduire à la lecture des mots.

ah,	eh,	ih,	oh,	uh.
ap,	ep,	ip,	op,	up.
ab,	eb,	ib,	ob,	ub.
am,	em,	im,	om,	um.
at,	et,	it,	ot,	tu.
ad,	ed,	id,	od,	ud.
an,	en,	in,	on,	un.
al,	el,	il,	ol,	ul.
af,	ef,	if,	of,	uf.
av,	ev,	iv,	ov,	uv.
as,	es,	is,	os,	us.
az,	ez,	iz,	oz,	uz.
ax,	ex,	ix,	ox,	ux.
ak,	ek,	ik,	ok,	uk.
ac,	ec,	ic,	oc,	uc.
ag,	eg,	ig,	og,	ug.
ar,	er,	ir,	or,	ur.
pla,	ple,	pli,	plo,	plu.
pra,	pre,	pri,	pro,	pru.
bla,	ble,	bli,	blo,	blu.
bra,	bre,	bri,	bro,	bru.
tra,	tre,	tri,	tro,	tru.
dra,	dre,	dri,	dro,	dru.
fla,	fle,	fli,	flo,	flu.

fra, fre, fri, fro, fru.
vra, vre, vri, vro, vru.
spa, spe, spi, spo, spu.
spla, sple, spli, splo, splu.
sta, ste, sti, sto, stu.
stra, stre, stri, stro, stru.
psa, pse, psi, pso, psu.
thra, thre, thri, thro, thru.
cla, cle, cli, clo, clu.
cra, cre, cri, cro, cru.
gla, gle, gli, glo, glu.
gra, gre, gri, gro, gru.

a { ha, ah, a, as, at, ap, ac, ach, ats, aps, achs, acs, em.

e { ai, ei, oi, hé, œ, &, &c, er, ez, ers, ef, efs, ed, eds, ée, ées, ets, ez.

ê { âi, êi, ait, aid, oit, et, ais, aix, aits, aids, oi, ois, és, ets, est, eg, egs, aie, oie, aies, aient, oient.

i { hi, hy, y, it, ir, id, i, is, its, ids, ils, ie, ies, ient.

o { ho, au, eau, ot, aut, aud, ô, os, ôt, aux, auts, auds, eaux, ôts, oh.

DES SOURDS ET MUETS. 117

u { hu, eu, eut, ut, û, us, ux,
uts, ud, uds, eus, ue, uent.

eu { heu, oeu, ue, êu, eus, eux,
euf, eufs, eux, oeud, oeufs,
eue, eues.

ou { hou, aou, out, oup, oux, ous,
outs, oups, ouls, ouds, aout,
oue, oues, ouent.

oi { hoi, oit, oid, oigt, ôi, ois,
oix, oids, oits, oigts, oie,
oies, oient.

eur { heur, oeur, eurt, eurs,
oeurs, eure, heure, eures,
heures.

our { hour, ourt, ourg, ourt,
ours, ourts, ourgs, oure,
oures.

oir { hoir, hoirs, oir, oirs, oire,
oires.

an { han, am, en, ent, end, aon,
aen, ant, ang, and, anc,
amp, emp, emps, empt, ans,

F ij

in { im, ain, aint, ainc, aim, aint, eim, ein, eint, eing, eingt, en, ins.

on { hon, om, omb, ompt, ont, ong, ond, ons.

un { um, hum, unt, uns.

oin { oint, oing, oins.

Lorsque les Eleves sont bien exercés sur ces différentes syllabes, on doit alors commencer à les préparer à des lectures suivies. Nous avouons que ces commencemens ne sont intéressans, ni pour les Eleves, ni pour le Maître. Ce désagrément est une suite de tous les exercices qu'on met en usage dans cette éducation, jusqu'à ce que les Eleves soient venus à un point de perfection qui les puisse mettre dans le cas de comprendre, & d'être compris. On dira peut-être que nous parlons trop des désagrémens de nos occupations; nous croyons devoir le faire, puisqu'ils ne sont que trop réels. Ce seroit peu connoître la Nature, que de croire que l'on puisse venir à bout de la rectifier sans peine & sans efforts ; mais auſſi eſt-il un motif comparable à celui qui nous ſoutient ? Peut-il en être un plus noble que le bonheur de ſes ſemblables, une réuſſite qui tient, pour ainſi dire, du miracle dans ſes effets, qui redonne les hommes à eux-mêmes ? Nous n'avons pas cru devoir répéter nos principes de prononciation dans les ſyllabes que nous avons donné, parce que d'ordinaire elles ne ſouffrent preſque point de difficulté, & que d'ailleurs, ſoit que la conſonne précede, ou ſuive la voyelle, elle ne change point de nature, conſéquemment c'eſt la même diſpoſition dans les organes. Il n'en eſt pas de même des ſyllabes compoſées, comme *gla*, &c. *gra*, &c. elle ſouffrent beaucoup de difficulté ; mais avec le ſecours du ſouffle, du tact du goſier & des doigts dans la bouche, on en vient à bout avec de la patience. Nous n'avons pas cru devoir avertir qu'il falloit, pour faciliter la lecture, ſe ſervir de l'Alphabet manuel. Nous n'avons point non plus dit qu'il falloit exercer les Eleves à écrire ce qu'ils ont lu, parce qu'ayant indiqué cette méthode, pour tout ce qui a précédé, nous avons cru qu'elle alloit de droit, comme pour tout ce qui devoit suivre ; ainsi nous n'en parlerons pas davantage, pour éviter les répétitions. On sent assez combien il est avantageux que la lecture & l'écriture marchent ensemble ; l'un & l'autre exercice s'entre-soutiennent, & se fortifient mutuellement.

Pour préparer nos Eleves à des lectures suivies, il faut commencer à leur donner des notions du sens des choses qu'ils vont lire. On voit qu'il faut qu'elles soient courtes, claires, distinctes, faciles à saisir, joignant les mots par leur analogie. Nous aurions desiré pouvoir donner des principes préliminaires de ces regles que nous croyions nécessaires pour ces Eleves. La briéveté, indispensable de ces principes, en les renfermant dans cet Ouvrage, les rendoit en quelque sorte inutiles ; des exemples trop courts ne rempliroient point le but que nous avons en vue, ils ne pourroient donner que des idées trop superficielles. C'est pourquoi nous nous occupons maintenant de ce travail. Nous desirerions que le Public voulût bien regarder avec bienveillance ce fruit de nos veilles & de nos occupations. Espérant encore cette même indulgence, nous oserions lui présenter un second Ouvrage, sous le titre de *Principes élémentaires des Sciences, pour l'Education des Sourds & Muets, pour servir de suite au Cours élémentaire de leur éducation.* Nous embrasserions dans cet Ouvrage toutes les parties de l'éducation, Religion, Morale, Grammaire, Histoire Naturelle, Physique, Histoire, Géographie, &c. Heureux de pouvoir consacrer notre temps à l'utilité de cette partie souffrante de l'humanité, nous nous trouverons assez récompensés, si nous pouvons concourir à leur bonheur ! Nous nous contenterons de donner ici l'explication des pronoms.

Pronoms personnels de la premiere personne.

S. je, moi, me,
  de moi,
  à moi.

P. nous,
  de nous,
  à nous.

De la seconde personne.

S. te tu toi,
de toi,
à toi.

P. vous,
de vous,
à vous.

Pronoms de la troisiéme personne.

S. se, soi,
de soi,
à soi.

P. eux - mêmes,
d'eux - mêmes,
à eux - mêmes.

Pronoms possessifs de la premiere personne.

S. mon, ma, mien, mienne,
de mon, de ma, de la mienne,
à mon, à ma, à la mienne.

P. mes, miens, miennes,
de mes, des miens, des miennes,
à mes, aux miens, aux miennes.

De la deuxiéme personne.

S. ton, ta, tien, tienne,

de ton, de ta, du tien, de la tienne,
à ton, à ta, au tien, à la tienne.

P. tes, tiens, tiennes,
de tes, des tiens, des tiennes,
à tes, aux tiens, aux tiennes.

De la troisiéme personne.

S. son, sa, sien, sienne,
de son, de sa, du sien, de la sienne,
à son, à sa, au sien, à la sienne.

P. ses, siens, siennes,
de ses, des siens, des siennes,
à ses, aux siens, aux siennes.

Pronons relatifs.

S. il, lui, ce, cet, celui-là,
de lui, de ce, de cet, de celui-là,
à lui, à ce, à cet, à celui-là.

P. ils, eux, ces, ceux, ceux-là,
d'eux, de ces, de ceux, de ceux-là,
à eux, à ces, à ceux, à ceux-là.

S. qui, lequel, celui qui,
dont, duquel, de celui qui,
à qui, auquel, à celui qui.

P. qui, lesquels, ceux qui,
dont, desquels, de ceux qui,
à qui, auxquels, à ceux qui.

F v

Rien de si aisé que de leur faire concevoir le sens de ces pronoms ; nous leur montrons que ceux qui sont personnels se rapportent à nous-mêmes ; que ceux qui sont possessifs se rapportent aux choses qui nous appartiennent ; que ceux qui sont relatifs se rapportent aux choses qui sont énoncées avant. Nous ne répéterons plus qu'il est nécessaire de leur faire répéter les explications, de les leur faire écrire, tant de mémoire, qu'à l'aide du Maître. Voici comment nous nous y sommes toujours pris : nous commençons par leur dicter clairement, posément, par la prononciation, en y joignant les signes de l'Alphabet manuel, pour les lettres qui ne sont pas tout-à-fait bien distinguées ; nous leur faisons répéter de mémoire, nous les leur faisons écrire ; puis nous leur donnons la signification de ce mot, avec le secours des signes, nous le leur faisons répéter. Nous nous servons pour cet exercice de crayon blanc, qui nous sert à écrire sur un tableau verd, ou noir ; mais hors d'avec nous nos Eleves écrivent chez eux avec du papier & des plumes, comme tous les hommes. Nous devons aussi prévenir que les exercices que nous prescrivons, ne doivent rien diminuer du temps que nous employons à la lecture. Nous donnerons les regles de cet exercice à la suite, pour éviter de couper la liaison de nos principes.

Nous faisons comprendre le sens des pronoms de la premiere personne, en plaçant sur les mots, *je*, *me*, *moi*, *de moi*, *à moi*, le doigt, & l'autre main sur nous-mêmes, pour leur faire connoître que c'est la personne qui parle, qui agit, qui est désignée par ces expressions; ensuite nous entrons dans de plus longs détails en cette sorte: *je*, marque que c'est moi qui agis, qui parle; pour cela, nous ajoutons, après ce pronom, *écris*, &c. nous imitons l'action, en leur faisant le signe de l'écriture; nous leur montrons ensuite que c'est nous qui écrivons. Nous passons à une autre expression, comme *je bois*; nous en imitons l'action, en leur faisant faire la même réflexion, & ainsi jusqu'à ce qu'ils l'ayent bien compris. Le mot *moi* ne souffre pas tant de difficulté, puisqu'il suffit qu'ils sentent que c'est nous qu'il désigne. Il est inutile d'entrer dans aucun détail des circonstances, dans lesquelles cette expression peut être prise ou employée. *De moi*, cette expression désigne la plupart du temps que la personne est ou l'auteur, ou le possesseur, ou le donateur de la chose connue. Pour le faire comprendre à nos Eleves, dans le premier cas, nous mettons le doigt sur l'écriture qu'il nous ont vu faire, & l'autre main sur nous-mêmes, en leur disant ces expressions *de moi*; par rapport à la seconde hypothese, nous leur montrons une chose qui nous appartient, nous leur faisons signe qu'elle est à nous, ensuite nous leur adressons ces paroles *de moi*; dans la troisiéme supposition, nous leur montrons qu'un d'eux a reçu de nous un livre, ou une autre chose qui nous appartenoit; nous leur prononçons alors distinctement *de moi*. *A moi*, comme il désigne que quelque chose nous appartient, ou qu'elle doit nous revenir, nous leur montrons de nous donner cette chose même, en mettant le doigt sur la chose, & l'autre main sur nous-mêmes, pour montrer que cette chose doit nous appartenir. Le pluriel de ces pronoms ne souffre par plus de difficulté. Il ne faut qu'attribuer à plusieurs personnes ce que nous n'attribuons qu'à une seule ; ainsi nous mettons au pluriel, ou au singulier les explications, selon le nombre dans lequel nous considérons ces pronoms. Nous ne nous arrêterons point à donner en détail les pronoms de la seconde & de la troisiéme personne, parce qu'il est facile de faire pour eux ce que nous avons fait pour ceux de la premiere personne. Les pronoms, tant démonstratifs que relatifs, ne souffrent pas plus de difficulté. Il ne faut que leur montrer que ceux-ci désignent particuliérement telles choses en particulier, que les derniers, au contraire, désignent la chose qui les a précédé, & qui est déja nommée. Pour leur rendre cette signification sensible, nous écrivons sur le tableau le nom d'un ou de deux Eleves, avec des membres de phrases, dont les uns commencent par *il* ou *ils* ; nous effaçons alors ces pronoms, nous y mettons à la place le nom des Eleves ; nous leur faisons voir alors que les pronoms tiennent la place des noms, qu'ils servent à ne les point faire répéter. Nous effaçons de nouveau les noms propres, pour y ajouter les pronoms ; alors nous faisons un renvoi qui se trouve aux pronoms, & qui marque qu'ils servent à faire connoître les noms dont ils tiennent la place. Nous leur faisons ensuite répéter les explications que nous leur avons données. Nous prions qu'on se rappelle que ces explications ne sont point des regles, mais seulement la maniere dont nous procédons ; elles ne sont qu'une suite de la maniere d'envisager du Maître. C'est donc son imagination seule, guidée par le jugement, qui doit le conduire dans ces explications. Il en est de celle-ci comme de toutes celles que nous donnerons par la suite.

EXPLICATION
Des principes préliminaires de la Religion pour les Sourds & Muets.

Nous commençons à montrer à nos Eleves les gens qui travaillent à différens métiers ; ensuite nous mettons dans une boîte, ou autre chose, un morceau de cuivre ou de plomb. Nous leur faisons voir qu'il n'est devenu ni cuiller, ni fourchette, ou autre instrument quelconque, qu'il est resté tel que l'on l'y a mis ; mais que si on l'avoit travaillé, il auroit pu devenir l'un ou l'autre ; ensuite nous entrons dans l'explication des détails relatifs à la connoissance de la création du monde : le premier exemple que nous donnons, est l'état d'Horloger, en disant, ou écrivant, *les montres ont été faites par des Horlogers.* Pour leur faire comprendre qu'il y a une boîte & des mouvemens, que l'on a pris pour faire la boîte, de l'or, de l'argent ou du cuivre, sans être travaillé, ensuite que l'on a travaillé, que l'on en a fait une boîte, pour y renfermer les mouvemens ; que les mouvemens ont été faits avec du cuivre, que l'on l'a tourné, limé, fondu, &c. qu'on a mis un cadran que l'on a fait également, ainsi que les aiguilles : pour donner ces explications, il est à propos de montrer une mauvaise montre que l'on puisse leur faire voir en détail, sans courir aucun risque, & d'y joindre une montre démontée; explications que nous leur faisons rendre d'abord en les aidant, ensuite en la leur laissant donner d'eux-mêmes. Delà nous passons à un second exemple. *Les habits ont été faits par des Tailleurs* ; il est aisé de leur faire connoître, avec le moindre morceau de drap ou d'étoffe, qu'il y en avoit beaucoup, que les Tailleurs en avoient coupés des morceaux qu'ils ont cousus ensemble, & qu'ainsi ils en ont fait des habits ; que si on avoit laissé l'étoffe dans une armoire, elle seroit restée dans le même état. L'exemple troisiéme, dans lequel nous parlons des maisons, est bien plus long à expliquer ; il faut avoir recours aux estampes, & aux choses elles-mêmes en nature. En cette sorte : *les maisons sont faites par les Maçons qui ont fait les murs*. Nous commençons par leur faire voir dans des estampes différentes maisons, les unes belles, les autres pauvres, basses & couvertes de chaume; ensuite nous entrons dans le détail; nous leur montrons les murs, nous leur expliquons qu'ils ont été faits en mettant des pierres les unes sur les autres, & du mortier entre les pierres; qu'ainsi on forme une masse élevée en droite ligne qui soutient les planchers; c'est ce que l'on appelle mur; que les jours ou vides sont les portes & les fenêtres; on peut y joindre les cheminées. Nous leur montrons des pierres qui ne sont point dans le mur, de la chaux en pierre, de la chaux délayée & de la chaux en mortier; après leur avoir expliqué qu'on la délaye avec de l'eau, que l'on la mêle avec du sable, & qu'ainsi on fait du mortier pour joindre les pierres. *Les planchers & les escaliers ont été faits par des Charpentiers.* Nous leur enseignons que les Charpentiers sont des ouvriers qui travaillent le bois. Nous leur montrons leurs outils dans les estampes, du bois, qui est la matiere qu'ils travaillent, & les planchers des appartemens, ainsi que les escaliers des maisons. Nous expliquons de même les opérations des autres ouvriers qui concourent à la construction & à l'embellissement des maisons. Que les Villes n'ont été formées que parce que beaucoup d'hommes ont jugé à propos de bâtir des maisons auprès les unes des autres, & d'y demeurer. Il est aisé de sentir que nous étions obligés d'entrer dans ces détails, que l'on peut multiplier autant que l'on jugera à propos, pour conduire à la création du monde.

Qui a fait le monde ? Il faut faire cette demande par signe, & la leur donner par écrit, & de vive voix, y ajouter que le monde est composé du firmament que nous voyons, des astres qui y brillent, de la terre & des animaux, &c. Après leur avoir fait lire la demande, *qui a créé le monde ?* nous faisons remarquer que ces phrases, écrites en plus petits caracteres, ne regardent que le Maître. Il leur faut faire lire la réponse, en leur faisant voir que cette réponse ne regarde qu'eux. *Dieu a fait le monde :* pour leur faire concevoir ce que leur réponse renferme, il faut avoir recours à une estampe qui représente la création du monde. Nous avons parlé de cet objet dans la premiere Partie; nous ne répéterons point ce que nous avons dit; l'explication que nous en avons donnée est dans la Partie systématique.

Nous ne disconviendrons point qu'il y aura beaucoup de choses que nous ne pourrons faire comprendre à nos Eleves; telles que la nature des Anges, considérés comme Esprits; celle de l'ame, comme substance, être, sans rien de corporel, &c. ce sont des choses qu'il suffit de croire pour les personnes peu éclairées, & qui ne sont pas de nature à être connues, même comme possibles, par les enfans; la suite de l'éducation produira chez eux ce qu'elle produira chez les autres. Par rapport à ces matieres abstraites, ils sont trop bornés pour pouvoir les concevoir. Ils ne le sçavent donc que de mémoire, & s'ils rapportent des idées à ces expressions, sans apparence visible, sans parties matérielles, elles ne sont, & ne peuvent être justes; mais elles le deviennent ou le peuvent devenir par la suite. Voilà tout ce qu'il nous faut pour leur instruction.

Nous ne croyons point nous éloigner de notre sujet, en examinant ici cette these; nous en appellons à l'expérience, au témoignage de tous les hommes ; il n'en est point qui puisse soutenir qu'ils ayent compris ce qu'ils ont lu, écrit ou appris dans leur enfance, à cet âge où à peine on connoît son existence. J'ai été, je le peux dire, long-temps occupé à faire les Catéchismes dans une Paroisse de ma Patrie; le nombre des enfans dont on m'avoit fait l'honneur de me confier l'éducation étoit fort grand. Je m'y livrois tout entier, avec tout le zèle & toute la tendresse d'un pere. J'étois à même d'étudier le caractere primitif & inné des enfans, la tournure de leur esprit. J'ai vu avec peine combien peu les enfans comprennent ce qu'ils apprennent, *verbo ad verbum*. Ce qui m'a convaincu de la nécessité de revenir souvent sur la même chose, de la leur expliquer sous différens points de vue, avec d'autres expressions. On croira peut-être que je parle de ces expressions qui sont au-dessus de leur portée? Non, j'entends même les choses les plus claires, celles qui paroissent n'avoir besoin pour être conçues que de leur simple énonciation. Les Sourds & Muets sont dans le même cas, l'explication réitérée des signes & des estampes, dans les choses qui exigent l'une ou l'autre, produisent avec le temps & la patience le fruit que l'on desire, c'est-à-dire, l'entiere conception. Comme c'est la répétition & l'explication des différentes leçons qui développent l'intellect chez les autres enfans, c'est aux mêmes moyens qu'il faut avoir recours pour l'instruction des uns & des autres.

Étude suivie de la Religion.

Nous les instruisons de leur Religion, en nous servant des figures de la Bible en estampes, que nous leur expliquons. Nous commençons par l'Ancien Testament, & nous finissons par le Nouveau. Nous ne donnons aucun détail sur cette partie, parce que nous avons expliqué notre Méthode dans la partie systématique de notre Ouvrage. Nous nous contenterons de dire que nous ne passons point d'estampes, sans que nos Éleves nous les aient d'eux-mêmes expliquées sans aucun secours de notre part, soit par la voie de la parole, ou par celle des signes. Nous avouons que cette opération est fort longue; mais on ne doit pas s'attendre à autre chose dans cette éducation. Le temps n'est point perdu, mais bien employé, quand on en retire le vrai fruit de ses peines; c'est ce que l'on ne doit espérer qu'après avoir beaucoup employé de temps, & avoir répété plusieurs fois la même chose. Ce n'est qu'à force d'étude & d'application, qu'on doit se flatter de réussir. Il est vrai que par-là on leur fait passer sous les yeux, on leur enseigne chaque point de la Religion qui est essentiel pour eux. On doit avoir l'attention de leur faire répéter de temps en temps les leçons précédentes, de leur donner des lectures qui aient rapport aux choses qu'ils étudient, & leur faire connoître ce rapport.

Méthode pour exercer leur mémoire.

Nous ne pouvons trop recommander de les accoutumer à réciter de mémoire. Nous ne nous arrêterons point à faire connoître la nécessité de cet exercice; l'expérience la prouve bien mieux que tout ce que nous pourrions dire, il ne faut aller qu'avec gradation jusques-là; il faut, pour ainsi dire, que les différens exercices qui conduisent à cette étude, soient presque imperceptibles. Pour commencer, nous avons, dès le commencement, accoutumé nos Eleves à prononcer, d'après les signes de l'Alphabet manuel que nous leur donnions; ainsi nos mains étoient pour eux comme l'impression des livres. A chaque fois que nous leur faisions répéter ces exercices, nous leur marquions que nous sçavions ces choses dans notre mémoire. Les difficultés que l'on a à surmonter, sont énormes, & la patience doit être poussée à son comble; on n'en doit point être surpris, si on raisonne d'après la conduite des autres enfans. Ceux-ci ont toutes les peines du monde à se faire à un pareil travail; cependant ils ont l'exemple de leurs camarades pour les encourager; ils peuvent plus facilement que nos Eleves, recevoir les conseils, les encouragemens de leur Maître, les moyens pour réussir; leur esprit y est formé de bonne heure; ils en contractent l'habitude dès l'âge le plus tendre;

ils font depuis le moment qu'ils commencent à bégayer, accoutumés à retenir & à répéter ce qu'ils entendent dire. Nos Eleves ne font pas dans ce cas-là : privés de l'ufage de l'ouie, ils ne répétent que quelques fignes qui ne leur apprennent prefque rien, qui fe réduifent au befoin phyfique ; tout ce qui a précédé ce nouvel exercice pour eux, ne leur a donné que peu d'idées, qui fe font d'autant moins gravées dans leur efprit, qu'ils ne font point accoutumés à réfléchir : de plus, comme il eft poffible qu'ils ne foient que très-peu de temps avec le Maître, (comme il eft de nos Eleves qui ne font avec nous que deux heures par jour,) & que perfonne dans l'intervalle ne leur répéte les principes que nous leur avons donnés; cet intervalle confidérable d'inaction, met un très-grand obftacle à leur avancement. C'eft pour obvier à ce défaut, que nous les avons accoutumés à écrire chez eux les leçons qu'ils doivent réciter de mémoire. On doit s'attendre à beaucoup de peines, jufqu'au temps où ils y feront entiérement formés. Nous commençons à les y habituer en même-temps que nous leur expliquons les figures de

la

la Bible, en leur faifant apprendre le Catéchifme du Diocèfe. Nous allons donner l'expofé de notre maniere de procéder.

Il faut leur donner une voie qui puiffe fixer & rappeller les lettres & leur liaifon dans leur efprit. Cette voie n'eft autre chofe que l'Alphabet manuel que nous avons déja donné dans l'explication des lettres. Nous les préparons à cet exercice par un autre fort fimple. Il confifte d'abord à leur faire connoître que la demande eft pour le Maître, & que la réponfe eft pour l'Eleve. Après leur avoir fait lire la demande ou la réponfe deux ou trois fois, nous leur recommandons de la réciter jufqu'à ce qu'ils la fçachent : pour leur montrer comment il faut faire, nous avons coutume de faire comme fi nous ne le fçavions pas, & que nous nous exerçaffions à l'apprendre; nous marquons la lettre principale, celle qui influe le plus dans la fyllabe par le figne de l'Alphabet manuel qui l'indique : ce que nous répétons fur le livre plufieurs fois, pour leur montrer que nous ne répétons fi fouvent, en fuivant le livre, que pour le graver dans notre mémoire; enfuite nous leur faisons signe que nous le sçavons : alors nous fermons le livre, nous répétons ce que nous avons étudié devant eux; mais nous faisons semblant de nous tromper, alors nous regardons sur le livre; nous leur faisons voir l'endroit qui nous avoit arrêté, que nous ne sçavions point. Nous reprenons alors devant eux la leçon, depuis le commencement de la phrase. Enfin nous finissons par leur réciter & leur écrire de mémoire, sans aucun secours; nous écrivons cette leçon devant eux, & nous leur marquons que nous la sçavons, parce que nous l'avons étudiée; qu'il faut qu'ils étudient de même, de retour chez eux. Comme il arrive toujours que de retour chez leurs parens ils n'étudient point, nous les obligeons de les écrire, & nous sommes réduits à les leur faire apprendre chez nous, ce qui alonge de beaucoup nos opérations. En vain nous regrettons le temps que nous voudrions employer à d'autres exercices. Nous ne pouvons point ne pas nous en occuper, puisqu'il est indispensable qu'ils s'y habituent, qu'ils retiennent quelque chose; & que les parens ne s'y occupant point, nous sommes réduits à faire leurs fonctions. Lorsque nos Eleves sont au fait par cette voie de réciter par cœur, nous les habituons à écrire ce qu'ils ont appris sans autre secours que leur mémoire. On trouve dans ce nouvel exercice un double avantage, qui est de leur faire connoître que l'Alphabet manuel ne fait qu'indiquer la prononciation de la principale lettre de la syllabe, celle qui y influe le plus; qu'il ne suffit pas de prononcer celle-là seule, (défaut dans lequel ils tombent toujours dans les commencemens,) qu'il faut faire sentir les autres lettres en les modifiant, d'après les consonnes auxquelles elles sont jointes; qu'il faut qu'ils s'appliquent à retenir ces lettres qui composent tout le mot.

Nous devons avertir ici que dans les commencemens ils se refusent absolument à cet exercice, ce qui n'est point étonnant; il faut qu'il fassent l'ouvrage seuls, au lieu qu'auparavant nous le partagions avec eux: cette mauvaise volonté est extraordinairement difficile à rompre; le temps, la patience & le desir sincere d'être utile, nous soutiennent & nous font chercher des ressources pour lever cet obstacle, d'autant plus difficile, que leur caractere est extrêmement opiniâtre, indocile : cette indocilité est en raison du peu d'éducation qu'ils ont reçu jusqu'alors. La paresse qu'il faut que les Eleves vainquent, est encore un nouvel obstacle, elle s'est comme naturalisée avec eux : n'ayant jamais été forcés à captiver leur imagination, ils doivent trouver très-fastidieux de se livrer à cette occupation. Le Maître ne doit pas perdre de vue ces considérations, afin qu'il ne se dégoûte point, & qu'il ne gronde pas trop ses Eleves ; il doit au contraire récompenser les moindres efforts.

Lorsque les Eleves ont appris le Catéchisme de la maniere dont nous venons de l'indiquer, il faut le leur faire apprendre une seconde fois, en s'attachant à leur expliquer les mots les uns après les autres par des expressions différentes, qui cependant représenteront toujours le même sens, mais qui donnent lieu à de nouvelles explications, & présentent le même sens sous différens jours. Nous avons toujours comparé nos Eleves aux autres enfans ; en effet, ils n'en different que par le défaut d'organisation. C'est d'après ce principe qu'il faut raisonner, agir. Si on négligeoit cette partie, on ne devroit point être surpris de voir des enfans qui ne concevroient rien, puisque nous le voyons même dans ceux qui sont bien organisés, & pour lesquels on ne prend pas cette précaution. Il faut aussi joindre, autant qu'il est possible, l'exemple, soit de la morale, soit du dogme, dans les estampes; rapprocher également les choses du Nouveau & de l'Ancien Testament. Nous apprenons donc ainsi le Catéchisme à nos Eleves. *Êtes-vous Chrétien ? Oui, je suis Chrétien, par la grace de Dieu.* Nous écrivons le mot *oui*, en ajoutant à côté, *cela est vrai*, je suis Chrétien. Nous ajoutons, *moi j'ai été baptisé, moi j'ai reçu le Baptême, moi je suis enfant de Dieu & de l'Eglise, moi je suis Disciple de JESUS-CHRIST, moi j'obéis à ses ordres.* Nous passons ensuite à ces mots, *par la grace de Dieu*, nous ajoutons, *par la bonne volonté de Dieu, par sa miséricorde, par sa pure libéralité.* Comme toutes ces expressions renferment des sens encore peut-être trop métaphysiques pour eux, on peut avoir recours aux signes, autant qu'ils ne sont point forcés; ainsi, pour leur faire comprendre ce que c'est que *grace, bonne volonté, miséricorde, pure libéralité*, nous supposerons qu'un homme accablé de misere & d'années vient nous demander l'aumône, que nous lui donnons ; nous lui faisons signe que nous ne lui devions pas, mais que touché de sa misere nous lui avons donné; que ce don de notre part est *grace, bonne volonté, miséricorde, pure libéralité.* En expliquant ainsi tous les articles, nous pouvons nous flatter de leur faire comprendre ce que nous leur expliquons, & même de leur faire sentir la force des expressions dont nous nous servons. Nous prenons la même voie pour les réponses qui ont & peuvent être rapportées à l'Ancien Testament ; par exemple, nous voyons cette demande : *Qu'est-ce que JESUS-CHRIST? C'est le Fils de Dieu fait Homme.* A ces mots, *c'est le Fils de Dieu*, nous leur rappellons le mystere de la Sainte-Trinité ; nous distinguons les trois Personnes, le *Pere, le Fils & le Saint-Esprit;* nous écrivons alors *le Fils est la seconde Personne de Dieu qui s'est fait Homme;* nous écrivons *a pris un corps & une ame comme la nôtre.* Alors nous leur faisons voir un Enfant Jesus dans la crêche, au moment après sa naissance; un Enfant Jesus instruisant les Docteurs dans le Temple; Jesus-Christ tenté; Jesus-Christ flagellé; Jesus-Christ mort. Nous joignons aux différens traits de la vie de Notre Seigneur, ceux de l'Ancien Testament qui y ont rapport; & pour ces explications nous nous servons des estampes. Ainsi Jesus-Christ annoncé, attendu, & Isaac promis & attendu; Jesus-Christ mis à mort, Abel tué par son frere; Jesus-Christ mort, & Isaac immolé par son pere; Jesus-Christ dans le tombeau, & Jonas dans le ventre de la Baleine; Jesus-Christ ressuscité, Jonas sorti du ventre de la Baleine; Jesus-Christ Sauveur des hommes, & le Serpent d'airain; Jesus-Christ le pain de vie dans l'Eucharistie, le rocher & la manne du désert. Les estampes de la Bible, les explications par écrit, les signes même, quelquefois employés avec discernement, tout cela contribue au développement de l'esprit des Eleves. Nous ne nous arrêterons pas d'avantage à donner de plus amples explications, nous les regarderions comme inutiles;

il suffit d'en donner deux pour montrer la route que l'imagination & le jugement peuvent suivre. On voit clairement que ces explications sont totalement de leur ressort.

De l'ordre que nous avons cru devoir observer dans nos leçons.

Nous croyons devoir donner la marche que nous tenons dans les leçons que nous donnons à nos Eleves; par-là nous faciliterons celle des personnes qui voudront s'appliquer à cette noble occupation. Nous cherchons à les intéresser dès la premiere leçon que nous leur donnons. Nous avouons que nos opérations préliminaires ne s'y prêtent pas beaucoup; mais à leur défaut nous cherchons alors à leur procurer de l'amusement par la vue de quelque objet agréable & propre à les flatter ; mais bientôt on vient à bout de leur faire connoître l'Alphabet manuel d'une maniere suffisante pour leur dicter par ce moyen le nom des choses les plus communes & les plus usitées, telles que *pelle*, *pincette*, *&c*. Nous commençons par les lettres que nous avons apprises, ensuite celles que nous voyons de nouveau; après cela nous les exerçons à les écrire; lorsqu'ils les connoissent toutes, qu'ils commencent à les écrire & à les lire, nous leur donnons des exemples qu'ils copient chez eux. Nous commençons alors à avoir plus dequoi nous occuper; nos leçons sont plus longues, & prennent un peu plus d'ordre. Il faut de toute nécessité que nous les varions d'après leur avancement. On voit que dans le commencement nous ne pouvons faire que ce que nous avons expliqué, & qu'ensuite parvenus à pouvoir recevoir des explications courtes & faciles, nous les faisons suivre immédiatement par la lecture des lettres; ensuite nous leur faisons écrire les mêmes lettres qu'ils viennent de lire; après quoi nous les exerçons à les écrire; & lorsqu'ils y sont assez formés pour pouvoir les écrire chez eux d'après les exemples, nous corrigeons alors l'écriture qu'ils ont faite, retirés d'auprès de nous. Pour les Eleves qui commencent à lire des mots, les exercices varient encore. Nous commençons par la lecture que nous expliquons chaque fois qu'il est nécessaire, soit par les signes, lorsque les choses en sont susceptibles, soit par la vue des estampes, ou bien encore par la vue de la chose même, lorsqu'elle est de nature à tomber sous les sens. Nous écrivons les mots que nous venons de lire d'abord, en suivant le livre ; ensuite conduits par la dictée de l'Alphabet manuel, ensuite sous la dictée prononcée par la parole, par le Maître, en les aidant de l'Alphabet manuel, enfin par la mémoire seule, nous corrigeons après cet exercice l'écriture qu'ils ont faite chez eux. Lorsque les Eleves sont plus avancés encore, nous changeons la forme de nos classes ; c'est-à-dire, vers le temps où nous commençons à apprendre les principes préliminaires de la Religion. Nous commençons alors par leur donner la maniere d'apprendre par cœur, comme nous l'avons dit plus haut. Lorsqu'ils y sont habitués, nous leur faisons dire de mémoire, d'abord en leur laissant prendre d'eux-mêmes la facilité de se rappeller les syllabes par le moyen de l'Alphabet manuel ; habitude qu'il faut leur faire perdre par la suite. Ensuite nous leur faisons lire, & même étudier la leçon que nous leur donnons à apprendre. Nous leur corrigeons leur écriture, qui confifte, pour nos Eleves qui demeurent chez leur parens, à copier fur l'impreffion qu'ils ont aprife, en y ajoutant cependant les autres leçons précédentes, jufqu'à la concurrence d'une page d'écriture. Nous les exerçons fur de beaux exemples pour leur former la main. Après cet exercice vient la lecture dans un livre quelconque. Il faut cependant convenir que la lecture doit avoir quelque analogie avec ce que l'on leur a fait apprendre. Nous terminons cette claffe par l'explication des eftampes de la Bible. On a vu la maniere dont nous les leur expliquions dans la Partie fyftématique. Nous obfervons encore de leur faire lire une ou deux fois la leçon du Catéchifme que nous voulons qu'ils apprennent.

Des exercices auxquels il faudroit que les Eleves s'appliquassent chez eux.

Tout le monde sent assez combien nuit aux enfans la discontinuité du travail pour le progrès qu'on desire dans eux. On est si persuadé de cette vérité, que l'on multiplie les exercices le plus que l'on peut : on donne aux enfans qui apprennent les langues, deux classes par jour, & encore après les classes exige-t-on d'eux qu'ils aillent chez des Répétiteurs qui veillent à les faire travailler : voilà donc quatre especes de classe. Si on exige un exercice aussi fréquent pour les autres enfans, pourquoi ne l'exigeroit-on pas pour les Eleves Sourds & Muets, lorsque sur-tout leur constitution les met dans le cas d'en avoir plus besoin encore, & si les circonstances les empêchent de pouvoir venir recevoir deux leçons chaque jour chez le Maître qui veut bien se prêter à leur instruction ; au moins les parens chez qui ils demeurent, doivent-ils y faire une attention sérieuse. C'est cependant ce qui n'est pas ordinaire, comme nous l'avons déja remarqué : ces exercices sont très-aisés, puisqu'ils ne sont que la répétition de ceux du Maître ; dès le premier pas qu'ils ont fait, ils en sont susceptibles. Je suppose que l'on leur fait écrire, comme nous l'avons dit, ce que l'on leur a fait lire, les parens peuvent facilement regarder le cahier de leurs enfans, leur faire répéter la prononciation des lettres qu'ils ont apprises, & les exercer à les écrire de nouveau ; par-là on les entretiendroit dans l'habitude du travail ; ils n'oublieroient pas entre deux leçons ce qu'ils ont appris précédemment. Lorsqu'ils sont plus avancés, & qu'ils commencent à lire, on voit de même aussi clairement où ils en sont, puisque la lecture & l'écriture vont toujours de niveau. Dès qu'ils sont parvenus à pouvoir prononcer, d'après la prononciation, il faudroit que les parens se servissent de cette voie, pour leur donner l'usage de la parole ; par-là ils parviendroient à leur faire naître les idées au moins les plus communes, à les habituer à se servir de cet organe, pour exprimer leurs besoins, les accoutumer à regarder le visage des personnes qui leur parlent, à lire sur leurs levres; voilà le plus grand service, le plus essentiel, le plus indispensable, & cependant le moins cultivé; ils sont alors comme des enfans qui commencent à balbutier, auxquels il faut long-temps suggérer les expressions. C'est à eux à qui il les faut comparer; ils ne sont en quelque sorte presque plus sourds, puisque leurs yeux leur servent, pour ainsi dire, d'oreilles. C'est cependant ce que les parens ne conçoivent point; ils ne le veulent pas, & s'y refusent, parce que, disent-ils, leurs enfans ne parlent point d'eux-mêmes, qu'ils ne font que répéter ce qu'on leur dit; progrès qui devroit les flatter, & dont ils ne s'embarrassent pas beaucoup. Par-là ils nuisent sensiblement à l'avancement de leurs enfans; ils retardent le Maître, ils rendent ses efforts presque inutiles. Dans le temps où leurs enfans commencent à apprendre par cœur les premiers élémens de la Religion, le Catéchisme, ils doivent le leur faire lire plusieurs fois, le leur faire écrire, demande & réponse, jusqu'à ce qu'ils puissent le réciter & l'écrire d'eux-mêmes, sans aucun secours ; autrement ils mettent le Maître dans la dure nécessité de passer son temps à ne faire que cette seule opération, ou bien à ne leur donner que des idées très-légeres de la Religion ; il ne faut pour les parens, par rapport à cet exercice, que de la bonne volonté, puisque, pour qu'ils puissent y réussir, ils ne sont obligés qu'à mettre le Catéchisme devant les yeux des Eleves, & à leur faire copier autant de fois qu'il sera nécessaire, pour qu'ils l'écrivent de mémoire ; & cependant ils aiment mieux ne les voir rien faire, que de les exercer par des voies aussi simples. Comme mille occasions se présentent dans l'usage de la vie, pour les exercer, & par-là leur donner des idées, ce seroit, si les parens ne veulent pas se donner la peine de leur parler lentement, au moins de leur écrire les choses qu'indiquent ces circonstances, & de leur aider à trouver les réponses justes, soit par écrit, soit de vive voix ; c'est encore ce qu'ils ne font pas. On doit regarder ces difficultés comme accidentelles, puisqu'elles ne subsistent qu'autant que les Eleves n'écrivent point avec leur Maître, &

que les parens font malheureusement assez peu éclairés pour se refuser à l'avancement de leurs enfans; difficultés qui se trouvent encore augmentées par le peu de soin des parens à envoyer les enfans chez le Maître, principalement pour les pauvres, parce qu'au moyen de ce qu'ils rendent quelques services dans la maison paternelle, les parens, sous le prétexte le plus frivole, les retiennent chez eux. (*a*)

Des obstacles qui nuisent aux progrès des Eleves, & auxquels il faut remédier.

Nous avons parlé dans l'article précédent, des obstacles qu'on pourroit regarder comme accidentels dans l'éducation des Sourds & Muets; nous traitons dans celui-ci de ceux qui peuvent être regardés comme essentiels à

―――

(*a*) Les difficultés que nous avons décrites, par rapport au peu de soin des parens, ne surprendront personne, pour peu qu'on ait été à portée de connoître la conduite ordinaire du Peu-

cette éducation, & qui naissent des Eléves eux-mêmes.

Les deux plus grands, sont la mauvaise volonté & le découragement des Eleves. La répugnance qu'ils ont à souffrir que nous mettions nos doigts dans leur bouche, & à consentir de mettre les leurs dans la nôtre, ne peut se vaincre qu'avec beaucoup de peine, d'application & de patience. Le moyen le plus sûr que l'on pourroit employer, seroit celui de la persuasion; il faudroit les convaincre de la nécessité de se rendre; mais c'est le plus difficile, & il demande beaucoup d'application, de justesse dans l'expression des signes, seule voie que l'on peut employer dans ce moment. Les caresses, les récompenses, les témoignages d'amitié, de cordialité, les pénetrent d'avantage, produisent d'ordinaire bien plus d'effet dans leur esprit; on doit y travailler avec d'autant plus de courage, qu'il est impossible de leur rendre l'usage de la pa-

---

ple, dans ce qui regarde l'éducation de leurs enfans. MM. les Curés, les Maîtres & Maîtresses d'Ecole de charité, ainsi que ceux qui font les Catéchismes, connoissent & déplorent tous les jours le peu de soin que prennent les peres & meres de leurs enfans.

role autrement, puisqu'elle ne dépend, comme nous l'avons démontré, que de la position des organes qui la forment. Nous n'avons aucun autre moyen de leur donner ces positions ; l'explication de vive voix est alors parfaitement inutile, ils ne l'entendemt point ; celle que l'on leur donneroit par la voie de l'écriture, n'est pas d'une plus grande ressource ; ils n'en n'ont point encore contracté l'habitude. L'explication qu'on pourroit leur donner par les signes, n'est pas plus aisée ; ils sont peu propres à donner les vraies positions des organes ; ils ne peuvent que perfectionner ce que le toucher & la vue ont démontré ; seuls & dénués du tact des doigts, ils ne sont d'aucun avantage, ils ne produisent rien ; il faut donc avoir recours essentiellement au toucher, au doigt dans la bouche, & leur faire répéter cet exercice autant de fois qu'il sera nécessaire pour eux. C'est donc pourquoi il est indispensable de détruire cette mauvaise volonté, d'employer tous les moyens pour en venir à bout ; on est amplement récompensé de son temps & de son travail, par la suite. On me dira, peut-être, qu'il feroit meilleur de commencer l'éducation des Sourds & Muets par la voie de l'écriture ; que quand leur éducation feroit avancée par cette voie, on feroit dans le cas de leur apprendre que les autres hommes énoncent, par une voie plus commode, (la parole) leurs idées, qu'ils le peuvent faire de même, puifqu'elle n'eft qu'une efpece d'écriture prononcée, peinte fur le vifage de celui qui parle. Nous répondons à cela, que ce feroit doubler l'ouvrage ; en effet, nous avons dit que nous faifions marcher l'écriture & la parole enfemble. Le temps qui s'écoule, jufqu'à ce que l'écriture ait pris une forme paffable, fuffit d'ordinaire, pour apprendre la difpofition des organes, conféquemment la prononciation de chaque lettre & de quelques fyllabes; quelquefois même nous obtenons davantage de nos Eleves : c'eft donc diminuer l'ouvrage, que de faire concourir deux occupations fi analogues l'une à l'autre, & qui fe prêtent, pour ainfi dire, un mutuel fecours. La mauvaife humeur à laquelle ils font fujets, nous nuit beaucoup, principalement quand ils ne demeurent point avec nous ;

nous ne pouvons point alors les réformer comme nous le defirerions, d'autant mieux qu'elle eſt l'effet de leur mauvaiſe éducation habituelle, & que pour pouvoir la rectifier, il faudroit une longue habitude. Souvent nous ſommes contraints d'interrompre le cours de nos leçons ; quand un d'eux manque, il arrive ſouvent que les autres ne veulent rien faire. C'eſt à la prudence du Maître à tacher de prendre les voies les plus propres pour lever ces obſtacles, ainſi que ceux qui peuvent naître, & dont il nous eſt impoſſible de parler.

De la perfection de l'éducation des Sourds & Muets.

Pour parvenir au dégré de perfection, il faut tendre à leur rendre l'uſage de la parole, plus claire, plus facile, à leur donner des idées plus étendues, une écriture plus formée, à les mettre dans le cas de pouvoir lire ſur les levres, tant pendant le jour que dans l'obſcurité, par le toucher des doigts, & à lire ainſi les idées des autres ; à lire l'écriture des autres, à se servir de cette voie pour exprimer leur pensées, tant pendant le jour que pendant la nuit; en lisant l'écriture des autres par le moyen du bout du doigt qui trace les caracteres des mots dans la paume de la main, à répondre à cette espece d'interrogation, soit de vive voix, soit de la même maniere. Ces deux dernieres Parties nous conduisent nécessairement à une matiere très-importante, l'éducation des Sourds, Muets & Aveugles de naissance, à qui il est possible de redonner l'usage de la parole, celui de la lecture & de l'écriture : nous nous en occuperons bientôt.

De la plus grande clarté de la parole des Sourds & Muets.

CONDUITS, comme nous l'avons vu, au point de pouvoir facilement lire & écrire, & de comprendre ce qu'ils lisent & ce qu'ils écrivent, au moins dans la plus grande partie des choses; il n'est plus difficile aux Sourds & Muets de rectifier leur prononciation, puisque ce qui faisoit la difficulté, étoit le défaut de moyen d'entendre; maintenant qu'il y en a un connu, il ne reste plus qu'à l'employer. Pour cet effet, il faut que le Maître recommence toutes les opérations qu'il a déja faites, les unes après les autres; il n'y a aucun lieu de craindre que les Eleves se lassent en revenant sur leurs pas, puisqu'on peut leur faire connoître facilement, soit par l'écriture, soit par la parole, qu'il est nécessaire pour eux, non-seulement de parler, mais encore de bien énoncer leurs idées. L'articulation de chaque lettre n'arrêtera pas beaucoup, si on en excepte celles que nous avons déja marquées être très-difficiles. Nous croyons avoir déja averti que jamais l'*i* ne pouvoit être prononcé par les Muets autrement que la voyelle *e*, si ce n'est après un long usage. Des voyelles, nous passerons aux syllabes, que nous ferons de même articuler avec beaucoup de précision, en faisant remarquer les défauts avec la plus grande exactitude. Enfin nous passerons aux mots, & nous corrigerons, le plus qu'il nous sera possible, le défaut de la prononciation entre-coupée en autant de sons que de syllabes, en leur démontrant que l'union des syllabes qui composent des mots, doit être dans la prononciation, comme dans l'écriture, unie & liée ensemble. Il sera facile de leur faire connoître, par le souffle de leur prononciation comparé avec le nôtre, la différence qui existe, & que nous voulons corriger.

Nous ne nous arrêterons point à donner les principes pour former leur écriture, parce qu'ils sont les mêmes que ceux dont on se sert pour les autres enfans.

Comme le but principal est de leur former le cœur & l'esprit, c'est principalement à cette partie que nous devons nous attacher. Nous les avons préparés par des instructions aisées, claires, lentes. Ces principes jusqu'à présent peuvent être regardés comme des principes préliminaires qui peuvent suffire pour des Eleves que leur naissance, ou leur fortune ne met point dans le cas de pouvoir vivre sans s'occuper à un travail qui puisse leur procurer le moyen de subvenir aux besoins de la vie, principalement s'ils ne demeurent point avec nous, & qu'ils ayent déja un certain âge lorsqu'ils commencent à nous être confiés. Alors forcés par les circonstances, nous tâchons d'en tirer le parti le plus avantageux que nous pouvons. Pour les autres, au contraire, de quel plaisir ne les priverions-nous pas, si nous ne leur enseignions, ni les Sciences, ni les Arts. Ils sont susceptibles, comme les autres hommes, de la douce consolation d'une aimable philosophie, de l'instruction que donne l'Histoire & l'étude des Langues; il n'est pas plus difficile, pour les Sourds & Muets, de sentir la force de ces mots, *amare, diligere, amore prosequi*, que de ceux-ci, *aimer, chérir, caresser*. Il ne faut que sçavoir pour eux, comme pour les autres enfans, que ces expressions, dans l'une ou l'autre langue, ont le même sens sous différentes modifications. Il ne reste donc plus qu'à leur faire connoître ces modifications, pour qu'ils en sçachent le sens ; ainsi il ne s'agit que de les ranger vis-à-vis les uns des autres en cette sorte.

Aimer.. *amare* .. *diligere* .. *amore prosequi*.
Blâmer ... *vituperare* ... *improbare*.
Avoir .... *habere*, &c.

De la Lecture sur les levres & dans la paume de la main.

CES objets sont trop importans dans notre Education, pour ne pas nous y attacher très-sérieusement ; d'ailleurs ils conduisent à une découverte utile, qui a d'autant plus besoin d'être mise dans le plus grand jour, qu'elle paroît être absolument impossible ; je veux dire l'instruction des Sourds, Muets & Aveugles de naissance.

Un des motifs, comme nous l'avons déja fait voir, qui nous a fait rejetter les signes, est que dans l'obscurité ils deviennent inutiles, ainsi que l'écriture. Cependant, comme il pourroit être indispensable, pour les personnes qui vivent avec nos Eleves, de leur parler la nuit, & que ne pouvant alors ni voir, ni faire voir le mouvement des levres, il nous faut un moyen pour suppléer au défaut de lumiere, & qui puisse faire connoître aux Sourds & Muets les volontés de ceux qui leur parlent dans l'obscurité : c'est au tact que nous recourons, & nous nous servons de deux différentes méthodes pour réuſſir dans cette entrepriſe. La premiere, la plus prompte dans l'exécution, & la plus difficile dans l'enſeignement, c'eſt le toucher des levres. Il paroîtra étonnant, ſans doute, que par-là on puiſſe parvenir à une choſe auſſi difficile; c'eſt ce dont nous nous ſommes aſſurés par l'expérience que nous en avons faite; & ſi nous ne nous ſommes point encore attachés à cet exercice avec nos Eleves, autant que nous l'aurions déſiré, il faut l'attribuer à la multitude des choſes que nous avions à apprendre, & plus encore au court eſpace de temps qu'ils pouvoient nous donner, parce qu'ils ne demeuroient point avec nous, mais chez leur parens. Les lettres ont, comme nous l'avons déja prouvé, un caractere qui eſt propre à chacune d'elles. Ce caractere conſiſtant dans la diſpoſition des organes de la voix, elles doivent néceſſairement produire dans le viſage une modification extérieure, qui ſoit ſenſible au toucher comme à la vue, & c'eſt ce qui arrive réellement. Quiconque voudra ſe perſuader cette vérité, peut en faire l'épreuve ſur lui-même: qu'il prononce attentivement deux lettres différentes, comme *p* & *b*, & qu'il les prononce, son doigt sur les levres, il sentira que dans la prononciation de *p* les levres sont collées l'une à l'autre, qu'elles se séparent ensuite avec force & promptitude ; que dans la prononciation de *b*, elles se séparent, au contraire, peu & lentement, qu'elles sont de plus bien moins tendues : que dans la prononciation de l'*m*, les levres se séparent lentement, pour se rejoindre ensuite, mais d'une maniere peu forte. Le second moyen n'est pas, à beaucoup près, si difficile que le premier, & pourroit procurer les mêmes avantages ; il consiste à écrire dans la paume de la main les choses que l'on devroit prononcer ; le bout de l'index sert de plume ; il nous a réussi dès le moment que nous l'avons mis en usage avec nos Eleves ; il est prompt dans l'exécution, & propre à remplir l'objet qu'on se propose ; il n'a point l'inconvénient de les rebuter par ses difficultés ; il seroit même avantageux de l'employer dès les premieres leçons, & de le joindre aux premiers principes ; mais nous n'avons fait cette découverte qu'après bien des réflexions, & notre Education étoit déja fort avancée ; ce nouvel exercice n'auroit alongé en rien nos opérations.

Pour préparer nos Eleves à cet exercice, nous commençons par leur dire ou leur écrire, que la nuit, & en général dans l'obscurité, nous pouvons, nous qui ne sommes pas sourds, parler entre nous, nous entendre ; mais qu'eux qui entendent par les yeux, ils ne le peuvent plus, parce que la nuit on ne voit rien, & que ce sens devient inutile alors pour eux ; que comme nous leur avons appris à parler, à lire sur les levres, de même nous voulons leur apprendre à lire & à parler dans les ténébres ; il n'en est aucuns qui conduits à ce moment, ne soient au fait de ce que nous exigeons d'eux, qui ne soient flattés de l'offre que nous leur faisons ; nous sommes sûrs alors d'avoir leur attention, leur confiance : nous l'avons mérité à bien juste titre. Alors nous leur faisons détourner la tête, & mettre leur doigt sur notre bouche ; nous articulons ensuite les lettres, & nous les leur faisons répéter à eux-mêmes. Ces opérations réussissent plus ou moins vîte, selon la finesse du toucher & les difpositions des Eleves. Nous suivons l'ordre que nous avons établi pour les premiers exercices qui regardoient la prononciation ; nous passons aussi à l'écriture des mains : nous faisons tenir à nos Eleves la paume de leur main bien bandée ; ensuite nous écrivons avec notre doigt, comme avec une plume : cette derniere ressource est bien moins longue, & au moins aussi sûre ; il n'y a donc pas plus de difficulté à leur parler la nuit que le jour ? Comme nos Eleves, dans les ténébres, sont dans la classe des aveugles, & que nous avons levé cet obstacle pour eux, nous trouvons par la même voie le remede aux maux des derniers ; sçavoir, des Sourds, Muets & Aveugles de naissance.

Il est important d'observer ici que le Maître n'a pas besoin de lire sur les lévres pour l'apprendre à ses Eleves, qu'il suffit qu'il sçache la méchanique de la parole.

DE L'ÉDUCATION

Des Sourds, Muets & Aveugles de naissance. (a)

Q UOIQUE nous n'ayons jamais travaillé à l'Education des Sourds, Muets & Aveugles de naissance, nous osons cependant avancer notre sentiment sur cet objet, parce qu'il nous paroît conforme à la raison, très-facile dans la pratique, & conséquent aux principes que nous avons détaillés pour les autres. Dans le tableau que nous allons exposer, nous ne donnerons point de nouveaux principes, nous ne ferons qu'ajouter ce qui sera nécessaire à ceux que nous avons développés dans le cours de cet Ouvrage. On sent à merveille que si nous avons recommandé la patience & la douceur, c'est ici leur triomphe.

Nous commencerons par donner à ces Eleves une idée du service que nous

---

(*a*) Un des motifs qui nous a fait rejetter l'Education des Sourds & Muets, par le système des signes, c'est son impossibilité, par rapport à ces derniers, pour qui ils sont inutiles.

voulons leur rendre ; nous leur ferons sentir que quand nous voulons *boire*, par exemple, nous remuons les levres pour le demander, & que la personne qui est avec nous, sçait par-là que nous voulons *boire*, qu'elle nous en donne. Nous leur montrons que, comme nous, ils ont une langue, des levres ; qu'il est nécessaire, pour qu'ils en fassent le même usage que nous, qu'ils les placent comme nous les plaçons nous-mêmes ; que nous modifions ces organes de différentes manieres. Nous leur ferons sentir ces modifications avec la main, parce que c'est cette différente position qui nous fait parler, qui avertit de nos volontés, qui nous fait demander nos besoins, comme *boire* & *manger*, &c. Nous procédons ainsi ; sentant la disposition même de ces organes, nos Eleves pourront les imiter, en s'en servant comme nous-mêmes. Ces explications varieront autant qu'il sera nécessaire pour les leur faire comprendre ; il seroit inutile de vouloir commencer leur éducation avant de leur apprendre la position des organes. Voici notre méthode.

Nous employerons des caracteres relevés en bosse, comme ceux qui servent à l'impreſſion ; ceux que nous choiſirons ſont les caracteres italiques, parce qu'ils approchent le plus de l'écriture. En effet, les perſonnes qui écriront dans la main de nos Eleves, ſe conformeront à l'uſage ordinaire de former les lettres; & vouloir s'aſtreindre à les faire écrire, conformément aux caracteres de l'impreſſion, ce ſeroit mettre beaucoup de perſonnes hors d'état de leur communiquer leurs idées. Il ſeroit d'ailleurs de la plus grande difficulté de leur faire comprendre que l'uſage a introduit des différences entre l'écriture & l'impreſſion, pour la forme, & non pour le ſens que ces caracteres donnent dans leur union. Il eſt donc clair que nous ne mettrons d'autre différence entre leur éducation, par rapport à la connoiſſance des caracteres & à leur formation, que celle que leur aveuglement nous force d'y mettre : c'eſt de ces différences dont nous allons traiter.

Le toucher ſeul peut nous conduire dans cette Education, il doit faire le même effet que la vue pour les autres. C'eſt à lui que nous devons recourir ; il eſt comme la baſe & le fondement de notre travail. La maniere de procéder pour les uns & les autres Eleves, est la même. La marche que nous avons indiquée, est celle qu'il faut suivre en retranchant toutes fois ce qui est du ressort des yeux, & y suppléant par tout ce qui peut être tributaire du toucher. Ainsi la pression des levres, leur position, leur ouverture, le gonflement des joues, la situation de la langue, le dégré du souffle, le mouvement du gosier, indiqués pour chaque lettre, doivent être expliqués avec la plus grande attention. On joindra à ces principes le toucher des lettres gravées en bosse, d'une grandeur suffisante pour être senties facilement. De plus, on accoutumera les Eleves à prononcer les lettres qu'on leur assignera, soit en leur écrivant dans la main ces lettres ou caracteres, soit en les leur faisant écrire dans celle des autres, soit encore en les leur faisant toucher. Nous ne donnerons que l'explication d'une seule lettre pour ne point tomber dans des redites qui ne pouroient qu'être ennuyeuses. Cette explication sera suffisante pour faire connoître les opérations qu'exigent les lettres & les syllabes; par là, nous montrerons ce qu'il faut retrancher, & ajouter à toutes les choses qu'on enseignera aux Eleves.

A

Nous leur ferons promener leurs doigts sur cette lettre, afin qu'ils en distinguent la forme & le caractere; puis nous tracerons avec notre doigt cette même lettre dans la paume de leur main; nous leur apprendrons à la tracer avec leur doigt dans la nôtre; ensuite nous nous attacherons à leur en donner la prononciation : pour cela, nous nous servirons des principes que nous avons donnés. Il est facile d'appliquer cette méthode aux différentes lettres que l'on enseignera aux Eleves.

De l'exercice de ces principes, il doit résulter, comme pour les autres Eleves, la connoissance des lettres & des syllabes; ce qui deviendra d'ailleurs plus satisfaisant dans la réussite, & plus parfait dans les exercices nouveaux dont nous allons parler.

De l'Ecriture des Sourds, Muets, & Aveugles de naissance.

Pour parvenir à donner à nos Eleves des principes d'écriture, nous nous servirons d'une table d'environ sept pieds de long & de deux pieds de large. Sur un des bords, dans sa longueur, s'éleve une tablette de la longueur de la table, & d'un demi-pied de largeur. Elle est séparée en vingt-huit cases garnies d'autant de tiroirs, sur lesquels est gravée en relief la lettre qu'ils renferment. Ces tiroirs sont à deux rangs de chacun quatorze. Le premier rang est élevé d'un pouce au-dessus du niveau de la table. On a donné à chaque tiroir une élévation suffisante pour qu'ils puissent contenir vingt à vingt-cinq lettres d'un pouce quarré. Dans le dessus de la table, d'un des côtés à l'autre, sont pratiquées des rainures paralleles ; chaque rainure a un pouce de largeur, & trois quarts de pouce de profondeur, pour laisser aux caracteres une saillie suffisante pour pouvoir les enlever avec facilité. On sent combien il est facile d'arranger ces lettres dans les rainures pour en faire des mots qui seront séparés entre eux par des quarrés de bois d'un pouce de toute face. On en aura de même largeur que les caracteres, sur lesquels seront gravés les points & les virgules pour séparer les phrases & les membres de phrases. Par ce moyen, les Aveugles pourront facilement s'exercer sans aucune peine; leur leçon restera toujours subsistante tant que l'on le jugera à propos. Ils n'auront, pour étudier, qu'à promener leurs doigts sur ces lignes, pour s'inculquer dans l'esprit l'union des caracteres par lesquels nous représentons les choses, & auxquels nous attachons des idées. Ainsi, dans les commencemens nous ne ferions, comme nous l'avons fait pour les autres, qu'assembler les lettres de quelques noms substantifs, bien faciles à être saisis, comme *chapeau*, *pelle*, *pincette*, *bonnet*, &c. On leur laisseroit ces choses énoncées, & les mots en écrit, pour qu'ils pussent examiner, tant qu'ils le jugeroient à propos, les choses énoncées, & les lettres qui composeroient leurs noms; on les habitueroit à tracer dans leurs

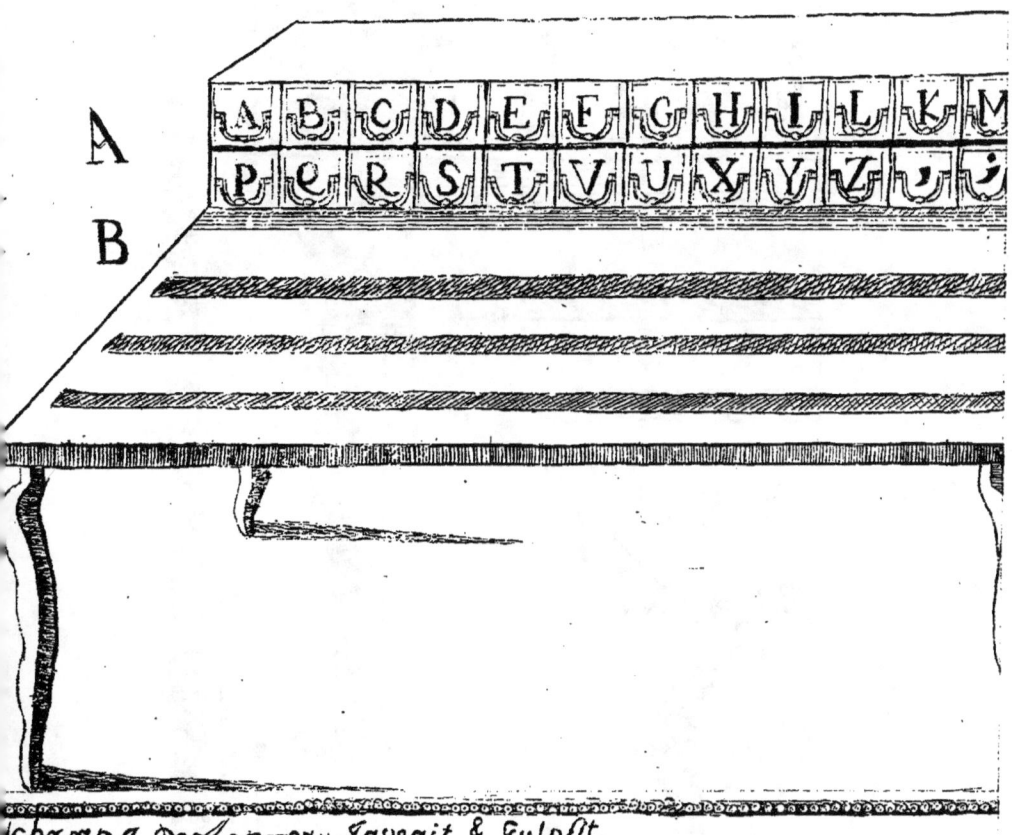

Champr des Ormeau Invenit & Sculpsit

mains les mêmes mots, à les assembler dans d'autres rainures, d'abord en touchant les lettres subsistantes & assemblées, & en cherchant dans les tiroirs les mêmes lettres qu'ils auroient touchés; ensuite à les écrire d'eux-mêmes, soit dans leur main, soit dans celle des autres, soit sur la table. Nous avouons qu'il faudroit une patience infinie, à cause des répétitions continuelles qu'exige cette éducation. On doit suivre pour eux les différens exercices que nous avons indiqués pour les autres Eleves. (*a*)

De la connoissance de la Religion & de l'Histoire.

LA marche que nous avons tenue pour les autres Eleves, est la même qu'il faut suivre pour les Sourds, Muets & Aveugles de naissance, dans cette Partie, en ajoutant & retranchant ce qui est nécessaire d'ajouter & de retrancher, à cause de leur infirmité. Ainsi par rapport aux premiers, comme ils jouissoient de l'usage de la vue, nous

(*a*) *Voyez la figure ci-jointe.*

nous sommes servi d'estampes qu'ils pouvoient considérer. Les Aveugles ne sont point dans ce cas; il faut donc avec eux avoir recours à un autre moyen, ce sera celui des gravures en relief. Nous croyons que des planches gravées en bois & relevées en bosse, seroient suffisantes.

Pour mettre plus au fait des explications qu'il est nécessaire de leur donner, nous allons donner celle de la gravure qui représente la création. Nous commencerons par leur faire toucher toute la planche. Nous écrivons alors dans leur main *planche* ou *tableau*. Nous l'écrirons de même sur la Table typographique préparée pour eux. Nous leur répéterons cet exercice jusqu'à ce qu'ils le sçachent assez pour pouvoir le faire d'eux-mêmes. Ensuite nous leur ferons sentir que nous n'expliquerons les figures qu'il représentent que les unes après les autres, en leur faisant mettre leur doigt sur chacune en particulier. Après cela nous entrerons aussi-tôt dans le détail de l'explication. *Dieu* sera la premiere chose que nous leur expliquerons. Après leur avoir fait toucher la figure qui représentera l'Être suprême, nous leur écrirons dans la main le mot *Dieu*; nous leur ferons écrire d'eux-mêmes ce mot sur le Bureau typographique; ensuite nous leur écrirons que *Dieu a fait le monde*. Pour leur donner des idées de la signification du mot *faire*, nous nous servirons des mêmes raisonnemens que pour nos autres Eleves; c'est-à-dire, que pour leur faire connoître que rien ne se fait lui-même, nous leur ferons toucher un coffre, par exemple, ensuite des planches coupées de différentes grandeurs, & d'autres clouées d'un côté, d'autres enfin que l'on clouera devant eux. Ce n'est qu'en entrant dans ces détails que l'on pourra parvenir à leur donner des notions vraies des choses qu'on leur explique. Chaque détail sera écrit dans la main des Eleves, récrit par les Eleves dans celle du Maître, & porté sur le Bureau typographique par les Eleves. Ces mêmes explications seront répétées autant de fois qu'il sera nécessaire, pour qu'ils puissent les retenir & les donner d'eux-mêmes; on les variera autant qu'on le jugera à propos. Il est aisé maintenant d'appliquer à l'avantage des Aveugles les principes que nous avons donné pour ceux qui ne l'étoient pas.

DE L'ÉDUCATION

Des Personnes sourdes par accident, qui ne sont point muettes, & dont la guérison est regardée comme incurable par les Médecins.

Pour être utiles à cette partie souffrante de l'humanité, il faut uniquement s'attacher à faire appercevoir à ces personnes la disposition extérieure des organes de la parole; leur faire connoître la différence de ces dispositions, d'après la variété des lettres. Nous ne répéterons point ces principes, parce que nous en avons donné le détail pour nos Eleves Sourds & Muets. Pour ce qui regarde la lecture des lettres & des syllabes, il faut suivre les principes que nous avons déja donné. Nous ne nous attacherons qu'à décrire la marche qu'il faut tenir pour parvenir à leur apprendre à lire sur les levres, seul objet auquel il faut s'attacher.

Lorsque les Eleves sçavent les lettres & les syllabes dans l'ordre alphabétique, nous les confondons pour les exercer davantage. Dans les commencemens, pour moins perdre de temps, nous écrivons les lettres qu'ils n'ont pas pu lire fur nos levres, après plufieurs répétitions. Dans la fuite, nous nous contentons de les leur écrire dans la main, comme pour les Sourds, Muets & Aveugles de naiffance. Cette partie de l'éducation ne doit point être négligée, puifque la nuit & pendant l'obfcurité, c'eft la feule voie qu'on puiffe prendre pour pouvoir leur parler. Suivent enfuite les conjugaifons, & les déclinaifons auxquelles nous nous arrêtons pour les accoutumer, par des chofes faciles, à la lecture des levres. Nous commençons, en expliquant les verbes, par écrire leur infinitif, leur préfent, leur parfait : ces exercices d'ordinaire ne fouffrent prefque point de difficulté. Les mêmes chofes que nous avons marqué être difficiles pour les Muets, le font pour les Sourds; nous faifons enfuite fuccéder les difcours fuivis fur une matiere convenue. Nous avons l'attention de recommencer le mot que les Eleves ne peuvent lire, en le prononçant lettres par lettres, & d'affembler enfuite les fyllabes que forment les lettres prononcées d'abord féparément;

exercice que l'on fait faire aux enfans en les faisant épeller. (*a*) Nous partageons nos leçons en deux parties, l'une pour la lecture sur les levres, l'autre pour la lecture dans la main.

Nous voici arrivés au terme de la carriere que nous nous étions proposés de parcourir. Nous ne pouvions pas sans doute mieux finir notre Ouvrage, qu'en donnant tout ce que nous avons trouvé sur le méchanisme de la parole, & sur les Alphabets manuels. Par-là, nous repandrons plus de clarté & de lumiere sur l'objet que nous traitons; nous mettrons les Maîtres qui voudront y travailler, dans le cas de pouvoir choisir, de tenter divers moyens pour prendre ceux qui leur paroîtront les plus aisés, les moins exposés aux difficultés qui naissent à chaque pas. Nous croyons d'ailleurs offrir par-là la preuve constante que nous ne cherchons que le progrès d'une science à laquelle nous nous sommes dévoués, par l'amour seul de l'humanité, & en vue du bien public.

―――――――――――

(*a*) En moins d'un mois, on peut mettre un Eleve intelligent à ce dégré de connoissance, que l'usage seul perfectionne.

MÉCHANIQUE
DE LA PAROLE,
Extraite de différens Philosophes.

MARIUS VICTORIN,

Ars grammatica, de Orthographiâ & ratione metrorum.

A. LA lettre *a*, se prononce en ouvrant la bouche, ayant la langue suspendue, & sans l'appuyer sur les dents.

E. La voyelle qui suit l'*a*, est l'*e*; l'ouverture de la bouche est moins grande, & les levres rentrent en dedans pour la prononcer.

I. La bouche est à moitié fermée, la langue est appuyée sur les dents, pour en donner la prononciation.

O. La voyelle *o* renferme un double son ; c'est pourquoi quand il est bref, il se prononce en donnant peu d'ouverture aux levres, en poussant la langue en arriere ; lorsqu'il est long, au contraire, les levres doivent être ouvertes par une ouverture ronde ; la langue suspendue dans la bouche, forme une espece d'arc.

U. Toutes les fois que nous prononçons cette lettre, nos levres s'avancent en avant, & se serrent l'une par l'autre.

B & *P* sont exprimés par différentes positions de la bouche qui les fait distinguer entre elles. En prononçant la premiere, on rend le son du milieu des levres. La seconde se prononce en fermant fortement la bouche, & en tirant de l'intérieur le souffle qui dans la sortie forme la prononciation.

C & *G*. Ces deux lettres, semblables en quelque sorte par le son, different entre elles, par rapport aux effets & à la position de la bouche. Le *c* exige que la langue se retire en dedans, frappe, en s'élevant, les deux côtés des dents molaires supérieures, & pousse ainsi le son qui se forme au-dedans de la bouche ; la langue dans la même position, mais en glissant sur le palais, diminue la force de la premiere, en adoucit le son, & forme la prononciation *g*.

T & *D*. Ces deux lettres ont à peu-près la même prononciation; elles ne different entre elles que par la position & le transport de la langue. Nous exprimons en effet le *d*, lorsque notre langue frappe de la pointe les dents incisives rapprochées les unes des autres; mais toutes les fois qu'elle est élevée vers les alvéoles des dents, elle donne la prononciation de *t*.

K & *Q*. L'une & l'autre lettre se prononce du gosier; la premiere par sa tension, l'autre par une ouverture naturelle.

F. En prononçant cette lettre, nous rendons un souffle doux, en appuyant l'extrémité des levres sur celle des dents, élevant notre langue vers le haut du palais.

L. Nous prononçons cette lettre en ouvrant la bouche, après avoir poussé la langue avec violence sur les alvéoles des dents incisives supérieures.

M. Elle se prononce en joignant les levres l'une à l'autre, pour former au-dedans de la bouche un certain mugissement, à l'aide des narines, *naribus attractis*, dont on tire ce son.

N. Cette lettre se prononce en tenant la langue attachée à la concavité du palais, & en tirant le souffle des narines & de la bouche.

R. La lettre *r* se prononce par la vibration que la voix reçoit dans le palais. La langue en forme le son par son tremblement dans les coups qu'elle donne.

S & X. C'est avec raison que l'on les joint ensemble, puisque le son qu'elles rendent est presque semblable; la langue appuyée sur les dents rend dans la premiere un souffle bien plus doux; pour la seconde, elle rend un souffle plus fort.

M. DE CORDEMOY.

Dissertations physiques sur le discernement du Corps & de l'Ame; Discours sur la Parole.

EXAMINONS ce qui se passe de la part du corps, en celui qui forme la voix. Il faut considérer qu'il a des poumons où l'air entre par la trachée artere, lorsque les muscles de la poitrine l'étendent de tous les côtés par leur mouvement, comme il entre dans un soufflet par le bout, quand on l'étend en séparant ses deux côtés.

Il faut aussi concevoir, que comme le vent qui sort d'un soufflet, quand on le ferme, pourroit pousser l'air d'autant de façons diverses qu'on pourroit mettre de différens sifflets à l'endroit par où sort le vent; de même l'air qui sort des poumons, quand la poitrine se baisse, est diversement poussé: ce que je n'explique pas plus au long; car, je suppose que tout le monde sçait, qu'outre plusieurs petits anneaux de cartilages, qui servent à empêcher que les côtés de la membrane qui forme le canal par où l'air entre & sort du poumon, ne se rapproche trop; il y en a trois considérables, dont l'un, entr'autres, se peut serrer de si près, que quand il est en cet état, l'air ne peut sortir du poumon qu'avec un grand effort, & quelquefois il se peut élargir de telle sorte fort doucement. Or, entre la plus grande, ou la plus petite ouverture dont il est capable, il se trouve une infinie diversité d'autres ouvertures, dont chacune fait une différente impression à l'air ; il ne faut pas s'étonner si l'air qui sort de la bouche peut faire tant de différens effets.

Je suppose aussi que chacun s'imagine bien que le cartilage, qui sert à modifier l'air, ne manque pas de tous les muscles qui sont nécessaires pour l'ouvrir, pour le fermer, & même pour le tenir en certains états, ainsi qu'il est besoin pour la durée du même son ; ces muscles sont arrangés avec un ordre si merveilleux, qu'il n'est pas possible de le voir sans l'admirer. Les deux autres cartilages ont aussi leurs muscles, & toutes choses sont si bien disposées en cet endroit, que l'on peut hausser ou baisser cette entrée & l'ouvrir ou la fermer avec lenteur ou avec vîtesse, sans que jamais le mouvement des petits muscles, qui servent à quelques-unes de ses actions, soit empêché par le mouvement de ceux qui servent aux autres ; ce qui nous fait connoître que c'est de la seule disposition de cet endroit de la trachée artere que dépend la différence des sons.

Et il faut remarquer que s'il n'y avoit que cette partie, il n'y auroit aucune différence entre les sons qu'elle rendroit &

ceux

ceux d'une flûte; c'eſt-à-dire, qu'elle ne rendroit que des ſons vagues & non pas des voix; mais pour leur donner une certaine domination, la bouche eſt taillée de ſorte que ces ſons venant à s'y entonner, reçoivent différentes terminaiſons ſelon les différentes manieres dont elle s'ouvre.

Si, par exemple, on ouvre la bouche autant qu'on la peut ouvrir en criant, on ne ſçauroit former qu'une voix en *a* ; & à cauſe de cela, le caractere qui dans l'écriture déſigne cette voix ou terminaiſon, eſt appellé *a*.

Que ſi on ouvre un peu moins la bouche, en avançant la mâchoire d'en bas vers celle d'en haut, on formera une autre voix terminée en *e*.

Et ſi l'on approche encore un peu davantage les mâchoires l'une de l'autre, ſans toutefois que les dents ſe touchent, on formera une troiſiéme voix en *i*.

Mais ſi au contraire on vient à ouvrir les mâchoires, & à rapprocher en même temps les levres par les deux coins, le haut & le bas de la bouche, ſans néanmoins les fermer tout-à-fait, on formera une voix en *o*.

Enfin, si on rapproche les dents sans les joindre entiérement, & si en même temps on alonge les deux levres en les rapprochant, sans les joindre tout-à-fait, on formera une voix en *u*.

Il est si aisé de concevoir comment les mouvemens qu'on donne à toutes les parties de la bouche, en chacune de ces formations de voix étant mêlés, on pourra former des voix dont la terminaison sera moyenne, entre deux de ces cinq voix, que je ne m'amuserai point à examiner commment se forment ces voix moyennes & composées qu'on appelle *diphtongues*.

Mais je crois qu'il est nécessaire d'examiner un peu comment se font ces battemens de la voix qui en font les différentes articulations, & que l'on exprime dans l'écriture par des caracteres qu'on appelle *consonnes*.

Quelques-unes sont articulées par les levres seulement; ainsi quand on a les levres jointes, sans que les dents le soient, on ne sçauroit former la voix *a* qu'en desserrant les levres d'une maniere qui fait qu'on articule la syllabe *ba*, dont la derniere lettre exprimant la terminaison du son, c'est-à-dire, la voix, est appellée voyelle; & la première qui marque la maniere dont cette voix articulée sonnant avec elle, est appellée *consonne*, d'où en passant on peut connoître que la voix peut être belle sans être bien articulée; car le poumon qui pousse l'air, & l'entrée de la trachée artere, peuvent être en une si bonne disposition, que la voix soit fort agréable; mais en la même personne qui aura cet avantage, les autres parties de la bouche peuvent être si mal disposées, que ne se remuant pas assez aisément, & ne se rapportant point assez aux autres, avec une justesse assez entiere, la voix sera mal articulée.

Ce qui est dit de *b*, avec la voix *a*, se peut dire de la même consonne avec les autres voix, sans qu'il y ait de différence dans l'articulation, laquelle commençant toujours par desserrer les levres, est toujours la même, & ne reçoit sa différente terminaison que de la situation différente où les parties de la bouche se mettent pour former ces différentes voix.

Les consonnes *p* & *m* se forment comme le *b*, en desserrant les levres; mais il y a cette différence entre ces trois consonnes, que les levres doivent être simplement jointes pour prononcer le *b*, qu'elles doivent être un peu plus serrées & retirées en dedans pour bien prononcer une *m*.

La lettre *f* se prononce quand on joint la levre de dessous aux dents de dessus, au lieu que les consonnes précédentes se forment en joignant les deux levres.

La consonne *v* se prononce comme la lettre *f*, avec cette différence qu'on presse plus les dents contre la levre pour la lettre *f*, que pour l'*v* consonne.

La lettre *s* se prononce en approchant les dents de dessous assez près de celles de dessus, & la langue assez près du palais pour ne laisser passer l'air qui va sortir de la bouche qu'en sifflant ; & le *z* se prononce de même, avec cette différence seulement que pour le *z* on laisse un peu d'espace à l'air, en n'approchant pas tant la langue du palais, & en l'étendant d'une maniere qui l'approche plus près des dents, que quand on prononce une *s*.

Le *d* se prononce en approchant le bout de la langue au-dessus des dents d'en-haut ; & le *t*, en frappant du bout de la langue à l'endroit où se joignent les dents d'en-haut & d'en-bas. Pour la lettre *n*, elle se forme en donnant du bout de la langue entre le palais & le haut des dents ; & la lettre *r* en portant le bout de la langue jusqu'au haut du palais, de maniere qu'étant frottée par l'air qui sort avec force, elle lui cede & revient souvent au même endroit, tant que l'on veut que cette prononciation dure. Et la lettre *l* se prononce en portant le bout de la langue entre l'endroit où se forme la lettre *n*, & celui où se forme la lettre *r*.

Le *g* se prononce en approchant doucement le milieu de la langue de l'extrémité intérieure du palais, & le *k* en approchant de cet endroit même avec un peu plus de force.

Quand à l'*x*, c'est une prononciation qui tient de l'*s* & du *k*. Pour le *c*, on peut dire qu'il se prononce souvent comme l'*s*, & souvent comme le *k*. La lettre *q* se prononce aussi comme le *k*.

Enfin, l'*y* consonne se prononce en portant le milieu de la langue vers l'extrémité inférieure du palais avec moins de force qu'un *g*, quand il se prononce avec un *a*, un *o* ou un *u*. Pour le *ch*, c'est une prononciation du *c*, jointe à une aspiration douce, tellement que la syllabe *ga* vient quasi du son du gosier; la syllabe *ka*, d'un peu moins avant; la syllabe *ja*, d'un endroit plus proche du milieu du palais; & la syllabe *cha*, du milieu du palais.

LE P. LAMY, *de l'Oratoire.*

ART DE PARLER.

A. Lorsqu'on ouvre la bouche, la voix qui sort fait le son qu'on appelle *a*, lequel son retentit dans le fond du gosier; la langue ne fait rien, elle demeure suspendue sans toucher aux dents, laissant ainsi couler la voix qui est portée en haut.

E. Quand le larynx se resserre, que les poumons poussent moins d'air, que la bouche est moins ouverte, & que les levres se replient, la voix que l'on entend est la lettre *e*; il semble que ce son s'appuie sur la racine de la langue, dont la pointe touche pour lors les dents qui sont médiocrement séparées.

I. La voyelle *i* se prononce avec moins de travail; il faut peu d'air pour la former; le son n'en est point retenu dans le gosier, il est porté vers les dents, qui contribuent à le distinguer; la bouche est peu ouverte, les levres s'étendent.

O. Le contraire arrive lorsqu'on prononce la voyelle *o*; le larynx s'ouvre, le gosier s'enfle & se fait creux; on y entend sonner cette lettre, toute la bouche s'arrondit, & les levres font un cercle; au lieu que dans la prononciation d'un *i*, elles sont comme une ligne droite.

V. La prononciation du *v* est douce, le larynx contraint moins la voix qui sort des poumons; ainsi cette voix est moins forte, le gosier ne s'ouvre point, on n'entend point la voix résonner, les levres avancent en dehors, & se rassemblent pour faire une très-petite ouverture. C'est ce qui fait que les Hébreux rangent cette lettre entre les consonnes qu'ils appellent *labiales*.

U. Le son de l'*u*, quand il est bien adouci, approche de l'*i*; c'est pourquoi les Latins confondoient toujours ces deux voyelles; ils disoient *optimus* & *optumus*.

B. La lettre *b* s'entend lorfque la voix fortant du milieu des levres, elle les oblige, avec une médiocre force, de les féparer.

P. La lettre *p* fe prononce en étendant les levres, de forte qu'elles ne font pas fi groffes; elles fe compriment plus fortement que dans la prononciation du *b*; ainfi la voix fait plus d'efforts pour les féparer.

M. Le fon de la lettre *m* eft fourd; *mugiens littera* : on ouvre d'abord la bouche en la prononçant, & on entend une voix qui prend la forme de cette lettre lorfque les levres viennent à fe rapprocher fans fe battre, & quelles ferment la bouche; ce qui fait qu'on entend un bruit obfcur comme dans une caverne.

F. Le fon de l'*f* eft encore une afpiration; quand on commence de prononcer cette lettre, la bouche s'ouvre, enfuite elle fe ferme un peu, la levre inférieure fe collant par fon extrémité fur les dents.

G. Quand on prononce un *g*, la pointe de la langue approche du palais,

DES SOURDS ET MUETS. 195
les levres s'avancent & se replient un peu en dehors.

J. Quand on prononce l'*j* consonne, la voix s'entend au milieu de la langue & du palais, la bouche ne s'ouvre qu'un peu.

C. En prononçant *c*, la langue se replie en dedans, & porte la voix contre le palais, où elle s'arrête, ce qui oblige de la pousser avec force; les levres sont étendues, & ainsi elles ne s'ouvrent que médiocrement.

K. Les Hébreux ont deux sorte de *c*; sçavoir, le *kat* & le *khot*. Il nous seroit bien difficile de distinguer ces deux lettres en les prononçant, parce que nous n'y sommes pas faits. Le *k* ne differe gueres du *c* que par une aspiration. Nous adoucissons en plusieurs rencontres le son du *c*, de sorte qu'il approche du son de l'*s*, comme en ce verbe, *commença*; alors on met dessous *c* une note *ç*, que les Espagnols appellent *cédille*.

Q. Le *q* est proprement une lettre double, qui a la force du *c* & de la voyelle. Les Grecs n'ont point cette lettre. L'*x* latin eſt auſſi une lettre double, compoſée de *c* & de *s*.

D. Lorſqu'on appuie l'extrémité de la langue ſur la racine des dents de deſſus, & qu'enſuite la voix les ſépare pour couler entre elle & les dents, on entend ſur l'extrémité de la langue le ſon de la lettre *d*.

T. S'entend pareillement ſur l'extrémité de la langue, qui alors touche les dents de deſſus, mais plus près de leur tranchant. Les Hébreux & les Grecs ont deux *t*, qui ſe diſtinguent par l'aſpiration que nous marquons en latin & en françois par la lettre *h*.

L. En commençant de prononcer *l*, on ouvre la bouche; ainſi cette lettre n'eſt pas muette entiérement; la langue travaille peu, elle porte ſeulement ſa voix contre le palais, contre lequel elle s'appuie par ſon extrémité. La mâchoire d'en-bas contribue à la prononciation de *l*, portant la voix en haut. La trachée artere retient ainſi la voix, de ſorte que cette letttre ſe prononce fort vîte, parce que la voix ſe forme promptement & tout-à-coup, & qu'on ne fait point d'effort pour pouſſer la voix.

N. La bouche s'ouvre aussi en prononçant *n*, c'est pourquoi elle n'est pas muette entiérement ; la langue se replie & porte la voix dans cette partie du dedans de la bouche où est la communication des narines : le son de cette lettre résonne en ce lieu, parce que la bouche se ferme sur la fin de cette prononciation. Ce qui fait qu'on appelle cette lettre, *littera liniens.*

S. La lettre *s* se prononce lorsque les dents, approchant les unes des autres, coupent la voix qui coule sur la langue, laquelle s'appuie dans son extrémité contre les dents de dessus, & demeure droite ; c'est pourquoi la voix n'étant point arrêtée, au contraire, étant contrainte de passer avec vîtesse entre les dents, on entend un sifflement semblable à celui d'un vent qui passe avec violence par une fente.

Z. Nous donnons au *z* une prononciation douce.

R. Cette lettre n'est pas entiérement muette, parce qu'on commence par ouvrir la bouche ; on pousse ensuite fortement la voix, qui étant arrêtée par les dents qui ferment le passage, elle est obligée de rouler dans le palais; à quoi contribue la langue qui se replie un peu dans son extrémité. Il faut pousser la voix fortement, ce qui rend la prononciation de cette lettre assez rude & difficile.

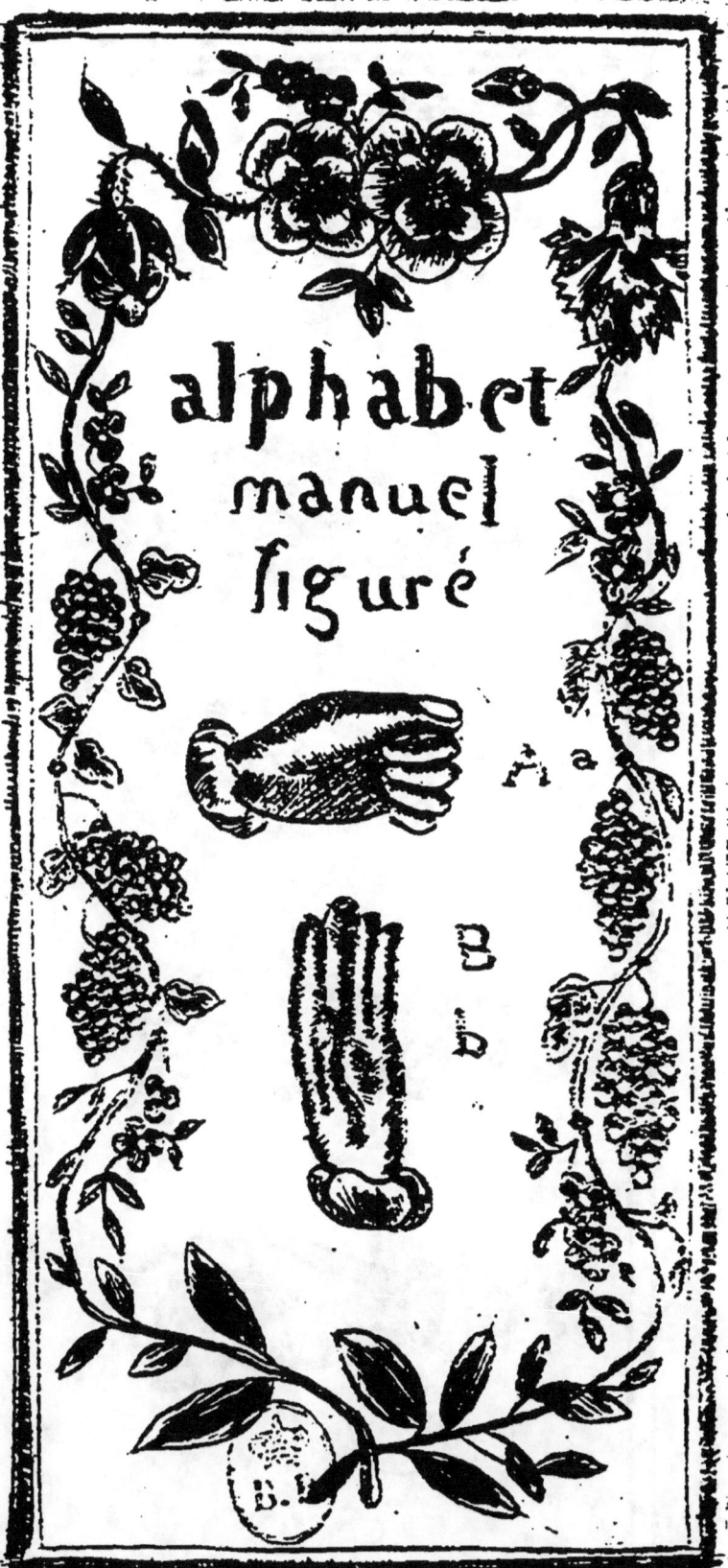

planche 2.

c C

d D

e E

f F

g G

planche 3e

h H

j I

M
m

L
l

N n

planche 1ᵉ

o O

p P

q Q

r R

ſ S

planche 5e

tT

uV

xX

yY

ALPHABET MANUEL. (a)

Cet Alphabet est certainement le meilleur qu'on puisse proposer. Sa facilité, sa commodité, son aisance, la vivacité de son exécution, procurent aisément la faculté de pouvoir former des mots ; tout doit engager à s'en servir. Nous sommes redevables de cette connoissance à un homme d'un mérite distingué; nous aurions desiré l'avoir connu plutôt, nous l'eussions mis en usage pour l'instruction de nos Eleves ; mais notre éducation ayant été commencée avec celui que nous avons déja donné, nous avons continué de nous en servir. Ce n'est pas la seule obligation que nous ayions à la même personne. Nous desirerions qu'elle nous permît de lui donner publiquement une preuve sincere du respect & de la reconnoissance que nous avons pour elle, & quelques choses que nous en eussions dit, elles auroient toujours été bien au-dessous de nos sentimens & de son vaste génie.

(a) *Voyez les figures ci-jointes, propres à en faciliter l'intelligence.*

A.

Fermez sur la paume de la main les quatre doigts, & couchez horisontalement le pouce sur l'index.

B.

Elevez vers le ciel, & approchez l'un de l'autre les quatre doigts, & fermez le pouce sur le bas de l'index.

C.

Courbez & serrez les doigts, & courbez le pouce de façon qu'il représente un arc, ou un demi-cercle.

D.

Courbez les trois derniers doigts, mettez le pouce sur le bout du doigt courbé du milieu, & courbez l'index en dehors, de maniere qu'il ne touche pas les autres doigts.

E.

Fermez tous les doigts, en sorte qu'ils ne touchent pas la paume de la main, & que le pouce ne touche pas les doigts.

F.

Courbez les doigts, & mettez le pouce sur l'entre-jointure de l'index.

G.

Courbez les trois derniers doigts, mettez le pouce sur l'entre-jointure du doigt du milieu, & courbez en dehors l'index.

H.

Courbez les deux derniers doigts, mettez le pouce sur l'entre-jointure du doigt annulaire, & courbez en dehors & serrez les deux autres.

I.

Fermez les trois doigts du milieu, & tenez élevés & droits vers le ciel le pouce & le petit doigt, de façon qu'ils touchent les secondes jointures de l'index & du petit doigt annulaire.

J.

Comme *i*, avec cette différence qu'il faut mettre le pouce sur les ongles des doigts fermés, de façon que son bout touche la racine du petit doigt.

K.

Tenez élevés vers le ciel les doigts, mais fermez le doigt du milieu.

L.

Fermez le pouce & les trois derniers doigts, & tenez élevé vers le ciel l'index; il faut observer de ne pas approcher le pouce des doigts fermés.

M.

Etendez vers la terre les doigts du milieu, & fermez le petit doigt sur lequel vous mettrez le pouce.

N.

Comme *m*, avec cette différence qu'il faut fermer le doigt annulaire sur lequel vous fermerez le pouce.

O.

Mettez le bout du pouce sur le bout de l'index, & tenez couchés horisontalement les autres doigts.

P.

Courbez les trois doigts du milieu &

mettez le bout du pouce sur le bout du petit doigt. Il faut observer d'en éloigner les doigts courbés.

Q.

Fermez le doigt du milieu & le doigt annulaire, sur lesquels vous mettrez le pouce, & étendez vers l'horison l'index & le petit doigt.

R.

Etendez horisontalement les doigts, & mettez l'index sur la racine de l'ongle du milieu.

S.

Etendez les doigts, & mettez le bout de l'index sur le pli du devant de la jointure du pouce.

T.

Etendez les doigts, & mettez l'entre-jointure de l'index sur le dos de la jointure du pouce en forme de traverse ou de croix.

U.

Fermez le pouce & les deux derniers doigts, & élevez vers le ciel, & serrez l'index & le doigt du milieu. Il faut observer de ne pas approcher le pouce des doigts fermés.

V.

Comme *u*, avec cette différence qu'il faut écarter l'index & le doigt du milieu.

W.

Elevez vers le ciel, & écartez les doigts les uns des autres.

X.

Fermez le pouce sur lequel vous mettrez les trois derniers doigts qui touchent par les extrêmités le gros du pouce & le petit doigt.

Y.

Comme *i*, avec cette différence qu'il faut écarter le pouce & le petit doigt.

Z.

Fermez les quatre doigts sur lesquels vous mettrez le pouce, de façon que son bout touche à la seconde jointure du doigt annulaire.

&.

Mettez l'un sur l'autre les bouts des cinq doigts en forme de pointe.

FIN.

DISSERTATION
SUR
LA PAROLE.

DISSERTATION
SUR
LA PAROLE,

Dans laquelle on recherche l'origine de cette faculté, & la méthode de l'exercer.

On y traite aussi des moyens de la faire recouvrer aux Sourds & Muets de naissance, & de corriger les défauts du langage dans ceux qui parlent avec difficulté.

Traduite du latin de JEAN-CONRAD AMMAN, *Docteur en Médecine,*

PAR M. BEAUVAIS DE PRÉAU, Docteur en Médecine, Aggrégé au Collége des Médecins d'Orléans; Médecin de l'Hôtel-Dieu de la même Ville; de la Société Royale de Médecine de Paris, &c.

Plurima jam fiunt, fieri quæ posse negabant.

M. DCC. LXXVIII.

... *Opinionum commenta delet dies ; naturæ judicia confirmat.*

Cic. de nat. Deor.

AVERTISSEMENT
DU TRADUCTEUR.

On ne peut rien ajouter aux excellens principes sur l'Institution des Sourds & Muets, que M. l'Abbé Deschamps a répandu dans l'Ouvrage qui précéde celui-ci. Sa méthode simple, mais ingénieuse, facile dans son exécution, & sûre dans ses effets, est bien digne de l'accueil du Public éclairé. Fondée sur la marche ordinaire de la Nature, & sur une observation exacte & constante de ses opérations, que pourroit-on lui opposer? Elle est, de plus, conforme aux idées des grands Maîtres dans cette partie. On sçait que parmi eux *Conrad Amman*, Médecin Suisse, qui pratiquoit à Amsterdam au commencement de ce siécle, tient un rang distingué. Sa *Dissertation sur la Parole*, dont nous offrons aujourd'hui la traduction, jouit dans la République des Lettres, d'une réputation bien méritée. Honoré des éloges de l'immortel *Boerrhaave*, bien connoisseur dans cette partie, il n'a pas encore été surpassé par aucun de ceux qui ont depuis lui parcouru la même carriere. L'Ouvrage de M. l'Abbé *Deschamps* n'est qu'un développement du sien. Plus jaloux de réussir par une voie fondée sur la raison & l'expérience, que de se frayer de nouvelles routes qui l'eussent, peut-être, conduit moins sûrement au but; ce dernier a préféré de s'étayer des principes & des exemples d'un Maître célebre: ses succès ont justifié sa façon de penser. Il a voulu faire partager à toutes les classes de lecteurs, l'estime réfléchie qu'il a conçu pour le Médecin Suisse qui a été son guide. La traduction de l'Ouvrage d'*Amman* remplissoit bien ses vues; mais ses occupations multipliées auprès des Eleves qu'il forme, ne lui permettoient pas de se livrer à ce travail. Je m'en suis chargé avec d'autant plus de plaisir, qu'en obligeant mon ami, je m'étois utile à moi-même. La Dissertation sur la parole contient en effet bien des vérités anatomiques & physiologiques, qui la rapprochent de l'objet de mes études ordinaires. Deux mots sur ma traduction. J'ai peut-être bien des reproches à me faire, par rapport à l'élégance; puissai-je n'en point mériter du côté de la fidélité?

PRÉFACE

PRÉFACE
DE L'AUTEUR.

Au Lecteur Bénévole, Salut.

LA Doctrine de l'Institution des Sourds & Muets que je publie aujourd'hui, vous paroîtra neuve, & peut-être incroyable, mon cher Lecteur; elle n'est cependant pas nouvelle: il y a déja long-temps que je sçais qu'il s'est trouvé des hommes bienfaisans qui se sont occupés de cette éducation comme moi. Mais quels ont été ces hommes? Qu'ont-ils fait? C'est ce que j'ai ignoré jusqu'à ce jour. J'atteste sur ce qu'il y a de plus sacré, que je n'ai rencontré dans aucun Auteur, nul vestige de ma méthode, avant que je l'eusse imaginé. J'étois occupé à instruire le sixiéme Sourd, si je ne me trompe, lorsque les circonstances me firent faire une connoissance assez particuliere avec l'illustre Philosophe *François Mercure Wanhelmont*, qui disoit avoir mis au jour, il y avoit plusieurs années, un certain Alphabet naturel, dans lequel il assuroit qu'il traitoit de l'instruction des Sourds de naissance. Je lui expliquai ma méthode ; j'en fis l'essai en sa présence, & il avoua, tant étoit grande l'ingénuité de ce sçavant homme, que non-seulement je n'avois rien emprunté de lui, mais que je l'avois même surpassé de beaucoup dans ma pratique.

Ma Dissertation étoit déja sous presse, quand je tombai sur un passage fort curieux de *Paul Zacchias*, dans ses *Questions medico-légales*, Liv. II, tit. 2. Quest. 8. N°. 7, où il parle, d'après *Wallesius*, *Traité de la Philosophie sacrée*, Chap. III, d'un Moine qui enseignoit à parler aux Sourds de naissance : mais le docte Médecin Italien se contente de narrer le fait sans y ajouter rien. Dans le même temps je reçus une Lettre de l'illustre *Jean Wallis*, Professeur de Mathématiques à l'Université d'Oxford, qui m'étoit adressée. Il m'annonçoit qu'il avoit tenté, & même avec succès, de pratiquer ce que j'avois exposé dans mon Ouvrage sur le langage des Sourds. Souffrez, mon cher Lecteur, que j'insere ici cette Lettre avec ma réponse. Ces deux écrits tiendront lieu de Préface à mon Livre. Je ne veux point m'énorgueillir

PRÉFACE. 213

des plumes d'autrui, à l'exemple du Geai de la Fable, & je veux vous mettre à portée de juger de ce que j'ai de commun avec ce grand homme, & de ce qui nous différencie l'un & l'autre.

Je commence par la Lettre du Professeur d'Oxford.

» Ce n'est que d'hier que j'ai vu pour la premiere fois votre Traité, intitulé *le Sourd qui parle*, publié, comme il paroît, en 1692. Je l'ai lu sur le champ, & avec d'autant plus d'empressement, que depuis long-temps je m'occupe de la matiere qui en fait le sujet. Je loue vos efforts, & je vous félicite de vos succès. Je ne sçais si vous avez lu le *Traité Grammatico-Physique de la parole*, ou de la formation des sons vocaux, que j'ai mis à la tête de ma *Grammaire Angloise*, imprimée d'abord en 1653, & réimprimée plusieurs fois depuis. Vous y trouverez plusieurs de vos principes qui nous sont communs à tous deux. J'y avance aussi bien des choses contraires à votre méthode ; j'espere que ceci ne vous déplaira point, & j'y explique plusieurs sons que vous avez passés sous silence. Vous trouverez aussi dans le troisiéme volume de mes Œuvres Mathématiques, parmi les Mêlanges, ainsi que dans mes Traités en forme de Lettres, *Lettre* 29, ma méthode pour l'instruction des Sourds & Muets, surtout relativement à la langue Angloise. Je suis venu à bout par son secours, vers les années 1660 & 1661, d'apprendre à parler distinctement & à proférer tous les sons quelconques, à deux hommes parfaitement Sourds, dont l'un est, je crois, encore vivant, ou n'est mort que depuis peu de temps. Je les avois mis en état d'articuler plusieurs mots de l'idiôme Polonois, par le conseil & sous les yeux d'un Seigneur de cette Nation, qui en fut d'autant plus étonné, que les naturels du pays ont coutume de se les proposer entre-eux comme étant de la prononciation la plus difficile. J'ai également appris à plusieurs personnes qui hésitoient en parlant, ou qui balbutioient, à articuler distinctement des mots qu'ils ne prononçoient auparavant que très-imparfaitement ; & à des étrangers à proférer en peu de temps des mots Anglois, ce qu'ils avoient regardé jusqu'alors comme impossible. J'entre avec vous dans ce détail, non que je veuille rien diminuer de l'estime dûe à vos efforts ; je vous exhorte, au contraire, à les continuer. Je ne répéterai cependant point ici ce que j'ai déja écrit dans mes Ouvrages ; vous y trouverez des choses, qui, j'espere, ne vous déplairont point. Adieu, votre obéissant serviteur,

Jean WALLIS. »

Telle fut ma réponse à ce vénérable & docte vieillard.

Jean-Conrad AMMAN, salue très-humblement l'illustre & sçavant WALLIS.

» La lecture de la Lettre remplie d'honnêteté que vous m'écrivez, m'a causé la plus vive satisfaction : j'y vois que non-seulement vous approuvez la méthode dont je me sers pour apprendre à parler aux Sourds ; mais que vous vous êtes vous-même exercé autrefois dans la même carriere. Je me félicite de ce que sur cet article j'ai quelque chose de commun avec un grand homme, auquel je me fais gloire de céder sur tant d'autres objets. Mes lumieres sont autant au-dessous des vôtres, que l'éclat emprunté d'une planette est inférieur à celui du soleil. Plût à Dieu que j'eusse pu plutôt vous prendre pour mon guide! je me serois épargné bien des travaux que le peu d'activité de mon génie m'a rendu nécessaires. Votre Lettre ma fait d'autant plus de plaisir, qu'elle m'est venue dans le même temps que ma *Dissertation sur la Parole* étoit sous presse ; vous m'avez mis dans le cas d'annoncer publiquement, & à la face de tout l'Univers littéraire, que je n'étois ni le premier, ni le seul Auteur de ma Méthode, ce que je soupçonnois depuis long-temps. La vanité est bien étrangere à ma façon de penser. J'ai enfin acquis le troisiéme volume de vos Œuvres Mathématiques, dont vous me parlez dans votre Lettre. J'y ai également admiré & qu'un beau génie comme le vôtre ait inventé la méthode que vous y exposez, & l'accord merveilleux de votre sentiment avec le mien dans presque tous les points ; accord qui pourroit faire soupçonner que nous avons travaillés de concert ; & cependant, dans le temps que vous publyez vos Ouvrages, j'étois encore dans les *espaces imaginaires* ; si je peux m'exprimer ainsi : car ma naissance est postérieure de vingt ans à cette époque. Je ne sçais par quelle fatalité ce n'est que depuis deux jours que votre Livre m'est enfin entre les mains, & que je l'ai lu avec le plus grand plaisir.

Après avoir ainsi répondu en peu de mots à votre Lettre, je vais exposer mon sentiment sur votre Traité, avec une liberté que vous me pardonnerez infailliblement. Puisse-t-elle vous engager à me donner le vôtre sur ma Dissertation ! Mon Ouvrage intitulé : *le Sourd parlant*, qui parut en 1692, & qui fut traduit peu de temps après en différentes langues, & notamment en Anglois, par M. *Daniel Foot*, Médecin de Londres, ne traitoit que des seules lettres Allemandes, & j'en ai donné la raison, *page* 25. Il n'y a donc rien d'étonnant que vous ayiez observé qu'il y manquoit l'explication de plusieurs sons : mais dans ce Traité je parle de tous ceux qui sont venus à ma connoissance, & cela dans la vue d'être d'une utilité plus générale. Je ne les avois omis la première fois, que parce que je regardois un plus grand détail comme inutile à mon plan. Vous serez sûrement satisfait de l'ordre que je leur ai donné dans ma Table synoptique.

J'ignore, comme vous, si la méthode dont nous nous servons l'un & l'autre pour enseigner aux Sourds à parler, & pour corriger avec succès les défauts sensibles de la parole, est la même que celle du Moine Espagnol, dont il est question dans les Auteurs; mais vous avouerez avec moi, qu'elle n'est autre chose qu'une application ingénieuse, dans la pratique, des recherches qui concernent la nature des lettres; d'où il est aisé de conclure que, puisque nous sommes d'accord dans la théorie, notre pratique ne sçauroit être différente. Cependant on ne peut se dissimuler qu'il n'y ait différentes méthodes d'instruction pour différens Sourds, sur-tout relativement aux lettres voyelles, que les hommes ne prononcent pas avec la même modification des organes de la parole. On en voit qui, en ouvrant la bouche d'une certaine maniere, prononcent un *O* ou un *E*, tandis que d'autres, en procédant de même, forment un *U* ou un *I*, & réciproquement; ce que j'ai observé aussi avoir lieu relativement à d'autres lettres. Il faut donc que l'Instituteur des Sourds ait un jugement exquis pour remédier sur le champ à tous les inconvéniens qui naissent à chaque pas. Mais c'est assez parler de ma pratique dans laquelle je peux dire, sans être soupçonné de vanité, que j'ai obtenu les plus grands succès, comme vous pourrez en juger par ma Dissertation. Je vais m'occuper de votre excellent Traité de la parole.

Je n'ai rien à ajouter à ce que vous avez écrit avec tant d'exactitude & de génie sur la parole en général. Si cependant vous daignez lire le premier Chapitre de ma Dissertation, vous y trouverez sur la voix & le souffle non sonore des choses qui vous feront peut-être quelque plaisir.

Je passe à la description que vous donnez des voyelles & des consonnes, dans laquelle vous vous rencontrez quelquefois avec moi, comme vous l'avez vous-même observé. Il m'a cependant paru qu'il y avoit plusieurs choses à reprendre. Vous me semblez trop occupé du nombre ternaire de chaque classe de voyelles. Je n'ai j'amais pu trouver qu'une seule voyelle purement gutturale ; sçavoir, la lettre *A*, telle que les Allemands, & presque toutes les autres Nations, la prononcent, & dont votre *O*

ouvert differe à peine ; celle qui lui reſ-
ſemble le plus eſt votre petit *a*, que
vous rangez parmi les lettres palatines.
Il eſt cependant du nombre des voyelles, comme je l'ai démontré. Il ſe com-
poſe de l'*A* & de l'*E* réunis, & a le
même ſon que l'*A* des Allemands, l'*Æ*
des François, & peut être l'*A* des Latins;
de façon que, ſuivant moi, il convien-
droit mieux de placer ce petit *a* parmi
les lettres gutturales, que l'*E* féminin.
Mais j'ai peine à concevoir pourquoi
vous mettez au nombre des gutturales
l'*O* ou l'*U* obſcur. En effet, ſi ces lettres
répondent à la ſyllabe *EU* des François, dans le mot ſacrificateur, elles ſont
donc la même lettre que l'*O* des Allemands & l'*EU* des Flamands, leſ-
quelles ſyllabes ſont formées des voyelles *O* & *A*, dont la premiere eſt dentale, & la ſeconde labiale, qui réunies, ne
forment qu'un ſon. Car, ſi lorſqu'on prononce la lettre *E* on ſerre les levres de
plus en plus, on formera la ſyllabe
EU & l'*U* des François & de Flamands.

Je ne connois que deux voyelles palatines ou dentales pures, qui ſont l'*A*
& l'*I*, qui toutes les deux, de même que
les labiales *O* & *U* ou *W*, ont une cer-

taine latitude; c'est-à-dire, qu'elles sont quelquefois très-ouvertes, quelquefois moins, sans que cependant cela change rien à leur nature. Je pense que ce qui vous a induit en erreur, lorsque vous avez ôté du nombre des voyelles votre *Y*, qui est le même que l'*I* des Flamands & des Allemands, ainsi que l'*W*, c'est la différence de son qu'on apperçoit quand on prononce l'*I* plus ouvert après l'*Y*, ou l'*U*, après l'*W*.

Je n'ajouterai rien à ce que vous dites des voyelles labiales, si ce n'est qu'il me semble que votre *U* foible & celui des François, pourvu toutefois que ce soit la même lettre, ne se forment pas en ouvrant moins la bouche que pour prononcer l'*U* fort, ou votre *OO*; mais qu'il n'est tel que parce qu'on y ajoute un *E*, comme je l'ai remarqué dans l'*U* des Allemands & des Flamands.

Je ne suis pas de votre avis sur la nature des consonnes totalement muettes, comme *P*, *T*, *K*. Vous êtes persuadé qu'elles sont déja formées lorsque le souffle qui les produit est intercepté ou par les levres, ou par la partie antérieure du palais, ou dans le gosier. Je crois moi que leur perfection exige une espece d'explosion de ce souffle au dehors. Quant aux demi-muettes *B*, *D*, *G*, je pense comme vous.

Votre belle description des demi-voyelles nasales ne m'a point échappé; je ne sçache pas que personne que vous ait remarqué jusqu'ici combien l'*N* vulgaire differe de l'*N*, quand cette lettre précede le *G* ou le *K*; & cependant cette différence n'est pas moindre que celle des deux lettres *T* & *K* entr'elles.

Vous ne me paroissez pas avoir assez distingué les consonnes que vous appellez dérivatives, l'*V* de l'*F*, & le *Z* de l'*S* : elles exigent toutes, il est vrai, pour être prononcées, la même situation d'organes; mais voici en quoi consiste la différence qui les distingue, c'est que lorsqu'on prononce l'*V* ou le *Z*, il se fait une espece de prolongement du son vocal. Je suis surpris que vous n'ayiez pas fait attention que votre syllabe *SH*, si réellement elle est la même que notre *SCH*, & le *CH* des François, n'est autre chose que l'*S*, plus fort &, moins composé; & que l'*J* des François a avec cette lettre la même affinité qu'on trouve entre le *Z* & l'*S*. C'est sûrement par cette raison que vous avez décrit avec peu d'exactitude votre *J* ou *G*, lorsqu'il se trouve devant l'*E* & l'*I*. Ces lettres sont réellement composées du *D* & du *J* des François, & nullement de votre *D* & de votre *Y*.

Je ne peux absolument deviner la raison qui vous a fait rejetter de la classe des voyelles votre *Y* & l'*W*. Examinons, je vous prie, la maniere dont ces lettres se forment, & faites attention au son qu'elles rendent, vous verrez qu'elles ne sont autre chose que l'*I* & l'*U* rapidement prononcés. Si une aussi légere différence suffisoit pour exclure une lettre d'une classe quelconque, toutes les voyelles pourroient devenir consonnes.

Ce que je viens de dire de votre *J*, je le dis de votre *CH*. Cette derniere lettre, en effet, n'est point le produit du *T* & de l'*Y*, comme vous le pensez; mais il est composé du *T* & du *CH* des François.

Si je parlois à un homme moins poli & moins sçavant, j'aurois bien des excuses à vous faire de la liberté que j'ai prise. Je vous envoye ma *Dissertation sur la Parole*, afin que vous puissiez connoître le fruit de mon travail, depuis que j'ai publié mon premier Ouvrage sur le Sourd parlant, & je vous supplie instamment de me marquer avec sincérité tout ce que vous y rencontrerez de répréhensible. Vous voudrez bien corriger avec amitié les erreurs qui auroient pu m'échapper. Adieu, portez-vous bien, & aimez toujours le sincere admirateur de votre immense érudition.

JEAN-CONRAD AMMAN.

D'Amsterdam, le 31 *Janvier* 1700.

FIN de la Préface de l'Auteur.

DISSERTATION
SUR LA PAROLE.

CHAPITRE PREMIER.

De la Parole & de la Voix en général, où il est parlé du souffle simple non sonore.

IL est plusieurs objets très-importans dont nous ne sentons tout le prix, que lorsqu'ils nous sont enlevés. La jouissance nous les fait souvent méconnoître, ou du moins alors nous les négligeons sans pudeur. Il n'est pas rare de voir une populace imbécille dédaigner la liberté, le premier de tous les biens. Est-il beaucoup d'hommes qui réfléchissent sur l'avantage d'être pourvus d'yeux & d'oreilles, & qui songent à en remercier l'Auteur de leur être? Quel autre qu'un malade sçait faire de sa santé tout le cas qu'elle mérite? Telle est en général notre façon de penser, relativement à la parole; présent inestimable de la Divinité, où l'on voit également briller la sagesse infinie du Créateur, & la dignité des créatures qu'il en a gratifié. Comme nous acquérons cette faculté presque sans travail, &, pour ainsi dire, à notre insçu, nous aimons à nous persuader qu'elle est née avec nous, qu'elle est une suite nécessaire de notre nature, & par cette raison nous y attachons peu d'importance, jusqu'à ce que l'aspect de quelques Sourds & Muets nous fasse faire un retour sur nous-mêmes, & que la vue de leur malheureuse position nous fasse sentir vivement le bonheur dont nous jouissons. Quelle stupidité dans la plupart de ces êtres disgraciés ! Combien peu ils different des animaux ! & qu'ils sont à plaindre, sur-tout si ils appartiennent à des parens qui négligent leur instruction, ou que livrés à des Domestiques indifférens sur leur sort, on ne cherche point à les tirer de leur ignorance, au moyen des gestes & des signes variés qui puissent leur faire naître quelques idées, & les conduire à la réflexion ! Eh ! quand ils seroient assez heureux pour avoir affaire à des parens vigilans & curieux de leur avancement; bornés à la seule méthode de causer par gestes & par signes, le commerce qu'ils pourroient avoir avec leurs semblables, fera d'une foible ressource, & se concentrera entre un petit nombre d'amis & de Domestiques. Où puiseroient-ils ces connoissances sublimes qui ont pour objet la perfection de l'entendement, la santé du corps, & tout ce qui est du ressort des sciences abstraites ? Il faut en convenir, leur état est fâcheux, & doit affliger toute ame sensible. Qui se refuseroit à adoucir la rigueur de leur sort ?

Mais ce qui met le comble à leur infortune, c'est qu'il semble que tout le monde se soit accordé jusqu'ici à regarder leur situation comme absolument étrangere à la Médecine, au-dessus des secours de l'Art, & par conséquent incurable. Ce préjugé universel ne m'a point arrêté. J'ai fait sur cet objet de sérieuses réflexions; j'ai vu que les Muets n'étoient tels, que parce qu'avec les organes de la parole les mieux disposés, la nature les avoit rendus Sourds. La guérison de cette surdité ma paru presque impossible, il est vrai. Je n'ai pas jugé ainsi de l'usage de la parole. Il m'a semblé qu'il étoit facile de les en faire jouir. Voici mes raisons. Pour peu qu'on considere avec quelque attention la nature de la parole de l'homme, on verra, comme moi, que ce n'est qu'un mélange varié de sons différens. Cette variété est dûe aux mouvemens divers de certains organes. Ces mouvemens bien prononcés, & par conséquent susceptibles d'être saisis à la simple vue, peuvent sans doute faire sur les yeux des Sourds la même impression que les sons font sur nos oreilles, les suppléer, en tenir lieu, & mettre ainsi ces infortunés à portée de parler.

Je fis la premiere épreuve de la méthode que je venois de découvrir sur moi-même, en me plaçant devant un miroir. Je reconnus qu'elle étoit non-seulement possible, mais qu'elle feroit sûrement de la plus grande utilité. J'avois en effet apperçu entre les mouvemens des organes, dont je viens de parler, une différence aussi marquée qu'entre les sons eux-mêmes & les caracteres qui les expriment. Dès ce moment je souhaitai d'avoir quelque Sourd à instruire. Je m'adressai à mes amis. Je leur fis part de ma découverte. Je les priai de s'intéresser pour me procurer des Eleves ; mais ils m'accueillirent avec des plaisanteries, & se moquerent de ce qu'ils appelloient *mes folles spéculations*. Quelle fut leur surprise, lorsque peu de temps après je leur présentai un Sourd qui parloit & lisoit avec facilité ! Mes premiers essais m'encouragerent, & je m'occupai à perfectionner mon entreprise, & à la conduire au but que je m'étois proposé. Je suis parvenu, avec le secours de Dieu, à rendre la situation des Sourds très-supportable, & même plus avantageuse que celle des autres hommes, en ce sens, qu'ils ont la facilité d'entendre lorsqu'on leur parle à voix basse, comme l'expérience journaliere le prouve, en sorte qu'on peut dire de mes Eleves qu'ils ont les oreilles dans les yeux.

Il y a plusieurs années que j'ai publié un Essai de ma méthode pour la rendre familiere aux Etrangers. J'ai appris qu'on s'en étoit servi avec succès en Angleterre & en Allemagne. Je me suis décidé à donner plus d'étendue à ce que j'avois déja écrit en peu de mots sur l'art de parler. Le desir seul d'être utile me fait travailler à cette *Dissertation sur la Parole*, que je consacre à l'humanité. Je peux me rendre cette justice, que l'envie est étrangere à mon cœur, & que je ne connus jamais la soif immodérée du gain.

Avant de traiter de la parole elle-même, j'ai cru qu'il n'étoit pas hors de propos d'examiner les causes naturelles & les plus probables qui ont dû déterminer les hommes vivans en société, mais ne sçachant point encore parler, à en introduire l'usage parmi eux. La premiere, sans doute, fut cette admirable commodité, & cette facilité surprenante qu'ils trouverent à énoncer par ce moyen toutes leurs pensées. Supposons en effet que les habitans de cet Univers ayent été dans l'ignorance la plus absolue de toute espece de langage; supposons-les également doués des mêmes inclinations que nous, & dévorés par conséquent du desir le plus ardent de découvrir les pensées d'autrui, & de manifester leurs propres idées. Dans cette hypothese, il est très-vraisemblable qu'ils n'ont rien négligé pour atteindre ce but; & qu'enfin lassés de ne pouvoir connoître les abstractions de l'esprit, que très-difficilement, & à l'aide de signes grossiers & dépendans des sens, ils sont parvenus à donner à leur voix les inflexions & les articulations nécessaires par les divers mouvemens de la langue & des levres, &c. Ces mouvemens sont très-faciles à exécuter; les sons qu'ils font naître très-distincts & susceptibles, quoiqu'en petit nombre, d'une si grande quantité de combinaisons, qu'ils suffisent pour rendre au-dehors tout ce que l'esprit conçoit au-dedans, quelque prodigieuse que soit la variété d'idées que ce dernier peut produire. Quels avantages ne trouve-t-on pas dans une opération à laquelle on peut s'appliquer, sans interrompre celles auxquelles on se livre actuellement, que l'on fait marcher de front & simultanément avec les divers exercices du corps? Elle est de tous les temps, de tous les lieux; elle se fait sentir à une distance assez considérable, même dans les ténébres, & les aveugles sont à portée de s'en appercevoir. Concluons de tout ceci, que l'ouie a été donnée à l'homme, principalement en vue de la parole.

Au reste, il a fallu que tous les hommes réunis fussent dirigés par le même esprit; autrement par un inconvénient nécessaire & inévitable, chaque individu eût, en quelque sorte, créé un langage, ce qui auroit entraîné la plus grande confusion; & jamais ces divers idiômes enfantés par le caprice des particuliers, n'auroient pu se revêtir d'une forme méthodique, qui constituât ce qu'on appelle proprement une Langue. Tout ceci s'éclaircira dans la suite de l'Ouvrage.

Mais il est encore une autre raison qui a dû faire donner la préférence à la parole sur la peinture, les caracteres, les gestes, &c. pour tracer au-dehors les mouvemens du cœur & les conceptions de l'esprit. En effet, indépendamment de ce que les signes quelconques, qui ne sont point soutenus & animés, en quelque sorte, par la parole, trompent presque toujours, ou manquent au besoin ; il n'est personne qui, en faisant attention sur ce qui se passe en lui-même, ne voye évidemment, que, lorsqu'occupé à causer sérieusement avec quelqu'un, il veut dévoiler les secrets replis de son ame, en faire passer les plus doux mouvemens dans le sein d'un ami; le seul moyen, peut être, de réussir, le plus efficace, sans doute, c'est l'usage de la parole. Il n'est aucune faculté dans nous qui porte un caractere de vie plus marqué que celle de parler. Ce n'est point exagérer que de dire que c'est dans la voix principalement, que réside cet esprit de vie qui nous anime, & qu'elle en transmet au-dehors les rayons : elle est l'interprete du cœur, le signe des passions & de la concupiscence.

Ainsi, dans ces mouvemens impétueux de l'ame, qu'elle ne peut réprimer, la bouche est souvent forcée de s'ouvrir & de parler, comme on dit, *de l'abondance du cœur*. Dans cet état d'inquiétude, au contraire, où l'esprit agité & incertain, roule mille & mille pensées qui se combattent, & qu'il n'ose produire au-dehors, retenu par la crainte ou par la honte, le cœur éprouve un resserrement involontaire. Mais ouvrons-le à l'amitié, n'ayons plus de secrets pour elle ; tout-à-coup à l'anxiété la plus grande, succede une douce tranquilité; & ce n'est pas sans raison qu'on dit alors que nous avons soulagé notre cœur. L'ame, par ce moyen, se débarrasse, pour ainsi dire, du fardeau qui l'accable, sur-tout si l'expression du langage est accompagnée de larmes sinceres. La voix participe beaucoup de ce principe de vie, dont la source est dans le cœur. Ecoutez parler ces personnes qui le font malgré eux, &, comme on dit, *à contre-cœur*, vous les verrez se fatiguer promptement, & être obligées de discontinuer. Examinez ce malade qui a peine à articuler trois ou quatre mots, & qui souvent expire, la parole sur les levres. Oui, je le répete, la voix est une vive émanation de cet esprit immortel de vie que Dieu *souffla* dans le corps de l'homme en le créant.

Il n'est donc pas surprenant que tous les hommes se soient accordés à rendre leurs pensées à l'aide de la voix & de la parole, & même ceux qui, faute d'organes convenables, n'en ont jamais eu de perception ; je veux parler des Sourds de naissance. Nous les voyons cependant rire, faire des exclamations, s'écrier hautement & avec force, pleurer, soupirer, gémir, peindre, en un mot, par des sons, les différens mouvemens de leur ame. Et telle est, sur ces êtres disgraciés, l'influence de cette faculté, qu'ils ne peuvent presque jamais exprimer quelque chose par signes,

signes, sans y mêler des sons à leur insçu. C'est ainsi que les exclamations des différens Peuples, & ce que les Grammairiens appellent des interjections, different peu les unes des autres : *a* ou *ha !* est le signe ordinaire de la joie ou de l'admiration; *i* celui de l'indignation; *o* peint la commisération & l'exclamation. Je me borne à ces exemples.

Telles sont nos conjectures sur l'invention de la parole, supposé toutefois que les hommes en aient jamais été privés. Les Livres saints nous apprennent, en effet, que le langage est aussi ancien que le monde; il n'est donc point le fruit de l'imagination; mais il a été donné à notre premier Pere, par le divin Auteur de son être, lorsqu'il le créa à son image : & sans doute que sans son péché, Adam eût transmis cette langue primitive à ses descendans dans toute son intégrité. Mais que les langues variées, dont se servent aujourd'hui les diverses Nations éparses sur la surface de la terre, ont bien dégénéré de cette langue mere ! Elles n'en offrent plus que l'ombre ; elles sont réduites à un pur méchanisme artificiel, sans lequel nous resterions muets, comme l'attestent les Sourds de naissance. J'ai donc résolu de faire des recherches plus profondes sur l'origine de ces deux especes de langages, & de montrer les différences qui les séparent. Je m'occuperai ensuite de celui que nous parlons aujourd'hui.

Pour ne pas tenir plus long-temps mon Lecteur en suspens, j'exposerai avec simplicité tout ce que j'ai pu découvrir par cette matiere importante; & tel sera le plan que je suivrai dans cette intéressante discussion. Je divise ma Dissertation en trois principaux Chapitres, dont le premier traite de la Parole, de son origine & de ses organes en général. J'y examine aussi la matiere des lettres; sçavoir, la voix & le souffle non sonore. Dans le second, j'expose les lettres elles-mêmes, & les différentes manieres de les former. Je montre dans le troisiéme la méthode d'instruire les Sourds, & de corriger les défauts de la parole.

Pour démontrer plus évidemment la divine origine de la Parole primitive, je poserai quelques axiomes incontestables, qui établiront par des conséquences tirées de la nature de Dieu même, la nécessité de la parole dans des créatures formées à son image, & qui devoient exprimer en quelque sorte, par ce moyen, cette ressemblance avec l'Auteur de leur être: tels sont ces axiomes. *Tout ce qui vit, agit & opere, suivant certaines loix qui lui sont prescrites.* Vivre en effet, & ne pas agir, ce seroit presque la même chose, qu'être & ne pas être; & de même, *tout ce qui est produit par un autre être, constate la nature de sa cause productrice.* Mais qui pourroit douter que Dieu, le pere & la source intarissable de la vie, n'opere toujours & constamment selon sa nature? Je veux dire la vérité elle-même, qui lui tient lieu de loi. Cette divine opération n'est autre chose que la justice éternelle & la Loi sainte de toute la nature créée. La Foi nous apprend que ce monde visible n'a pas existé de toute éternité; elle nous dicte également que Dieu est immuable; il faut en conclure que sa divine opération est en même-temps interne; & l'Ecriture l'appelle alors l'éternelle sagesse; & externe, par laquelle il fait exister hors de lui, par la parole toute-puissante, ce que la premiere a résolu dans ses décrets. On nomme celle-ci création : car créer, c'est donner l'être à ce qui n'étoit qu'idéal ; c'est commander que ce qui ne faisoit qu'un avec le Créateur, ait une existence propre & individuelle, mais soumise toutefois à la loi que lui impose la création, comme on le voit clairement dans le premier Chapitre de la Genese.

Enfin, le Verbe Éternel après avoir produit l'assemblage universel de toutes les créatures, & leur avoir donné à chacune des perfections distinguées & particulieres, voulut se peindre, pour ainsi dire, comme dans un miroir vivant, & se manifester spécialement dans une de ces productions échappées à sa puissance. Il créa donc Adam, ou *l'homme* à son image, & lui soumit la terre, les mers, & tout ce qu'elles renferment ; mais il falloit à Adam, pour exercer cet Empire universel, la faculté du commandement ; faculté dont l'exercice devoit consister dans la parole émanée de l'Auteur de son être : c'est pourquoi, entre l'immense quantité de dons que l'homme reçut de Dieu, il eut celui de parler dans lequel brille éminemment l'empreinte de la Divinité ; mais le commandement n'a lieu naturellement que sur les objets avec lesquels celui qui commande est intimement & vitalement uni, & qu'il pénetre, pour ainsi dire ; & cette pénétration dans la nature des choses, ne se fait qu'à l'aide des lumieres vitales. L'homme jouit donc de la faculté de lancer, pour ainsi dire, les rayons de cette vie qui surabonde chez lui, par la parole, sur les créatures qui lui sont soumises ; & de même que le Tout-puissant crée par sa seule parole, (*le Seigneur parle, & l'Univers sort du néant;*) c'est-à-dire, qu'en énonçant les idées des choses qui doivent être créées, il ordonne qu'elles revêtent l'existence : ainsi il a été donné à l'homme, non-seulement de les contempler dans son Créateur, & de les exprimer en son honneur, par un langage convenable, & de célébrer ainsi dignement son Auteur, mais encore de produire en parlant tout ce qu'il voudroit, conformément aux loix de sa création.

Cette divine façon de parler, que suppose une union intime avec le Créateur, union que la prévarication de l'homme lui a fait perdre, a presque disparu de dessus la terre avec tant d'autres perfections, à cette époque malheureuse. A peine dans le long espace des siécles écoulés depuis la chûte d'Adam, cette précieuse prérogative a-t-elle été accordée à quelques êtres privilégiés. Ce n'a plus été que des ames sanctifiées & unies à Dieu par de ferventes & continuelles prieres, qui, en interrogeant les essences mêmes des choses, ont été douées du don des miracles. Ces saints Personnages ont fait voir par-là, aux yeux des autres hommes, des traces d'un empire qui leur étoit commun à tous, & que la plupart ont laissé échapper.

Jesus-Christ, notre Sauveur, cet autre Adam, qui a recouvré tout ce que le premier avoit perdu, a dit aussi qu'il n'y avoit rien d'impossible à celui qui croyoit sincérement, ou qui étoit intimement attaché à Dieu par la Foi; & il a confirmé cette maxime par plusieurs exemples tirés de la parole. Les miracles sans nombre qu'il a opéré, que font-ils autre chose, que les témoins de la puissance qui lui a été accordée sur toute la nature? Chaque fois que le Fils de Dieu a voulu exercer cette puissance, il s'est servi du ministere de la parole, qui émanoit de ce Verbe divin & intérieur, pour ordonner ce qu'il vouloit qui fût fait. Or, tout commandement suppose une parole quelconque, soit intérieure seulement & spirituelle, soit extérieure & matérielle, qui n'est que l'enveloppe de la premiere, & qui lorsqu'elle n'est point vérifiée par l'esprit, est comme morte & ne produit rien. Qu'est-ce, je le demande, que de chasser les Démons, de guérir les maladies, de ressusciter les morts au nom de J. C. si ce n'est d'opérer toutes ces choses, en prononçant des paroles animées de son esprit, qui est le Verbe éternel. C'est par une espece de représentation particuliere que ces prodiges se font plutôt au nom de JESUS, que par tout autre moyen : car le nom est en quelque sorte l'attribut de la chose énoncée.

Mais cette maniere efficace de parler est, comme je l'ai déja dit, non-seulement très-rare, elle a encore des détracteurs acharnés, qui refusent, avec un entêtement ridicule, à la nature humaine universelle, dont ils se croient les arbitres, tout ce qui ne leur a pas été accordé en particulier. Insensés qu'ils font ! il en est d'eux comme des Aveugles & des Sourds de naissance, qui ne voudroient pas croire qu'il y a des hommes qui voient & entendent sans effort, sous ce prétexte que la lumiere & les couleurs, les sons & la parole sont pour eux un mystere. De même pour les hommes superbes & incrédules dont nous parlons, plongés qu'ils sont dans un état de corruption, ils regardent comme une chimere cet état de l'homme dans sa premiere intégrité, ou rentré dans ses droits par la régénération. Quoique tous les détails dans lesquels je viens d'entrer n'appartiennent pas proprement à cette Dissertation, je les ai exposés cependant avec une certaine étendue, afin que l'origine primitive de la parole fût éclaircie, & que l'on connût ce qu'elle sera dans cet état de réintégration où nous verrons toutes choses, non à l'aide du verre trompeur de la raison, mais éclairés par la divine lumiere elle-même. Alors instruits par le souverain Être, nous ne nous servirons plus dorénavant que d'une langue, & nous nous entendrons tous les uns les autres sans interprete.

Je passe à la parole, telle qu'elle nous est

demeurée depuis la chûte de notre premier Pere jusqu'à nos jours. Quoique bien dégénérée de sa premiere splendeur, elle est encore pour nous & un indice certain de notre création à l'image & ressemblance de l'Homme-Dieu, & un triste monument de notre chûte. Privée de son énergie primitive, elle est comme morte & sans action, & nous en sentons tous les jours l'imperfection. Ce n'est plus d'après la connoissance intime des choses que nous parlons; nous avons besoin des instructions de nos parens, instructions sans lesquelles nous demeurerions muets toute la vie, comme je le ferai voir plus bas. Quiconque examinera avec quelque attention le méchanisme de la parole, tel qu'on nous l'enseigne, n'y verra qu'une combinaison méthodique & raisonnée de plusieurs mots. Ces derniers se forment par la prononciation convenable & successive de différens sons qu'on appelle lettres.

Je définis ainsi la parole : *Cette action de l'homme qui modifie & articule l'air tant sonore que non sonore, au moyen de certains organes qu'un long & fréquent usage lui a appris à mouvoir, de telle maniere que la voix produite au-dehors* par ces mêmes organes, vient frapper l'oreille, & exciter dans les autres les idées qu'il veut leur communiquer ; ou bien, si l'on aime mieux une définition plus courte, *la parole est la production au-dehors par les organes convenables, des idées que la voix articulée a fait naître dans nous.*

Mais comme dans une matiere aussi importante, la seule définition ne suffit pas, je vais expliquer toutes les parties de celle que je viens de donner, en suivant l'ordre que j'y ai mis.

Personne, sans doute, ne sera surpris de ce que j'appelle la parole une action simplement humaine, tandis que l'Ecriture nous apprend que les Anges sont souvent entrés en conversation avec les hommes, & qu'ils célebrent continuellement, par leur voix, le Créateur de l'Univers ; & que, d'un autre côté, nous voyons tous les jours des perroquets, des pies, des corbeaux, & autres oiseaux de ce genre, auxquels l'industrie des hommes a montré à parler. Je conviens de ces faits ; mais d'abord mon dessein est de traiter ici de la parole des hommes, & nullement de celle des Anges : de plus, celle de ces Êtres spirituels est toute naturelle, & la nôtre, comme je l'ai déja obfervé, n'eft plus que le fruit de l'art & d'un certain méchanifme. Quant aux animaux cités, qui ne font qu'imiter un petit nombre de mots fans les entendre, & qui ne peuvent avoir entr'eux d'entretien fuivi, je n'ai pas cru que leur langage dût faire la matiere d'un examen férieux. Celui qui parle fans comprendre ce qu'il dit, peut-il être cenfé parler ?

Les organes de la parole font appellés par les ignorans du nom générique de bouche ou de langue ; mais c'eft mal-à-propos. De quelque maniere qu'on entende le mot *bouche*, & quelque fens qu'on lui donne, foit qu'on l'applique à l'ouverture qui eft entre les levres & les dents, foit à la cavité qui fe trouve derriere ces corps offeux, la bouche n'eft toujours qu'un des inftrumens particuliers de la parole. La langue eft, à la vérité, le premier de tous les organes qui fervent à la voix ; cependant, bien loin qu'elle foit le feul, il n'eft pas rare de voir que, quoiqu'elle foit en bon état, la parole eft fouvent embarraffée, & même tout-à-fait fupprimée, lorfque le gofier, le palais, les levres & les autres organes font mal conftitués ;

tandis qu'au contraire la langue étant arrachée, ou parfaitement immobile, on n'en prononce pas moins bien plusieurs lettres, telles que les voyelles *A*, *O* & *U*, la semi-voyelle *M*, & les consonnes *B*, *P*, *F*, *V*, *H*, ainsi que je le montrerai plus amplement, en traitant de chaque lettre en particulier.

La connoissance claire & distincte des organes qui servent à la parole étant, selon moi, fort nécessaire, je vais les détailler ici. Je me garderai bien d'imiter ces Anatomistes scrupuleux qui entrent dans les recherches les plus minutieuses, plutôt par ostentation, & pour grossir des volumes, que par un motif d'utilité, puisque le plus souvent ces recherches ne servent en aucune façon à éclaircir le sujet dont on traite, & écartent plutôt du but qu'on se propose. Je me contenterai d'expliquer successivement la contexture & la fabrique des parties qui paroissent contribuer le plus à la perfection de la voix & de la parole.

Il paroît démontré au premier coup d'œil, que l'air sonore, ou la voix, & le non sonore, ou le souffle simple, sont essentiels pour parler, mais qu'ils ne suffisent pas. Les Sourds de naissance,

& tous ceux qui sont privés de la parole, qui pour la plupart prononcent les voyelles, & respirent d'une maniere convenable, attestent cette vérité. C'est pourquoi, comme la voix & la parole ne marchent pas toujours ensemble, je diviserai les organes qui les produisent en organes servant à former la voix & le souffle, & en organes qui les articulent & qui leur communiquent des formes variées.

Les organes communs à la voix & au souffle sont ou éloignés ou prochains; les premiers sont tous ceux qui servent à la respiration, & principalement à la partie de cette fonction que l'on nomme aspiration. Tels sont les poumons, la trachée artere, les bronches, les côtes & les muscles intercostaux, le diaphragme, & la plupart des muscles du bas-ventre. Tous se réunissent pour pousser l'air dans les vésicules du poumon par la trachée artere, & pour le ramener au-dehors par la même voie, comme nous voyons un soufflet chasser & recevoir ce fluide alternativement. Cet air est quelquefois sonore, & quelquefois non. L'un se nomme la voix; on appelle l'autre du nom de souffle,

& il le tire de l'action de respirer. Il paroît évidemment par tout ce que nous venons de dire, que les organes de la respiration sont la cause éloignée de la parole, ou, comme on parle dans les Ecoles, la cause sans laquelle rien ne se fait ; & quoique l'air en sortant du gosier, ne soit pas toujours sonore, la voix & la parole ont cependant une telle connexion avec la respiration, qu'elles n'ont jamais lieu sans celle-ci.

Je n'ajouterai rien à ce que j'ai déja dit du souffle simple & non sonore, qui n'est autre chose que l'air qui n'est point modifié : tel est celui que nous laissons échapper ordinairement par la bouche ou le nez, lorsque nous respirons. Il faut maintenant examiner ce qui le rend sonore, ou, ce qui est la même chose, quel est l'organe prochain & immédiat de la voix ?

Personne jusqu'ici n'a douté que ce ne fût le larynx ou cette partie supérieure de la trachée artere, qui est formée par la réunion de plusieurs cartilages articulés entr'eux. Presque tous les Auteurs s'accordent à dire que la voix se fait lorsque l'air sort par la fente du larynx ou la glotte, qui se resserre. Cette opinion est fondée sur ce qui se passe dans les flûtes & autres instrumens à vent, dans lesquels l'air devient sonore par le seul resserrement du canal qu'il parcourt. Mais plusieurs raisons très-probables, à ce qui me semble, me portent à croire que les choses se passent autrement.

1°. L'air, dans les instrumens dont il est question, devient sonore, non pas tant par l'étroitesse du tube qu'il parcourt, que par l'écartement qu'il y souffre, ou le resserrement qu'il est forcé d'y subir, & par les mouvemens de trémoussement & d'ondulation qu'on lui communique; mouvement dont les vibrations se répetent avec vîtesse.

2°. L'expérience m'a appris, & tout le monde peut l'éprouver sur soi-même, que l'air ne devient sonore, lors même qu'il est poussé avec les plus grands efforts à travers le larynx qu'on tient très-resserré, qu'autant que nous le voulons bien : tandis que chassé au-dehors, presque sans travail, & traversant la glotte qui est alors dans le relâchement, & par conséquent fort ouverte, il forme des sons vocaux, ce qui certainement ne pourroit avoir lieu, suivant l'opinion commune.

3°. Il arrive fréquemment qu'une fluxion catharrale nous ôte pour un temps l'ufage de la voix, & cependant alors nous pouvons dilater & refferrer à volonté l'ouverture du larynx.

4°. On a effayé par toutes fortes de moyens, mais inutilement, de rétablir la voix dans le larynx des cadavres : j'ai vu cependant un Anatomifte fort habile, qui étoit parvenu par artifice à l'imiter.

5°. Je voudrois fçavoir quel diametre doit avoir l'ouverture du larynx pour la formation de la voix ? Je me fuis convaincu par une obfervation journaliere, que lorfque nous parlons avec notre ton ordinaire, nous rendons des fons diftants d'une quarte, ou tout au plus d'une quinte, du ton le plus grave que l'on puiffe prendre en chantant ; & ce dernier exige la même ouverture du larynx, que lorfque nous refpirons.

Ce font les raifons que je viens de détailler, qui m'ont engagé à tenter de découvrir une autre caufe de la voix. Je ne prétends pas nier que le larynx n'en foit l'organe principal & le plus immédiat ; mais la maniere dont l'air y devient fonore, me paroît bien différente de celle que les Auteurs alleguent dans leurs ouvrages. Je vais expofer ici en peu de mots la ftructure méchanique du larynx, pour qu'on puiffe concevoir plus facilement mon fyftême. Le larynx eft formé par cinq cartilages, affez forts, liffes & polis, & doués d'une grande élafticité, lefquels, en fe réuniffant, laiffent une ouverture fuffifante pour le paffage de l'air & de la voix. Ces cartilages s'articulent enfemble par un méchanifme admirable, au moyen de liens ligamenteux ; ils donnent infertion à différentes paires de mufcles grêles, propres à cet organe. Tous ces mufcles ont une correfpondance & un commerce vital très-intime, à raifon de leurs nerfs, qu'ils reçoivent de la paire vague, du grand intercoftal, & de la portion dure du nerf acouftique ; tant avec les oreilles, les yeux & prefque toutes les parties de la face, qu'avec le cœur, le diaphragme, la poitrine, &c. Ces mufcles, comme leur origine & leur infertion le démontrent, agiffent de concert & par la réunion de leurs forces mutuelles, & maintiennent ainfi dans la même fituation, l'ouverture de la glotte, par leurs poids respectifs qui s'équilibrent entre eux. Ils pourroient, à la vérité, changer le diametre de cette ouverture, si quelques-uns de ces muscles agissoient en particulier, & indépendamment de leurs antagonistes. Il n'est sans doute personne qui voulût assurer qu'il a la faculté de mouvoir séparément ceux de ces muscles destinés, soit à la dilatation, soit au resserrement de la glotte, hors de l'action de parler, ce qui devroit arriver nécessairement, leur mouvement étant purement volontaire.

Je soutiens donc que lorsque nous voulons parler, nous communiquons aux muscles du larynx un caractere vital qui émane du cœur & du cerveau; à l'instant ces muscles agissent sur les cartilages auxquels ils sont attachés; mais ils éprouvent de la part de ceux-ci une résistance qui l'emporte sur les forces qu'ils mettent en jeu; leur activité redouble, & de ce choc mutuel d'action, il résulte un mouvement d'oscillation & de tremblement qui se porte en même-temps & à l'air poussé au-dehors, & à la cavité de la poitrine, & aux os de la face; alors l'air devient fonore. C'est ainsi qu'en frottant les bords d'un verre à boire, avec le doigt mouillé, on y excite un mouvement oscillatoire qui frappe l'air & forme des sons, en communiquant en même-temps à l'eau qu'il renferme des ondulations très-marquées. On tire également des sons d'une latte très-amincie, en la frottant aussi avec le doigt mouillé, de maniere à la faire fautiller; dans ce dernier cas l'air ambiant, par ces alternatives réciproques de compression & de bondissement, donne à toutes les parties de la latte, & à l'air intérieur qui y est renfermé, un mouvement oscillatoire qui fait naître des sons; ce que ne produiroit pas le simple frottement. On observe quelque chose de semblable dans plusieurs insectes aîlés, & notamment dans certaines grosses mouches qui ont un bourdonnement considérable, qui doit son origine au mouvement vif & oscillatoire de quelques muscles cachés dans leur poitrine, plutôt qu'à celui de leurs aîles, puisqu'il persévere même lorsqu'elles sont coupées. Nous offrons nous-mêmes deux exemples d'un pareil mouvement : l'un se passe dans la langue, lorsque nous prononçons la lettre *r*; l'autre dans les levres, lorsque nous les agitons doucement pour caresser les enfans. La glotte à laquelle les Anatomistes donnent tant de fonctions, ne sert donc uniquement qu'à rendre la voix, qui est déja formée, plus aigue ou plus grave, comme nous allons le voir dans la suite de ce Chapitre.

Tout ce que nous venons d'exposer, indique clairement la différence qui se trouve entre la voix & le souffle non sonore. Cette différence est très-importante à connoître, & ce n'est qu'à ce moyen que l'on peut apprendre aux Sourds de naissance à parler distinctement & à voix haute. En effet, si on ne leur faisoit pas sentir par le toucher le tremblement de la voix, ils auroient peine à concevoir le motif de ces modifications diverses qu'on leur fait donner aux organes de la parole. Tous les hommes ont aussi deux façons de parler, quoique la plupart en ignorent la raison. Examinons ce qui se passe lorsque nous voulons nous faire entendre de quelqu'un qui n'est pas trop éloigné; ne voyons-nous pas que nous nous servons de la voix, &

que nous rendons sonore l'air qui s'échappe de la glotte; tandis qu'au contraire si nous desirons parler bas à l'oreille, alors dans la crainte d'exciter le trémouffement qui nous trahiroit, nous modifions l'air par les organes de la voix; mais nous nous gardons bien de la rendre sonore.

J'ai traité jusqu'ici des organes de la voix & du souffle non sonore. L'ordre naturel sembleroit demander que je décrivisse ceux qui les modifient l'un & l'autre de mille & mille manieres. Il m'a cependant paru plus convenable de donner d'abord la solution, consequemment à mon système, de plusieurs phénomenes que nous offre la voix.

Il n'est personne qui ne voye la raison, d'après tout ce qui précede, pourquoi la trachée artere étant coupée au-dessus du larynx, ou bien les nerfs de cet organe, étant liés, obstrués, ou enlevés par la diffection, on perd totalement la voix; mais on ne conçoit pas aussi facilement comment la voix devient rauque, & est quelquefois tout-à-fait supprimée dans des fluxions catharrales, la petite vérole, les fievres ardentes, ou après avoir crié fortement & pendant long-temps. Ne peut-on pas dire que c'est parce que les cartilages du larynx, qui dans leur état naturel doivent être secs, solides, bien unis, & par conséquent de la nature des corps sonores, sont alors couverts d'une matiere mucilagineuse, épaisse & tenace qui s'attache à leurs parois, & qu'y versent plus abondamment les glandes irritées par des causes morbifiques, ce qui leur fait perdre leur élasticité naturelle. Nous observons tous les jours cet effet dans les cloches, sur lesquelles on met un morceau d'étoffe, ainsi que dans les flûtes & autres instrumens à vent trop humectés par une vapeur onctueuse & chargée de salive.

Il faut maintenant examiner ce qui rend la voix grave ou aigue. Il est deux raisons de ce phénomene. Si on compare la voix d'un homme à celle d'un autre homme, lorsque tous deux causent ensemble avec leur ton de voix ordinaire, on peut dire que cela provient de la différente grandeur & de l'épaisseur différente des cartilages du gosier de l'une & de l'autre personne dont nous parlons. Plus ces cartilages sont grands, plus leurs vibrations, lorsqu'ils font en mouvement, font grandes & lentes à la fois, plus la voix est grave. Le contraire arrive lorsque les cartilages font petits. Mais si on me demande comment il se peut faire que le même homme ait la voix tantôt grave & tantôt aigue ; voici ma réponse : le larynx, comme nous l'avons dit, a des muscles qui lui sont communs avec d'autres parties, telles que le sternum, l'os hioïde, &c. par le moyen desquels, en s'élevant, il resserre l'ouverture de la glotte, ou il en élargit la capacité en s'abaissant. Ainsi la voix, par la raison que nous avons donnée dans le premier cas, est aigue si elle passe par un canal étroit ; elle est grave quand elle franchit un espace plus large ; & c'est en cela que consiste tout le méchanisme de l'art de chanter. Les sons tremblans, que l'on nomme cadences, sont produits par l'action réciproque & très-prompte des muscles éleveurs & abaisseurs du larynx.

Il se présente encore une autre question à résoudre. C'est de sçavoir pourquoi la voix nous manque, lorsque nous voulons la rendre grave ou aigue au-delà de ce qu'il faut. Cet effet a lieu principalement, parce que l'effort qui éleve ou abaisse le larynx est tel, que ses muscles peuvent le vaincre, d'où il résulte une douleur excessive qui se fait sentir dans le gosier. Tout le monde sçait que la voix change dans le temps de la puberté, qu'elle devient forte, rude & inégale. Ce phénomene a ses sources dans les rapports sympathiques qui existent entre les organes de la voix & ceux de la génération. A cette époque, les cartilages du larynx, ainsi que ses muscles, prennent plus de force & de grandeur, sur-tout chez les jeunes gens. Les os acquierent alors & la vigueur & la dureté convenables, à raison de l'intensité de la chaleur animale ; ce qui donne, pour ainsi dire, à la voix toute sa fermeté & sa mâturité. On remarque effectivement que pendant que l'on parle ou que l'on chante, le frémissement dont nous avons parlé n'a pas lieu seulement dans le larynx, mais que les os du corps y participent, comme on peut s'en assurer en appliquant sa main, durant cet intervalle, sur le dos, la poitrine & le sommet de la tête. Les garçons, chez lesquels le larynx & la masse générale des os ne subit qu'une légere altération, conservent toujours une voix efféminée.

Ceci

Ceci nous explique comment nous diſtinguons preſque toujours à la voix, les enfans d'avec les femmes adultes, quoique tous l'aient également aigue. Les os des premiers ſont peu ſuſceptibles de vibration, à cauſe de leur extrême molleſſe, ce qui leur rend la voix plus foible.

Je ne donnerai point la raiſon pour laquelle ceux que l'on a fait eunuques avant l'âge de puberté conſervent toujours une voix rude & aigue. Elle eſt évidente, d'après ce que nous venons de dire. Je vais examiner par quelle cauſe la voix paſſe quelquefois ſubitement d'une octave à l'autre, même malgré nous, & paroît ſe briſer, comme on le dit vulgairement. Il faut ici remarquer deux choſes, d'abord quand cet accident vient, & de quelle maniere il a lieu. Cela arrive le plus ſouvent aux perſonnes qui forcent leur voix, & ſur-tout aux Prédicateurs qui ont crié à pleine tête, & de maniere à s'enrouer. Les flûtes & les cordes d'inſtrumens nous montrent aſſez comment cela ſe fait. C'eſt lorſqu'un obſtacle quelconque partage un ſon ordinaire en deux tons. Si les deux portions de l'inſtrument ou de la corde, mis

M

en action, sont égales, chacun des deux sons est plus aigu d'une octave que le premier, & on ne les distingue point l'un de l'autre ; mais s'il y a de l'inégalité dans ces portions, il se fait à la fois deux sons différens, dont l'un est plus grave que l'autre ; & c'est sans doute de cette façon que la voix se brise.

Ce n'est pas par la voix seule, telle qu'elle se forme dans le larynx, que nous distinguons les personnes avec lesquelles nous vivons familiérement, quand elles parlent, lors même que nous ne les voyons pas ; il faut encore que leur voix, en se modifiant diversement, articule des lettres, au moyen des autres organes de la parole. On trouve, en effet, des différences entre plusieurs personnes qui prononcent la même lettre. J'ajouterai ici quelque lignes sur la maniere dont la voix éclate avec fracas, souvent sans le sçavoir, & même involontairement, sur-tout lorsqu'on rit, qu'on se lamente, ou qu'on gémit, &c. On peut dire d'abord, avec vérité, que notre vie entiere est tellement ordonnée, que nous sommes forcés de témoigner par le son de la voix nos chagrins les plus cuifans, comme notre joie la plus grande : mais voici une raifon plus fatisfaifante, qui fe tire de l'accord merveilleux & de la correfpondance intime que nous avons dit exifter, par le moyen des nerfs, entre le larynx, les oreilles, les yeux, la face & fur-tout le cœur. Auffi-tôt que les efprits animaux, qui parcourent les cavités de ces tubes nerveux, font agités violemmens, & pouffés de tel ou tel côté, le larynx entre en communication avec les parties voifines, & il fe forme des fons de différentes efpeces qui conftituent une langue particuliere, que parlent & qu'entendent tous les hommes quelconques, fans même en excepter les Sourds de naiffance. Cette langue qui appartient en total aux organes fenfibles, eft cependant un léger indice de ce que fut autrefois la langue naturelle & univerfelle dont nous avons parlé plus haut, & que nous avons perdu prefque en entier, ainfi que les connoiffances purement mentales, affujettis que nous fommes, depuis la chûte du premier homme, à des affections toutes charnelles.

Je viens enfin aux organes particuliérement confacrés à la parole, & qui impriment à la voix & au souffle la forme variée des lettres, d'où il puisse résulter un discours suivi. On les divise en passifs & en actifs. Les premiers sont les deux ouvertures, par l'une ou l'autre desquelles l'air sonore ou non sonore est forcé de s'échapper. On peut en effet considérer l'air encore renfermé dans le larynx, placé comme dans un chemin à deux issues; & il tend à sortir également par le nez comme par la bouche, s'il ne se rencontre aucun obstacle qui l'en empêche. De ces deux conduits, le principal est la cavité intérieure de la bouche, qui s'étend de derriere en devant, depuis le fond du gosier jusqu'aux dents, qui a pour limites inférieurement & supérieurement la langue & le palais, & à laquelle se rapporte l'ouverture formée par les levres & les dents, ainsi que les interstices de ces petits corps osseux. L'autre conduit, est l'ouverture des narines qui se prolonge jusques dans la gorge, & par où la voix & le souffle passeroient, si la langue & les levres ne s'y opposoient. Tous deux doivent être conformés de telle maniere que l'un soit exactement fermé, lorsque l'autre est ouvert, & réciproquement.

Les organes actifs de la parole font ceux qui déterminent la voix & le souffle à sortir par l'un ou l'autre de ces conduits, avec des modifications variées. Tels sont la langue, l'os hyoïde, la luette, les deux mâchoires, les dents qui y sont implantées & les levres. La langue est une partie du corps humain, destinée à plusieurs usages. Elle est non-seulement l'instrument de la parole, c'est encore l'organe du goût. C'est elle qui distribue dans les diverses parties de la bouche les alimens qui doivent y subir la mastication. Elle concourt aussi à la déglutition de ces mêmes alimens. Par sa partie postérieure, elle s'unit fortement avec l'os hyoïde & le larynx; elle est également fixée dans sa partie inférieure par des muscles particuliers, & par un ligament que l'on nomme *le frein*; mais une portion de cette même partie inférieure, ses deux côtés, & toute sa partie supérieure qui regarde le palais, sont absolument libres & flottantes; elles ne sçauroient être gênées dans leur mouvement, qu'il n'en résulte un obstacle considérable pour la parole. La substance de la langue est composée, en grande partie, de fibres musculaires de tous genres, entrelacées entr'elles, en forme de réseau, d'une maniere admirable. La nature l'a encore fortifié par plusieurs muscles, dont les uns lui sont propres, & d'autres lui sont communs avec l'os hyoïde qui lui sert de base. C'est par leur moyen qu'elle peut s'étendre & se retirer, s'élever & s'abaisser, se dilater & se resserrer, se recourber & se mettre en rond, s'appliquer fortement au palais & aux dents, & se relâcher tout d'un coup, & enfin se balancer à volonté. La langue détermine par ces divers mouvemens la sortie de la voix & du souffle, tantôt par les narines, & tantôt par la bouche. Elle les pousse dehors à plein canal, ou par un simple filet, d'une maniere non interrompue, ou avec une explosion momentanée; elle les force enfin de se glisser entr'elle & le palais, ses côtés & les joues, ou bien entre les dents.

L'os appellé hyoïde, à cause de sa forme qui ressemble à l'U des Grecs, sert de base à la langue, & donne insertion à plusieurs paires de muscles nécessaires pour les mouvemens de la langue & du larynx. Il a encore une autre fonction particuliere, qui est d'élever le larynx & la langue de concert, de retrécir à ce moyen le premier par l'alongement qu'il lui procure, ainsi qu'à la trachée artere qui lui est attachée, & de rendre ainsi la voix plus aigue : au contraire, quant cet os est abaissé par l'action des muscles sterno - hyoïdiens, il s'appuie fortement sur le même larynx & sur la trachée artere, diminue leur longueur, & augmente conséquemment leur capacité, & la voix devient plus grave. Ainsi toutes les fois que nous changeons de voix, nous élevons le larynx, ou bien nous l'abaissons ; & ces divers mouvemens donnent à la voix un ton plus grave ou plus aigu. On peut s'assurer de la certitude de ces faits physiologiques, en appliquant la main sur le gosier, lorsqu'on fait passer la voix du grave à l'aigu, & de l'aigu au grave, par des dégrés modérés, & non subitement. Telle est la raison pour laquelle on voit certains Musiciens employer en chantant tour-à-tour, & avec la même facilité, une voix semblable à celle des enfans, & celle qui convient aux hommes faits.

La luette est une caroncule lâche & glanduleuse, suspendue par une membrane très-mobile au milieu de la voûte du palais. Elle sert à la parole, ainsi que sa membrane, en empêchant une partie de la voix, arrêtée, comme nous l'avons dit, dans le larynx, qui est pour elle une espece de carrefour à deux issues, de passer par le nez. Lorsque nous voulons ne faire passer que par la bouche la voix ou le souffle, ce qui a lieu sur-tout par rapport à la prononciation des lettres que nous nommerons dans le Chapitre suivant, lettres explosives, la luette fait la fonction de valvule, & bouche exactement le conduit des narines ; mais lorsqu'elle manque, ou qu'elle ne peut fermer entiérement l'ouverture trop grande du nez dans l'arriere-bouche, alors nous prononçons du nez, & d'une façon désagréable, les lettres *P*, *T*, *K*. C'est-là sans doute la principale, & peut-être la seule raison pourquoi les animaux sont privés de la luette.

L'usage des mâchoires, des dents qui y sont implantées, & des levres qui les ceignent, est d'ouvrir ou de fermer la bouche à propos & suivant le besoin, & de contribuer par-là à la formation des lettres, en resserrant la voix & le souffle, & les rendans plus aigus. On sçait que les enfans, avant qu'ils ayent toutes leur dents, & sur-tout les incisives, ne peuvent prononcer plusieurs lettres; & il n'est pas moins certain que les vieillards, qui ont perdu les leurs, n'articulent les lettres S, F, I, qu'avec beaucoup de difficulté, & très-imparfaitement.

Je n'ai décrit toutes les parties dont je viens de parler, que très-sommairement, parce que mon plan n'exigeoit pas que j'en donnasse une connoissance plus parfaite, & que d'ailleurs elles ont été détaillées avec une exactitude scrupuleuse par plusieurs Anatomistes de réputation. Je n'avois rien de particulier sur leur structure à ajouter à ce qu'ils en ont dit ; seulement je crois avoir donné sur leur usage bien des choses neuves, que personne, que je sçache, n'avoit remarqué avant moi.

Quand à ce que j'ai ajouté dans ma définition de la Parole, qu'il falloit apprendre par un long & fréquent usage le mouvement de ces organes, il ne faut pas l'entendre dans ce sens, que ce mouvement, en tant que mouvement, est le produit de l'art, mais seulement en ce sens, que c'est par son moyen que l'homme articule la voix. Il est clair que sous le premier aspect, le mouvement des organes est très-naturel ; mais il n'est pas né avec nous. Nous venons tous au monde privés de la parole. Personne n'apprend par soi-même à parler, tandis que dans presque tous les Arts il est des hommes qui y ont fait des progrès sans Maître. On doit conclure que s'il existe un art, c'est certainement la parole qui pourroit être définie, à juste titre, l'art de parler.

On m'objecteroit en vain qu'il est en nous un desir inné d'exprimer, au moyen de la voix, nos pensées, & sur-tout les passions de notre ame ; desir que nous avons remarqué même dans les Sourds & Muets, puisqu'il y a une différence sensible entre les sons inarticulés que ces êtres produisent, & la voix véritablement humaine, nécessaire pour la parole proprement dite. Les premiers sont communs à tous les hommes, même aux muets : celle-ci, au contraire, s'apprend comme les autres Arts. Je ne nie pas d'ailleurs, & je l'ai même observé plus haut, que les hommes qui n'ont jamais appris à parler ;

& non pas les Sourds, ce qui est bien différent, s'ils demeuroient en société, ne puffent venir à bout de former entre eux une langue nouvelle, mais qui feroit fûrement très-imparfaite, par les trois raifons fuivantes.

1°. Ces hommes n'ayant aucune connoiffance des lettres, & ignorant abfolument l'ufage des organes de la parole, rendroient néceffairement des fons que leurs femblables ne pourroient imiter, ou tout au moins qu'ils ne fçauroient comprendre. La prononciation convenable des lettres, eft également un don du Créateur, que la parole elle-même. Ce font les feuls veftiges de la langue naturelle que nous avons perdue, veftiges qui fe font confervés dans la mémoire des defcendans de notre premier Pere?

2°. Comment pourroient-ils convenir entre eux de la nomination qu'ils voudroient donner aux chofes, puifqu'ils ne s'entendroient pas les uns les autres?

3°. En fuppofant qu'ils fe fuffent accordé fur les chofes qui tombent fous les fens, où auroient-ils trouvé le moyen de fe découvrir mutuellement les idées les plus abstraites de leur esprit, les mouvemens les plus secrets de leur cœur ? Ils seroient donc réduits à former une langue un peu moins imparfaite que celle de ces animaux qui s'entendent & s'expliquent mutuellement par des sons variés. Nous voyons tous les jours les coqs appeller à grands cris leurs poules, & celles-ci rassembler leurs poussins; le cochon qui se trouve en danger, invoquer le secours de tout le troupeau; les chiens, les chats & les serpens, peindre vivement la colere & le desir de la vengeance; les premiers en grondant avec fureur, les autres en sifflant avec force. Au reste, s'il arrivoit que des hommes qui parleroient plusieurs langues, se trouvassent réunis, ils composeroient sans doute un nouveau langage pour l'utilité de tous, qui tiendroit de chacune. Nos idiômes modernes, & sur-tout les langues Angloise, Françoise, &c. prouvent la vérité de cette assertion.

A peine l'enfant est-il né, qu'une foule d'objets externes agissent sur ce nouvel habitant de l'Univers, & déployent sur lui leurs forces par des mouvemens variés qui ne s'effacent pas entièrement dans l'abfence de ces objets ; mais laiffent après eux des veftiges ou des idées qui deviendront par la fuite le principe & l'aliment de bien des penfées & des actions. Ces premieres impreffions ne demeurent pas, s'il eft permis de parler ainfi, dans l'oifiveté ; mais femblables à des germes qui rencontrent une bonne terre bien préparée, elles tendent peu-à-peu à la maturité & à la perfection.

On diftingue entre ces objets divers, des voix articulées & des fons de différente efpece, qui agiffent d'une maniere efficace fur l'enfant, fur-tout lorfqu'on les anime du feu de la paffion ; ils éveillent peu-à-peu dans lui la faculté de parler, à moins qu'il n'y ait quelque vice dans l'organe de l'ouie ; & cet effet eft produit par le rapport fingulier qui fe trouve entre les oreilles & les inftrumens de la voix. Auffi-tôt que l'enfant a faifi la fignification de quelque mot, ce qui arrive toujours auparavant qu'il fçache parler, l'idée de ce mot agit efficacement fur les organes qui le lui ont tranfmis ; il s'effaye à plufieurs reprifes à l'imiter, jufqu'à ce qu'il s'apperçoive avec joie qu'il a attrappé la ressemblance du mot primitif. Et c'est ainsi que tous les enfans apprennent leur langue nationale.

Je remarquerai ici, par parenthese, qu'on ne réussira jamais à apprendre l'art de parler, soit à ceux qui sont sourds de naissance ou tout-à-fait stupides, ou élevés loin de la société des hommes, ou, ce qui arrive rarement, à ceux qui ayant d'ailleurs les organes de la parole bien conformés, ne peuvent cependant rendre le sens des mots qu'ils perçoivent & comprennent très-bien, ou enfin à ceux dans qui ces mêmes organes sont totalement dépravés.

Il résulte de ce que nous venons de dire, qu'on peut distinguer quatre à cinq especes de muets. Les sourds de naissance, & les enfans qui ont été élevés dans les bois parmi les bêtes sauvages, peuvent être rangés dans la même classe. Les uns & les autres n'ont jamais reçu, par l'organe de l'ouie, l'idée de la voix humaine, comment pourroient-ils chercher à répéter ce qu'ils ne connoissent pas ? Ils sont donc nécessairement privés de la parole.

Les enfans qui ont l'esprit assez borné pour ne pouvoir comprendre ce qu'on leur dit, ne parleront jamais par la même raison.

On sent évidemment, par les détails que nous avons donné ci-dessus, pourquoi les enfans qui ont l'organe de la parole mal conformé, ne peuvent pas articuler convenablement?

Mais il n'est rien de si rare que de voir des enfans qui, avec l'intelligence nécessaire pour concevoir, & des organes bien disposés, ne sçachent pas parler. Je n'en ai rencontré dans ma vie que deux ou trois de ce genre; je me suis assuré par-là que l'union entre les instrumens de l'ouïe, & ceux de la parole, n'est pas essentiellement telle qu'il ne s'y trouve quelquefois un éloignement qu'on ne peut rapprocher. Nous avons tous les jours sous les yeux des personnes qui distinguent parfaitement à l'oreille les sons harmoniques & leurs intervalles, & qui ne sçauroient cependant les imiter avec la voix, quelque application qu'ils y donnent.

Ceux-là donc se trompent grossiérement, qui se persuadent que les enfans abandonnés à eux-mêmes, où nourris parmi les animaux sauvages, parleroient une langue qu'il leur plaît d'appeller *primitive*. J'oferois leur demander par quelle raifon ces êtres adopteroient plutôt cette prétendue langue qu'une autre, puifqu'ils n'auroient reçu l'idée d'aucune par le fens de l'ouie. J'en conclus que J. C. notre Seigneur, ce divin reftaurateur de la nature corrompue, en guériffant les fourds dont il eft parlé dans St. Matthieu, *Chap.* 9 & 12, & dans St. Marc, *Chap.* 9, opéra un double miracle; il ne fe contenta pas feulement de leur rendre l'ufage de l'ouie, il voulut encore qu'ils entendiffent leurs femblables, & qu'ils exprimaffent leurs idées par le moyen de la parole articulée. Quand on rendroit l'ouie feulement aux Sourds de naiffance, foit par quelque opération de l'art, foit même par un miracle, ils ne parleroient pas plus qu'un enfant qui vient de naître, & ils feroient forcés d'apprendre quelque langue. J'ai ri fouvent en moi-même des jugemens ridicules de quelques perfonnes fur mon compte, qui, s'imaginant que je rends la parole aux Sourds, en leur faifant avaler des potions médecinales, fe plaignent que je mets trop d'importance à mon travail, lorfqu'en effet j'employe des foins infinis & presque incroyables durant le cours d'une année, plus ou moins, pour instruire un seul Sourd. La méthode dont je me sers, n'a rien, à la vérité, de commun avec un miracle; mais la patience nécessaire pour la mettre en exécution, doit en tenir un peu.

Lorsque quelqu'un s'applique à l'étude d'une langue étrangere, il apprend, par sa propre expérience, que l'art de parler, bien-loin d'être facile & naturel, exige, au contraire, beaucoup de soins, & sur-tout un long usage. Il se passe souvent plusieurs années avant qu'on puisse venir à bout de prononcer convenablement toutes les lettres d'une autre langue que la sienne, quoiqu'elles soient communes à celle du pays, si elles se prononcent différemment. Les François, les Anglois & les Italiens ne parviendront jamais à articuler comme il faut le *G* ou le *CH* des Flamands, ainsi que le *K* de l'Alphabet Suisse. Les Flamands, à leur tour, n'attrapperont jamais le *SCH* des Allemands, & le *CH* ou l'*J* des François. Le *TH* des Anglois est inaccessible aux autres Nations. La prononciation des Abyssins & des Caffres, donne beaucoup de difficultés aux étrangers qui s'y appliquent ; que si la prononciation de quelques lettre étrangere est si difficile pour nous qui sommes accoutumés de longue main à écouter & à parler, à combien plus forte raison le doit-elle être pour les Sourds & Muets, quand même on leur rendroit l'usage de l'organe de l'ouie.

J'ai dit enfin, dans ma définition de la parole, qu'il étoit essentiel que la voix fût tellement modifiée, qu'elle pût éviter dans les autres des idées semblables à leur archétype. Autrement, la parole seroit absolument imparfaite & presque nulle ; il est des personnes qui parlent si mal, qu'elles en sont inintelligibles, & cependant elles ne font aucune attention à ce défaut si important.

Je vais essayer de discuter, pour tenir lieu de corollaire, deux questions sur la parole, quoiqu'elles soient un peu étrangeres à mon sujet. Je me méfie cependant de mes propres lumieres, & je soumets volontiers mes sentimens au jugement des personnes plus éclairées que moi. On demande donc, 1°. d'où vient & comment s'est opérée cette diversité infinie de langues répandues sur toute la terre; 2°. de quelle maniere le don miraculeux, fait aux Apôtres le jour de la Pentecôte, de parler diverses langues, doit-il être entendu?

Voici mon sentiment sur la premiere question. Comme les hommes ont parlé, même après la chûte de leur premier pere, & qu'ils parlent encore; ce qui cependant, ainsi que nous l'avons vu, n'a pas lieu par la nécessité de leur nature, mais par un effet de leur mémoire, puisqu'ils sont obligés aujourd'hui d'apprendre la parole avec art & méthode; il me paroît que c'étoit une suite nécessaire des attributs de Dieu; que ce souverain Être, en créant Adam à son image, le forma de façon, & unit tellement son esprit à cet ouvrage de ses mains, que le premier homme dût avoir non-seulement une connoissance intime de l'intérieur des choses, mais qu'il pût encore exprimer, par un nom significatif, les idées les plus cachées que ces objets lui inspiroient. Adam donna un essai de cette précieuse faculté qui lui avoit été communiquée par le Créateur, en imposant des noms à sa compagne & aux animaux que Dieu lui avoit assujettis. Mais cette langue toute intellectuelle s'effaça presque entièrement par sa prévarication. Elle a cependant reparu de temps en temps dans quelques fidèles choisis, qui ayant connu par l'esprit les pensées de leurs semblables, ainsi que l'intérieur des objets, leur ont donné des noms convenables. Quant aux autres descendans d'Adam, qui s'éloignerent de Dieu de plus en plus, & obscurcirent leur esprit par des pensées purement charnelles, ils ont perdu les véritables idées des choses, & avec elle la langue primitive, de façon qu'ils ne parlent plus d'après l'illumination de leur esprit, mais ils prennent pour guides des affections terrestres qui les plongent dans les ténèbres. La vraie science a donc disparu de dessus la terre, & à sa place se sont répandues les opinions diverses & les idées produites par de faux raisonnemens, d'après lesquels les hommes ont donné aux choses des noms de fantaisie, & sont ainsi parvenus au point qu'ils ne peuvent ni ne veulent plus s'entendre, chacun s'efforçant de faire adopter aux autres ses sentimens; & c'est ainsi que les choses se passent sous nos yeux. Il est à peine dans cet Univers un simple Village qui n'ait des façons de parler particulieres, inintelligibles au reste du monde. Qui prouve mieux ce que nous avançons, que ces noms ridicules qui ne doivent leur origine qu'au délire d'une imagination fantastique. Si l'on examine les langues des différentes Nations, on verra que les mêmes choses y sont non-seulement exprimées par des mots différens, mais que leurs constructions & les tournures propres à rendre les pensées, different à l'infini.

C'est ainsi que je réponds à la seconde question. Les esprits des Apôtres s'ouvrirent tellement par l'opération de cette flamme divine qui les illumina, qu'ils eurent aussi-tôt l'intelligence des œuvres toutes puissantes du Très-Haut, & qu'ils les expliquerent en des termes qui répondoient à l'élévation des choses qu'ils annonçoient. Je ne sçaurois, en effet, me persuader, & le Texte sacré ne l'annonce pas, qu'ils parlerent chaque langue des diverses Nations qui les écoutoient. Mais les fidèles, avides d'entendre les merveilles que récitoient ces hommes inspirés, reçurent dans leurs cœurs, comme dans des champs bien préparés, leurs paroles qu'animoit une ardente charité, & qui y germerent profondément, semblables à des semences fécondes. Ils en goûterent la douceur, tandis que le reste de l'assemblée, qui ne vouloit point écouter, bien-loin de concevoir rien à ce que disoient les Apôtres, les regardoient comme des gens en délire & étourdis par le vin. (a) Donnons de tels auditeurs à J. C. lui-même, source de vérité & de charité, ils se refuseront à l'entendre. Au reste,

―――――――――――――――

(a) Nous croyons devoir faire remarquer au Lecteur, que l'opinion proposée par *Conrad Amman*, sur le don miraculeux des langues fait aux Apôtres le jour de la Pentecôte, & qu'il ne donne, à la vérité, que comme une conjecture, n'est nullement admissible. Son explication de ce prodige est entiérement contraire au Texte sacré. Voici ce que portent les Actes des Apôtres, Chap. 2. vers. 4. " *Aussitôt ils* (les Apôtres) *furent tous remplis du* " *St. Esprit, & ils commencerent à parler diverses* " *langues.* " Et plus bas, vers. 6. " *Il s'assembla* " *un grand nombre* (de Juifs) *qui furent tout épou-* " *vantés, de ce que chacun d'eux les entendoit parler* " *en sa langue.* " Voyez encore les versets 8 & 11, qui sont aussi clairs & aussi formels que ceux que nous venons de citer. Au reste, notre Médecin est excusable, en ce qu'il n'avance son sentiment qu'avec circonspection, & en avouant, comme il l'a fait plus haut, *qu'il se méfie de ses propres lumieres, & qu'il se soumet volontiers au jugement des personnes éclairées.*

il eſt entre ceux qui parlent, la même différence qu'entre ceux qui écoutent. On voit des perſonnes dont les diſcours lâches & ſans vigueur n'atteignent jamais le but qu'elles ſe propoſent. Il n'eſt point du tout indifférent que celui qui parle, le faſſe du fond du cœur, & profere des paroles vives & animées, ou bien qu'il s'exprime ſeulement par habitude, qu'il énonce des choſes douteuſes, & de la vérité deſquelles il ne ſoit pas intimément perſuadé.

CHAPITRE SECOND.

Dans lequel on expose la nature des lettres, & les différentes façons de les former.

Nous avons traité jusqu'ici du sujet général de la Parole, c'est-à-dire, de la voix & du souffle, de la maniere de les produire, & de leurs différences; toutes choses importantes & très-nécessaires à sçavoir. Examinons maintenant comment l'une & l'autre, semblables à une matiere flexible & propre à prendre diverses formes, se modifient en telles ou telles lettres. La voix & le souffle sont en effet la matiere unique des lettres dont la forme dépend de la différente configuration des organes & des conduits qui les transmettent au-dehors. Nous définirons les lettres, non en tant qu'elles sont des caracteres tracés avec la plume, mais en tant qu'on les prononce; la voix ou le souffle, ou l'une ou l'autre à la fois, diversement modifiés par les organes destinés à la parole.

On

On ne sçauroit déterminer précisément le nombre des lettres possibles ; elles peuvent être en effet aussi multipliées que sont variées les modifications que subissent les organes de la parole, pour produire la voix & le souffle ; il en est, en outre, plusieurs qui ont une certaine latitude, & comme différens dégrés. Le même caractere dans le même idiôme, ne se prononce pas toujours avec la même configuration des organes de la parole. Ainsi l'*A* & l'*E* sont quelquefois ouverts & quelquefois muets ; l'*O* & l'*I* ont également leur latitude, &c. Cette différence est de très-grande conséquence, si on compare entre elles les diverses langues, & c'est la raison principale pour laquelle nous apprenons si difficilement à prononcer les langues étrangeres. Il se passe bien du tems avant que nos organes ayent pu se plier à ces mouvemens inaccoutumés ; observation qui est plus utile qu'on ne le croit peut-être dans l'éducation des Sourds & Muets.

Ne voyons-nous pas tous les jours des personnes nées avec l'aptitude à imiter les cris de presque tous les animaux; mais ces cris articulés font fans doute composés de lettres inconnues dans nos Alphabets. Malgré la quantité de ces lettres possibles, toutes les Nations sont convenues, comme d'un commun accord, ce qui montre sans doute leur divine origine, d'adopter les plus faciles, les plus simples, & celles qui s'accordent le mieux avec la position convenable & commode des organes. On leur a attaché certains caracteres, dont le nombre excede rarement celui de vingt-quatre. Ces caracteres ne se prononcent pas de même dans toutes les parties du monde; souvent la même lettre chez le même Peuple a des sons différens, comme nous l'avons déja remarqué.

Il s'est rencontré des Nations beaucoup plus ingénieuses que d'autres dans leur maniere d'exprimer les signes des lettres. La méthode la plus parfaite de les désigner, & qui convient le mieux à la nature des choses, c'est d'attacher à des lettres simples des signes du même genre, tandis qu'à leur tour les signes les plus simples désignent des lettres semblables. Les Allemands l'emportent, sans contredit, sur les autres Peuples dans ce point; leurs caracteres ont toujours le même son dans toutes les circonstances; seulement pour faire valoir une voyelle qui précede, ils employent trop souvent la lettre *H*, devenue alors absolument inutile. Leurs voyelles sont tout-à-fait simples, & s'accordent à merveille avec leur nature propre. Les diphtongues qui en dérivent, conservent toute la force des voyelles qui les composent, & qui se font entendre lorsqu'on les prononce. Ceci n'a pas lieu dans la plupart des autres langues qu'on nomme vivantes. En effet, dans presque toutes, pour exprimer les plus simples voyelles, on écrit des diphtongues telles que *AU*, *OU*, *AI*, dans la langue Françoise; *OE* & *EU* dans celle des Flamands; ou bien on se sert de diphtongues si impropres, qu'on entend à peine dans leur prononciation l'une ou l'autre des voyelles. Je ne citerai ici que l'*OI* des François, & l'*UY* des Flamands, pour ne pas multiplier les exemples. Enfin, les voyelles dans les langues dont nous parlons, se prononcent si différemment, selon la diversité des lieux, que si j'avois quelque Sourd Anglois ou François à instruire, je ne lui enseignerois d'abord que les lettres Allemandes, & non celles de l'idiôme de son pays, dans la crainte qu'en commençant il ne fût tout-à-fait dérouté. Les consonnes subissent le même sort que les voyelles, & la prononciation de quelques-unes d'entr'elles est si différente, qu'à peine se trouve-t-il deux Peuples qui articulent le caractere G de la même maniere. J'ai oui dire qu'en Amérique il existoit une Peuplade qui manquoit absolument des lettres B, P, M & F; ce qu'on doit peut-être attribuer aux anneaux que ces Sauvages portent à leurs levres percées pour les recevoir. Nous apprenons aussi par l'histoire, que les Chinois ne connoissent point la lettre R.

J'ai décrit dans mon Ouvrage sur *le Sourd qui parle*, les lettres telles que les Allemands les prononcent: pour être plus intelligible aux étrangers, & me rendre d'une utilité plus générale, je vais comparer les langues usitées dans toute l'Europe, tant Occidentale que Septentrionale, avec la langue Allemande, qui est mon idiôme naturel. Toutes les lettres de ces diverses langues, outre la division commune qu'on en fait en

TABLEAU MÉTHODIQUE DES LETTRES.

TOUTES LES LETTRES SONT

VOYELLES, qui se prononcent d'une voix claire & distincte, & qui sont elles-mêmes

    SIMPLES, sans aucun mêlange avec d'autres; telles sont :

        LA GUTTURALE *A* & l'*E* des François dans le mot *entendre*.

    Ou   LES DENTALES *E*, *I*, *J*, *Y*, & l'*U* des Anglois, ainsi que leur *EO* dans le mot *people*.

        LES LABIALES *O*, *U*, ou *W* : cette derniere est la même que l'*Œ* des Flamand & l'*OU* des François.

    MIXTES, & celles-ci sont composées

        D'UNE GUTTURALE & D'UNE DENTALE, comme l'*A* des Allemands, l'*Aa* Anglois dans *Aal*, & l'*Ai* des François dans le mot *aigu*.

Ou   Ou   D'UNE DENTALE & D'UNE LABIALE, comme l'*O* & l'*U* des Allemands, auxq répondent l'*EU* & l'*U* des Flamands & des François. Les Anglois & les Itali ne connoissent point ces voyelles.

DEMI-VOYELLES, qui se prononcent avec une voix moins claire & moins distincte, & dont le son qu'el rendent, passe

    LES NARINES; & alors ces lettres suivant la région de la bouche où elles se forment, s

    Ou par   Ou   LABIO-NASALES, comme l'*M*.

        DENTE-NASALES, comme l'*N*.

        GUTTURE-NASALES, comme l'*N* avant le *G* ou le *K*.

    LA BOUCHE; & alors elles sont sur-tout modifiées par la langue qui, en les forma

        TREMBLE comme dans l'*R*.

        OU NON, comme dans l'*L*.

CONSONNES, dont la force consiste moins dans un certain son, que dans la différente configurati qu'éprouve le souffle non sonore qui les produit. Celles-ci sont

    SIMPLES, lesquelles à leur tour sont

        SIFFLANTES, que l'on peut grossir ou diminuer à volonté, & qui sont

        SIMPLEMENT TELLES qui se forment

        DANS LE GOSIER, comme l'*H*, le *CH*

{ { {GUTTURE-NASALES, comme l'N avant le G ou le K.
{LA BOUCHE ; & alors elles font fur-tout modifiées par la langue qui, en les formant,
{ {TREMBLE comme dans l'R.
{ {OU NON, comme dans l'L.

CONSONNES, dont la force confifte moins dans un certain fon, que dans la différente configuration qu'éprouve le fouffle non fonore qui les produit. Celles-ci font

{SIMPLES, lefquelles à leur tour font
 {SIFFLANTES, que l'on peut groffir ou diminuer à volonté, & qui font
  {SIMPLEMENT TELLES qui fe forment
   Ou {DANS LE GOSIER, comme l'H, le CH des Allemands & des Flamands, & le G des Efpagnols dans le mot *Mugere*.
       {ENTRE LES DENTS, comme l'S, le SCH des Allemands, le CH des François, & le G avant l'E ou l'I.
       {PAR LA LEVRE INFÉRIEURE & LES DENTS SUPÉRIEURES, comme l'F & le PH.
  {AVEC UN CERTAIN SON qui fe prolonge, & elles fe forment
   Ou {DANS LE GOSIER, comme le G des Flamands, & de certains Cantons de l'Allemagne.
       {ENTRE LES DENTS, comme le Z des François & des Flamands, & le J des François.
       {PAR LA LEVRE INFÉRIEURE & LES DENTS SUPÉRIEURES, comme le V.
 {EXPLOSIVES, qui s'échappent de la bouche tout-à-coup, & comme par une forte d'explofion. Elles font
  {TOUT-A-FAIT MUETTES, qui fe forment
   Ou {DANS LE GOSIER, comme le K, le Q & le C, avant l'A, l'O & l'U.
       {PROCHE LES DENTS, comme le T.
       {AUPRÈS DES LEVRES, comme le P.
  {ELLES COMMENCENT AVEC UN SON LÉGER qui adoucit leur afpérité, & elles fe forment également
   {DANS LE GOSIER, comme le G des François & des Anglois devant l'A, l'O & l'U, ainfi

Ou { Ou { Ou { ENTRE LES DENTS, comme l'*S*, le *SCH* des Allemands, le *CH* des François, & le *G* avant l'*E* ou l'*I*.
PAR LA LEVRE INFÉRIEURE & LES DENTS SUPÉRIEURES, comme l'*F* & le *PH*.

AVEC UN CERTAIN SON qui se prolonge, & elles se forment

Ou { DANS LE GOSIER, comme le *G* des Flamands, & de certains Cantons de l'Allemagne.
ENTRE LES DENTS, comme le *Z* des François & des Flamands, & le *J* des François.
PAR LA LEVRE INFÉRIEURE & LES DENTS SUPÉRIEURES, comme le *V*.

EXPLOSIVES, qui s'échappent de la bouche tout-à-coup, & comme par une sorte d'explosion. Elles sont

TOUT-A-FAIT MUETTES, qui se forment

Ou { DANS LE GOSIER, comme le *K*, le *Q* & le *C*, avant l'*A*, l'*O* & l'*U*.
PROCHE LES DENTS, comme le *T*.
AUPRÈS DES LEVRES, comme le *P*.

ELLES COMMENCENT AVEC UN SON LÉGER qui adoucit leur aspérité, & elles se forment également

Ou { DANS LE GOSIER, comme le *G* des François & des Anglois devant l'*A*, l'*O* & l'*U*, ainsi que de la plupart des Allemands.
PROCHE LES DENTS, comme le *D*, &, si je ne me trompe, le *TH* des Anglois.
AUPRÈS DES LEVRES, comme le *B*.

DOUBLES, qui sont composées de deux lettres,

Ou { TOUT-A-FAIT MUETTES, comme l'*X* & le *Z* des Allemands, ainsi que leur *C* avant l'*E* ou l'*I*, le *CH* des Anglois & le *C* des Italiens, également avant l'*E* ou l'*I*.
LÉGÉREMENT SONORES, comme le *J*, & le *G* des Anglois & des Italiens avant l'*E* ou l'*I*.

voyelles, demi-voyelles & consonnes, suivant l'usage des Juifs, pourroient être distinguées en labiales, dentales, linguales, gutturales, & j'ajouterois, même nasales; mais comme la langue est l'organe principal de la prononciation de ces différentes lettres, & qu'il seroit aisé par conséquent de confondre les linguales avec les autres, & surtout avec les gutturales, j'ai jugé à propos de distinguer chaque classe des lettres selon les trois régions de la bouche où elles se forment, en y ajoutant toutefois l'organe & la maniere dont s'exécute cette formation. J'en ai tracé un tableau abrégé, où elles sont rangées dans leur ordre naturel, avec les variétés de leur prononciation. *

L'ordre que j'ai observé est très-simple, & je le crois le plus naturel. Pour juger cependant de sa justesse, il faut plutôt s'en rapporter au témoignage des oreilles qu'à celui des yeux. Bien des personnes peut-être trouveront absurde que j'aye placé au rang des voyelles les diphtongues *OU*, *EU*, *Œ*; que j'aye changé en voyelles les consonnes *J* & *W*; que de deux ou trois consonnes, comme *CH* & *SCH*, je n'en aye fait qu'une feule ; & qu'enfin j'aye retranché du nombre des lettres fimples plufieurs lettres qu'on regardoit comme telles ; le *C*, par exemple, avant l'*E* & l'*I*, &c. Quoi qu'il en foit, j'aime à me perfuader que le Lecteur équitable imputera plutôt ces changemens aux anomalies de fa langue, qu'à mon goût pour les nouveautés, fur-tout s'il difcute avec impartialité la nature des lettres, & qu'il confulte plutôt fes oreilles que fes yeux, & les préjugés vulgaires. Il eft également important qu'il fépare des voyelles la plupart des lettres qu'on n'y joint que pour la prononciation, & qu'il foumette à l'examen, feulement ce qui eft effentiel à chaque lettre. Qu'il me foit permis de faire ici une remarque très-néceffaire ; c'eft que lorfque je parle de la formation des demi-voyelles & des confonnes, je ne les conçois point telles que les enfans, lorfqu'on leur fait répéter des fyllabes, les prononcent, je veux dire, jointes à des voyelles, comme *PE, EF, KA, EL, EM, EN*, &c. mais que je n'y confidere que ce qui leur eft propre & effentiel, en excluant les voyelles, & ce qui les distingue formellement les unes des autres, par exemple, l'*M* de l'*N*, le *P* du *T*, l'*S* de l'*F*. On ne sçauroit imaginer combien on facilite la lecture, en montrant aux sourds à prononcer les lettres de cette façon; j'ai même appris à lire par cette méthode à des enfans qui ne connoissoient aucune lettre, dans l'espace de deux fois vingt-quatre heures.

Après avoir donné la division générale & commune des lettres en voyelles, demi-voyelles, & consonnes, je les ai sous-divisées selon les trois différentes régions de la bouche, dans lesquelles les lettres quelconques se forment principalement : on voit clairement à ce moyen comment la même voix & le même souffle, suivant qu'ils sont modifiés par les organes de la parole dans le fond du gosier, ou vers le palais & les dents, ou enfin proche les levres, se forment en lettres congéneres; & c'est ce qui fait qu'on trouve dans chacune de ces trois classes, cinq, six, & même un plus grand nombre de lettres. Ainsi parmi les gutturales, il y a l'*A*, l'*N* avant le *G* ou le *K*, le *CH*, le *G*, le *K* : parmi les dentales, on compte l'*E* & l'*I*, l'*N*, l'*S*, le *Z* & le *T* : on trouve enfin dans la classe des labiales, l'*O*, l'*U*, l'*V*, l'*M*, l'*F* & le *P*. Négligez cette distinction, & vous ne pouvez donner la raison pour laquelle les enfans, dont la parole est encore tellement embarrassée qu'ils sont dans l'impuissance de prononcer l'*N* avant le *G* ou l'*U*, l'*V*, le *K*, pour remplir le vuide que forme l'absence de ces lettres, ne se servent pas indistinctement de toutes sortes de lettres, mais qu'ils emploient presque toujours de préférence une lettre dentale du même ordre, telle que l'*L* pour l'*R*, l'*N* pour l'*M*, le *T* pour le *K*.

Au reste, avant que d'entrer dans l'explication détaillée de la nature de chaque lettre en particulier, & de la maniere de les former, je suis bien aise de faire remarquer à mon Lecteur que de même que toutes les lettres, sans en excepter les voyelles, peuvent en quelque maniere se prononcer comme un souffle simple & non sonore, ainsi que nous le faisons lorsque nous murmurons quelques mots bas à l'oreille de quelqu'un ; les consonnes, & je ne parle pas seulement de celles que j'ai nommé simplement explosives, peuvent de même être articulées avec la voix sonore, & il est des peuples qui ne les prononcent pas autrement; ce qui n'est point du tout contraire à ma division, comme je le prouverai dans la suite de cet Ouvrage.

Je vais prévenir ici une objection qu'on ne manquera pas sûrement de me faire en lisant mon troisiéme Chapitre; sçavoir, que ma doctrine sur l'Institution des Sourds & Muets sera toujours fort imparfaite, par la raison que tous les mouvemens nécessaires à la parole, & que nous exécutons avec la langue, les levres, &c. ne pourront pas être saisis tellement par les yeux de mes Eleves, qu'ils comprennent toujours ce qu'on leur voudra dire. Je réponds à cela, qu'indépendamment de ce que la vue est douée d'une sensibilité aussi exquise que l'ouïe, les sourds & muets n'auront pas besoin de connoître la totalité des mouvemens dont il est question, si les choses dont on les entretient leur sont tant soit peu familieres. Il nous arrive souvent, en effet, lors même que nous n'entendons pas les consonnes que prononce une personne qui est éloignée de nous, de les deviner par les voyelles & demi-voyelles que nous faisissons. On observe tous les jours que cet effet a lieu dans l'auditoire d'un Prédicateur, & telle est la raison principale pour laquelle lorsque nous écoutons quelqu'un en cachette, & pour le surprendre, si nous entendons distinctement un seul mot, il nous donne l'intelligence de tout le discours; & c'est aussi ce qui nous empêche communément de répéter d'abord correctement un mot quelconque d'une langue étrangere qu'on dit devant nous pour la premiere fois.

Je vais maintenant examiner les premiers élémens des lettres; celles des Allemands, à cause de leur parfaite simplicité, me serviront de regle, & j'y rapporterai les lettres de quelques autres Peuples. Je montrerai les convenances qu'elles ont avec elles, & ce en quoi elles different : par-là les étrangers apprendront, avec plus de facilité, la maniere dont nous les formons, & pourront instruire les sourds & muets qui leur seront confiés, avec moins de travail. J'observerai dans cette explication des lettres le même ordre que j'ai mis dans leur division, & j'en partagerai les classes selon les trois régions de la bouche où elles se forment.

Les voyelles ne sont autre chose que la voix modifiée seulement par l'ouverture variée de la bouche. Elles sont ou simples & uniformes, telles que l'*A*, l'*E*, l'*I*, le *J*, l'*Y*, l'*O* & l'*U*; ou mixtes, formées par la réunion de deux lettres liées ensemble, de façon qu'on les prononce à la fois; & voilà ce qui les différencie d'avec les diphtongues, dont les voyelles se prononcent successivement. Les voyelles mixtes sont l'*A*, l'*E*, l'*I*, l'*U* des Allemands; lettres qui manquent à plusieurs langues, ou qu'elles expriment fort mal. Nous allons bientôt nous occuper de la maniere dont s'opere leur formation.

La premiere des voyelles simples est la gutturale *A*, la plus simple de toutes, la clef de l'alphabet, & par conséquent la lettre initiale chez toutes les Nations, excepté les seuls Abyssins que je sçache, dans l'alphabet desquels, suivant le témoignage du sçavant *Ludolf*, elle n'occupe que le troisiéme rang. Cette lettre peut se prononcer en donnant à la langue différentes situations : la plus commune cependant, & la plus convenable, c'est lorsque cet organe placé dans un état de repos, alongé mollement dans toute l'étendue de la bouche, ne touche cependant point, ou ne fait qu'effleurer légérement le bord des dents inférieures. Si la mâchoire inférieure est renversée fortement en bas, & que l'ouverture de la bouche soit telle que la voix formée dans le gosier ne puisse aller frapper sensiblement les levres ni les dents, on entendra un *A* ouvert ; mais si on resserre les levres de façon à leur faire prendre une forme circulaire, alors l'*A* que l'on prononcera, ressemblera à l'*O*. Les Anglois articulent leur *A* de deux manieres, la premiere est telle que nous venons de le dire, comme dans les mots *Shall, Call* ; ou bien ils inclinent d'avantage vers le palais la partie moyenne de la langue, & alors il en résulte une voyelle mixte ou composée de l'*A* & de l'*E*, comme dans les mots *James, Have*. Ils emploient aussi quelquefois pour leur *O* & leur *AU*, la même prononciation que pour l'*A* ; comme dans les mots *Knol, Schop, cause*, &c. Les François en usent de même par rapport à leur *E*, s'il est suivi de l'*N* ou de l'*M*, comme dans le mot *entendement.* Ces observations sont essentielles à faire de la part de celui qui se destine à l'éducation des sourds & muets. On doit accoutumer ces derniers à prononcer par-tout les lettres de la même maniere.

Les lettres *E*, *I*, *J*, *Y*, sont des voyelles dentales, c'est-à-dire, que dans leur formation, la voix en sortant de la bouche, frappe les dents plus ou moins vivement : & voilà pourquoi les enfans, quoiqu'ils disent fort bien *papa*, *bo*, &c. ne sçauroient prononcer ces voyelles jusqu'à ce qu'ils aient leurs dents, au moins les incisives. L'*E* se forme quand la voix va heurter contre les dents qui sont médiocrement entr'ouvertes, les levres étant aussi légérement écartées. La position de la langue doit être telle alors, que sa partie antérieure s'appuie un peu des deux côtés sur les dents canines de la mâchoire inférieure, tandis que sa partie moyenne s'éleve en se courbant, & s'approche plus près du palais qu'elle ne fait lorsqu'on prononce l'*A*. Ainsi le conduit de la voix est retréci de toutes parts, & l'*E* est bien plus clair. Le son de cette lettre est le même dans presque toutes les langues ; mais on la prononce quelquefois plus ouverte, quelquefois plus fermée. Les Anglois l'articulent très-souvent comme l'I des Allemands, dans les mots *Evil, Ever*, &c. & les François lui donnent, dans bien des occasions, le son de l'*A*, suivant que nous l'avons dit plus haut.

L'*I*, l'*J* & l'*Y* chez les Allemands, ne forment qu'une seule & même voyelle, tantôt plus adoucie, tantôt prononcée plus fortement. C'est sans fondement que l'on a avancé que l'*I* devenoit quelquefois une consonne appellée *J*, ou *Jota*. Cette lettre se prononce seulement plus rapidement quand on veut en former une diphtongue, en la faisant suivre d'une voyelle. Au reste l'*I* est produit presque de la même façon que l'*E*, si ce n'est qu'en resserrant un peu plus les dents, ou en élevant d'avantage la courbure de la langue, ou enfin en faisant l'un & l'autre à la fois ; on augmente le rétrécissement du conduit de la voix, d'où il sort par conséquent un son plus aigu, que quelquefois cependant on a de la peine à distinguer de l'*E* fermé. Quant à l'*Y*, c'est un *I* prononcé plus fortement, & double en quelque sorte. Telles sont les variations de cette lettre. Les Anglois prononcent l'*I* & l'*Y*, & plusieurs Flamands l'*Y* seulement, comme *EI* dans les mots *time*, *cry*, *wyn*, *tyd*, &c. Nous parlerons plus bas du *J* des Anglois, des Italiens & des François. La syllabe *EE*, en Anglois, a toujours le même son que l'*I*.

L'*O*, l'*U* & l'*W*, sont des voyelles labiales, formées par la différente position des levres. L'*O* & l'*U* different entre elles, comme l'*E* & l'*I*, & l'*W*, est à l'*U*, ce que le *J* est à l'*I*. Dans la formation de ces lettres, la langue & les dents gardent la même situation que pour l'*A*; mais les levres s'ouvrent plus ou moins, comme font les dents pour l'*E* & pour l'*I*. Il se fait un *O* quand elles sont médiocrement écartées; & si elles se ferrent d'avantage, c'est un *U* ou un *W* que l'on prononce. C'est à l'Instituteur d'un sourd de prendre garde que son Éleve, lorsqu'il prononce l'*O* ou l'*U*, ne pousse son souffle contre les dents, ou qu'il ne pousse trop sa langue; car alors, à la place de ces deux lettres, il articuleroit infailliblement l'*EU* & l'*U* des François. Les voyelles labiales font communes à toutes les langues ; mais elles ne s'expriment pas dans toutes par le même caractere. L'*O*, à la vérité, est le même par-tout, quoique toutefois les François prononcent de la même maniere leurs monofyllabes *AU* & *EAU*. L'*U* des Allemands, qui leur est commun avec les Anglois & les Italiens, se prononce *OU* par les François, & *OE* par les Flamands ; il n'est cependant rien moins qu'une diphtongue. L'*W* n'est autre chose que l'*U* rapidement & fortement prononcé.

Les voyelles muettes sont l'*A*, l'*O* & l'*U* des Allemands, auxquelles répondent l'*AI*, l'*EU* & l'*U* des François. La voyelle *A* manque aux Flamands ; mais ils rendent l'*O* & l'*U*, comme les François, par *OU* & *U*. Les Anglois n'ont dans cette classe que l'*A*, qu'ils expriment par un *A* particulier, comme dans les mots *take*, *make*. Enfin les Italiens ne connoissent aucune de ces lettres. Les caracteres de ces voyelles sont particuliers à la langue Allemande ; ils ont été très-ingénieusement inventés par nos ancêtres, quoique la plupart des Modernes en ignorent la raison. Ces caractères sont simples, & surmontés d'un petit *E*, parce que le son qu'ils signifient est unique, quoique mixte; car on articule tellement ces lettres *A*, *O* & *U* dans l'idiôme dont nous parlons, que l'on rend le passage de la voix plus étroit, la langue & les dents étant placées comme il convient pour prononcer un *E*; ainsi l'*E* forme avec l'*A*, l'*O* & l'*U*, une voyelle unique & muette; & c'est en cela que consiste leur différence d'avec les diphtongues.

J'ai cru qu'il seroit superflu de rien ajouter sur les diphtongues formées par ces voyelles, ou qui pourroient en être composées. Mon projet n'est point du tout d'écrire un Traité de Grammaire, mais d'examiner la nature des lettres. Je dirai cependant en général, à ce sujet, que les diphtongues se forment, quand on parle, par la prononciation successive & plus prompte qu'à l'ordinaire de deux, & rarement de trois voyelles. J'ajoute que c'est les écrire correctement, que de les exprimer par les caractères des voyelles qui les composent. Mais comme la plupart des Nations écrivent si mal leurs diphtongues, qu'on n'entend dans la prononciation qu'une des deux, ou même aucune des syllabes dont elles sont formées ; je n'entreprendrai point de les soumettre chacune en particulier à l'examen, & j'abandonne ce travail à ceux qu'il intéresse. Il ne sera difficile à personne, en consultant ce qui précede, de rapporter toutes les diphtongues quelconques, à ce que j'ai dit sur les voyelles, & de les éprouver, comme à une pierre de touche, aux regles que j'ai tracées pour ces dernieres.

On place dans la seconde classe générale des lettres les demi-voyelles, ainsi appellées, parce qu'elles se forment par un souffle sonore, ou par la voix, mais qui diminue de force dans le trajet qu'elle parcourt : on peut cependant les enfler à volonté, comme les voyelles pleines. Il y en a, comme je l'ai déja dit, de nasales, dont le son s'échappe par le conduit qui s'ouvre des narines dans la cavité de la bouche. La voix modifiée par les cartilages du larynx, est forcée d'enfiler cette route, soit lorsque poussée vers les dents, elle les trouve serrées l'une contre l'autre, ce qui la fait refluer &

fortir par les narines, & c'eft alors une *M* que l'on prononce ; foit quand la pointe de la langue eft appliquée au palais antérieur & aux dents fupérieures, & que la voix ne peut pas trouver d'iffue par la bouche, elle retourne du côté des narines qui lui font ouvertes, & on articule une *N* : foit enfin quand la voix eft tellement refferrée par l'union de la partie poftérieure de la langue avec le palais, qu'elle n'a pas d'autre voie à prendre que celle des narines, & alors le fon qui eft produit, eft celui de l'*N* avant le *G*, le *K* ou le *Q* ; fon qui n'a point de caractere particulier dans aucun idiôme, fi ce n'eft peut-être dans la langue Hébraïque, & qui differe cependant autant des autres nafales, que le *K* reffemble peu au *T* ou au *P*. Pour conftater la vérité de ce que nous venons d'avancer fur ces voyelles, on n'a qu'à fe ferrer fortement le nez avec les doigts, qu'on multiplie alors fes efforts pour prononcer une de ces trois lettres, ils feront infructueux. La prononciation des voyelles nafales & des orales, dont nous allons parler, eft la même dans toutes les langues. Je n'ajouterai qu'une observation qui regarde l'*N*; c'est que lorsqu'un mot quelconque se termine par cette lettre, & que le suivant commence par un *B* ou un *P*, un *G* ou un *K*, un *E*, un *Q*; alors, pour éviter l'euphonie, nous la changeons dans la prononciation, même sans nous en appercevoir, en *M*, si elle se rencontre devant un *B* ou un *P*: si au contraire elle est suivie d'un *G* ou d'un *K*, nous prononçons cette lettre du mot précédent, comme si elle ne ne faisoit qu'une syllabe avec elles. Ceci peut aider beaucoup les Sourds, & leur faciliter l'usage de la parole & de la lecture.

J'appelle demi-voyelles orales, les lettres qui se prononcent bien par l'ouverture de la bouche, mais dont le son ne sort pas librement & à plein canal, comme dans les vraies voyelles. On en compte deux, l'*L* & l'*R*. La premiere se forme lorsque la partie antérieure de la langue suffisamment étendue, s'applique fortement au palais & aux dents supérieures, de façon que la voix ne peut sortir que comme un filet très-petit, & en se glissant le long des parois de la langue. Si vous serrez les joues contre les dents molaires, vous fermez toute issue à la voix, & vous ne pouvez plus prononcer cette lettre qu'avec la plus grande difficulté. L'R est un son qui se balance avec une très-grande rapidité. Cette lettre a lieu lorsque la partie mobile de la langue frappe le palais vivement & à plusieurs reprises, en se retirant aussi-tôt, tandis que la portion épaisse reste en repos. Par ce moyen, la voix modifiée dans le larynx éprouve durant la prononciation un mouvement oscillatoire, &, pour ainsi dire, de flux & de reflux, qui lui communique un certain tremblement; de-là vient que chez les personnes qui ont la portion antérieure de la langue très-épaisse & si pesante, qu'elle se meut plus difficilement que sa partie postérieure, lorsqu'elles veulent lui donner ces inflexions; la lettre R se forme seulement dans le gosier; mais jamais elles ne viennent à bout de la prononcer convenablement, soit qu'elles jouissent de l'organe de l'ouie, soient qu'elles en soient privées.

La troisiéme classe des lettres est occupée par les consonnes produites par l'air ou le souffle non sonore, dans les diverses modifications duquel consistent toute leur force & leur différence. Il est cependant quelques-unes de ces lettres qui mériteroient peut-être le nom de demi-voyelles ; telles sont le Z, le V, & le J des François ; le TH des Anglois, &c. & j'ai souvent pensé à leur donner ce rang. Quoi qu'il en soit, je m'en suis abstenu, dans la crainte de mériter la qualification de novateur, qui est toujours odieuse ; & je n'ai point voulu paroître empiéter sur les limites des consonnes, en reculant celles des demi-voyelles. Ces lettres que je viens de citer, sont d'ailleurs accompagnées d'un certain souffle rude, qui paroît tenir de plus près à leur nature, que le léger murmure qu'on y ajoute. Je leur conserverai donc la dénomination que semble exiger la partie qui domine chez elle.

Les consonnes en général, sont ou simples ou doubles, & dans toutes le son passe par la bouche, & non point par le nez. Les simples se partagent en sifflantes, qui, à l'exemple des voyelles & des demi-voyelles, peuvent être enflées & adoucies à volonté ; & en explosives, dont l'explosion se fait tout-à-coup & par un seul effort. Enfin j'ai sous-divisé les unes & les autres en deux classes différentes; sçavoir, en simplement telles, & en celles qui sont jointes à un très-léger son.

Les consonnes sifflantes, simplement telles, sont produites par l'air comprimé dans quelque partie de la bouche, & qui sort avec sifflement par une ouverture très-étroite, ce qui donne le son de la lettre *H*; telles sont les consonnes *H*, *CH*, *S*, *SCH*, qui ne different point de la même lettre de l'alphabet Hébraïque, & *F*, ou *PH*. La lettre *H* est la plus simple de toutes les consonnes; elle ne diffère de l'air que nous laissons échapper ordinairement par la bouche durant la respiration, qu'en ce que le son qui la produit est un peu plus resserré dans l'ouverture du larynx, ou la glotte. Elle est aussi la matiere commune des lettres suivantes. Lorsque le gosier, à l'aide de la portion postérieure de la langue, est élevé, & qu'il forme au-dehors une espece de nodosité, ce qui le retrécit de maniere que le souffle ne peut plus sortir qu'avec sifflement, & par effort, l'*H* devient le *CH* des Flamands & des Allemands, qui est le même que le *X* des Grecs, & le *G* des Espagnols dans

le mot *mugere*. Les langues Françoise, Italienne & Angloise, manquent de cette consonne, quant à la prononciation, quoiqu'elles en aient le caractere ; de-là il arrive que, lorsque quelques particuliers de l'une de ces Nations veulent s'appliquer à l'étude de l'Allemand & du Flamand, ils rencontrent toujours quelque obstacle lorsqu'ils en sont à cette lettre. Si on éleve doucement la partie moyenne de la langue, tandis que l'on applique contre les dents sa partie antérieure, de façon à ne laisser échapper le souffle que par des filets très-déliés, & à travers les interstices de ces dernieres, la lettre *S* se forme & prend un son qui est commun à toutes les Nations : que si le passage de la voix est moins étroit, parce que la langue est plus déprimée, il se fait une *S* plus obtuse, que les Allemands rendent par *SCH*, les François par *CH* & *G*, quand elle suit les lettres *E*, *I* ou *Y* ; & les Anglois par *SH* : ces caracteres sont inconnus aux Italiens & aux Flamands. Enfin l'*F* ou le *PH* a lieu quand la levre inférieure se pose tellement sur les dents supérieures, que le souffle n'a pas d'autre
issue

issue que leurs intervalles. Cette lettre se prononce également dans toutes les langues. J'ai vu un enfant qui ne pouvant l'articuler, parce que sa levre inférieure étoit trop courte, je lui prescrivis de placer la levre supérieure sur les dents inférieures, & par-là je lui en facilitai la prononciation.

Les lettres sifflantes, avec un son qui se prolonge, sont le *G* des Flamands, sur-tout lorsqu'il est au commencement d'un mot; le *Z* des mêmes, & des François; le *J* de ceux-ci, & le *V* de presque tous les Peuples. Il faut avouer que ces lettres sont précisément les mêmes que celles que j'ai appellé plus haut simplement sifflantes. Le *G*, en effet, est le *CH*; le *Z* est l'*S*; le *J* est le *SCH*, & le *V* est l'*F*; avec cette différence cependant, que lorsqu'on prononce celles dont nous parlons, elles sont accompagnées d'un son très-léger, ce qui les rend plus douces que les autres.

L'autre espece de consonnes sont les explosives, dans la formation desquelles le souffle rassemblé dans la partie postérieure de la bouche, moyenne ou antérieure, est écarté des narines par la luette qui l'empêche d'enfiler leurs conduits, & fort tout-à-coup avec une forte d'explofion. Ces lettres font ou tout-à-fait muettes, & n'ont aucune efpece de fon qui les accompagne, telles que le *K*, le *P*, le *T*; ou bien elles commencent par un fon très-léger, & leur explofion fe fait plus doucement, comme dans le *G* des François, lorfqu'il fuit un *A*, un *O*, ou un *U*; & qui leur eft commun avec les Allemands, les Anglois & les Italiens, dans le *D*, &, fi je ne me trompe, le *TH* des Anglois, & enfin dans le *B*.

Les premieres, c'eft-à-dire, les confonnes explofives muettes, fe forment lorfque la partie poftérieure de la langue s'attache fortement au palais, alors l'air que nous fommes néceffités de chaffer au-dehors, durant cet intervalle, ne peut fortir ni par la bouche, ni par les narines, il fe fait bientôt un relâchement fubit dans ces parties; l'air répand librement tout fon jeu, il s'échappe, & on prononce un *K*, un *Q*, ou un *C*, à moins qu'il ne foit précédé d'un *E*, ou d'un *I*. Si le fouffle, après avoir été raffemblé vers la partie moyenne de la bouche, dans le voifinage des dents, eft relâché tout-à-coup, il se fait un *T* : enfin, lorsque l'on donne issue à l'air renfermé dans la cavité de la bouche par la compression exacte des levres l'une sur l'autre, c'est un *P* qui se forme. Ces lettres ont la même prononciation chez tous les peuples; chez quelques-uns cependant, on les prononce en aspirant.

Les secondes sont au même nombre que les premieres, & se forment de la même maniere, excepté cependant que lorsque nous voulons les proférer, l'effort que nous avons à faire pour chasser l'air au-dehors, est bien moindre. Nous commençons, en prononçant ces lettres, par donner un son obscur & très-court, au moyen de ce que le passage, par la bouche & par les narines, lui est totalement fermé : c'est ainsi que du *K*, se fait le *G*, tel que les François, les Allemands, &c. l'articulent, (lettre que les Flamands n'ont point ;) du *T* se fait le *D*, & le *P* se change en *B*. J'avertis ici le Lecteur qui auroit le dessein d'instruire des sourds & muets, de ne pas s'occuper beaucoup de cette différence. Comme le son qui accompagne les lettres *G*, *D*, *B*, ne peut s'échapper, ainsi que nous venons de le dire, ni par la bouche, ni par les narines, mais qu'il doit être légérement agité dans le gosier, il pourroit arriver très-aisément que les Eleves ajoutassent à ces lettres quelques-unes des demi-voyelles nasales, & qu'ils prononçassent *M B*, à la place de *B*, *N D* au lieu de *D*; ce qui seroit pire que s'ils omettoient entiérement ce son. On se contentera donc de leur montrer que cette derniere classe des consonnes explosives, ne differe de la premiere que d'un dégré.

Suivent enfin les consonnes doubles qui terminent le tableau, & sur lesquelles j'ai peu de chose à dire. J'irai même plus loin, & s'il m'est permis d'exposer ici mon sentiment, j'avancerai, avec confiance, que nous pourrions nous en passer sans qu'il en résultât, pour le langage, aucune incommodité. On ne trouve point, en effet, de telles lettres dans la nature des choses; mais comme il a plu aux anciens d'inventer de semblables caracteres, & que les modernes en ont ajouté d'autres qui, quoique réellement plus simples, n'en expriment pas moins deux consonnes, lesquelles sont les mêmes que celles que j'ai décrites jusqu'ici : je me crois obligé de rapporter aux consonnes simples, les doubles qui sont aujourd'hui en usage. Ces consonnes doubles sont composées quelquefois de deux lettres tout-à-fait muettes, telles que l'*X*, formé par le *K* & l'*S*, ou par le *G*, & la même lettre. Le *Z* ou le *C* des Allemands, quand il suit l'*E* ou l'*I*, est dû à l'union du *T* & de l'*S*; le *Z* & le *T* des Italiens s'y rapportent, quand il est précédé de l'*I* pur. Le *C* du même idiôme, placé devant l'*E* ou l'*I*, est la même chose que la consonne *CH* des Anglois, composée du *T* & de *SCH*. Deux lettres légérement sonores, entrent quelquefois dans la formation de ces mêmes consonnes ; telles sont le *J* & le *G* des Anglois & des Italiens, devant l'*E* ou l'*O*, toutes deux résultantes de l'union du *D* & du *J* des François. Je n'entrerai pas dans un plus long détail, & il seroit superflu d'exposer la formation de chacune de ces consonnes en particulier, puisque j'ai déja expliqué la nature des lettres qui les composent.

J'aurois pu donner beaucoup plus

d'étendue à ce Catalogue des lettres, & détailler la maniere dont plusieurs autres, bien différentes de celles que j'ai décrites, sont formées par les organes de la parole; mais à quoi cela auroit-il servi, je le demande ? Il seroit seulement à souhaiter que les Juifs, les Grecs & les Romains nous eussent laissé de telles descriptions de leurs lettres; on ne disputeroit pas encore à présent, comme on fait tous les jours, sur la véritable prononciation qui leur convient.

CHAPITRE TROISIÉME.

Dans lequel j'expose la méthode dont je me sers pour montrer à parler aux Sourds & Muets de naissance, ou qui ne sont devenus tels que par maladie, & pour corriger les défauts de la parole qui ne sont pas incurables.

JE n'aurois pas besoin de pousser mon Ouvrage plus loin, & ce que j'ai dit jusqu'ici des lettres & de leur formation, devroit suffire à un Lecteur attentif pour le mettre en état de rendre la parole aux Sourds & Muets; il lui seroit même facile, avec un peu de réflexion, de suppléer aux matieres que j'ai promis de traiter dans ce Chapitre, quand je n'ajouterois rien à mes principes, puisqu'ils contiennent le fondement de ma doctrine, & tout le méchanisme de ma méthode; mais bien des personnes auroient peut-être à se plaindre que je n'ai fait qu'exciter leur curiosité sans la satisfaire. Je vais donc développer avec candeur, & sans reserve, tout ce que j'ai observé d'important & de nécessaire à l'institution des Sourds & Muets, durant l'espace de dix ans que je me suis appliqué à l'éducation, tant de ceux qui étoient nés avec cette infirmité, que de ceux qui ne l'avoient contracté que par accident : car je remarquerai ici en passant, que les enfans qui deviennent sourds avant d'avoir parlé leur langue naturelle, d'avoir appris à la lire & à l'écrire, perdent bientôt l'usage de la parole. J'espere, par mon exemple, encourager quelqu'un à me suivre dans cette carriere, & à me faire ainsi des coopérateurs dans un travail bien digne d'exciter l'émulation des cœurs sensibles. Les circonstances feront que, peut-être, je paroîtrai obscur à certains Lecteurs; mais j'ose me persuader d'avance que ce sera plutôt leur faute que la mienne, & que sans doute dans ce cas ils auront parcouru mon livre avec la négligence que l'on apporte en lisant un Roman. Je puis assurer, sans témérité, que mes principes peuvent le disputer d'évidence avec les principes mathématiques. En effet, depuis le temps que je me suis livré à ce genre d'occupation, je n'ai encore renvoyé, sans être suffisamment instruits, qu'une jeune fille, née avec une pesanteur d'esprit qui la rendoit incapable de tout progrès; & un sale Juif, de la plus basse extraction, dont je prévoyois que le pere ne me remercieroit même pas, pour toutes les peines que je m'étois donné. Il y a plus, je suis parvenu, dans l'espace de deux mois, à faire lire mes Éleves, & à leur faire prononcer plusieurs mots. La vérité de ce que j'avance n'échappera à personne, pour peu qu'on se rappelle que le discours consiste dans des mots prononcés, comme il convient, & dans un ordre naturel; que les mots eux-mêmes sont composés de lettres qui se combinent de différentes façons; enfin, que la nature & la force des lettres dépendent de la voix & du souffle, modifiés de mille & mille manieres. Si donc il est clair que chaque lettre, en particulier, demande une configuration spéciale & déterminée des organes vocaux, & que la différence de l'une à l'autre, ainsi que je l'ai enseigné dans mon second Chapitre, est sensible à l'œil; qui pourroit nier que les sourds & muets, qui

O v

ne sont point privés de la vue, à l'aide d'un maître intelligent, ne parviennent, avec le temps, à connoître les lettres, à en former des mots, en les articulant succesivement, & enfin à prononcer des discours suivis & conséquens.

La première qualité que j'exige dans un sourd & muet, que je me propose d'instruire, c'est qu'il ait l'esprit vif, & le caractere docile : je veux qu'il ne soit pas d'un âge trop tendre ou trop avancé, mais qu'il entre dans l'adolescence ; c'est-à-dire, depuis sa huitiéme, jusqu'à sa quinziéme année. Je demande, en dernier lieu, que ses organes de la parole soient bien constitués : voici mes raisons. Les enfans stupides ne sont susceptibles de rien apprendre ; ceux qui végetent encore dans la première enfance, sont trop inappliqués, & ne connoissent nullement l'usage & les avantages des choses qu'on leur enseigne. Les prend-on un peu trop âgés, ou leur humeur est difficile, ou leur timidité est excessive & insurmontable ; enfin, ceux qui, outre la surdité qui les afflige, ont encore les organes de la parole mal disposés, pourront bien, à la vérité, avoir l'intelligence de ce qu'on leur dira, exprimer même leurs propres pensées par écrit, mais sûrement ils n'apprendront jamais à parler.

Mon premier soin, lorsque je me suis chargé d'un Éleve qui me convient, est de lui faire produire quelques sons : s'il n'y peut parvenir, c'est en vain qu'on se disposeroit à lui donner des leçons de langage ; tout travail deviendroit infructueux auprès de lui, & jamais il ne parlera avec une voix claire & distincte. Le moyen par lequel les sourds, que j'avoue avoir été mes maîtres en cette partie, distinguent en eux-mêmes la voix, du souffle non sonore, est, sans contredit, le grand mystere de notre Art ; il est en quelque sorte leur organe de l'ouie, ou du moins il leur en tient lieu. Ce moyen, dis-je, n'est autre chose que ce mouvement de tremblement, & ce chatouillement qui se fait sentir dans leur gosier, durant qu'ils font éclater librement leur voix, ce qui leur arrive assez fréquemment. Comment, sans cela, un sourd comprendroit-il jamais quel est mon dessein, lorsque j'ouvre la bouche pour prononcer une lettre, & que je lui fais répéter le même exercice ? Qui lui enseigneroit à distinguer si je bâille seulement, si je pousse un souffle privé de son, ou bien si je produis une voix qu'il doit imiter ? J'approche donc sa main de mon gosier, que je lui fais toucher, & il sent à merveille ce mouvement de tremblement qui s'y passe, lorsque je rends un son. Je lui fais mettre ensuite cette même main sur son propre gosier, & je lui fais signe de m'imiter ; par-là il parvient à modérer, à son gré, sous le doigt, sa voix, de telle maniere qu'il est bientôt en état de percevoir les plus légers accens. Je ne suis point surpris lorsque dans les commencemens la voix est rude & difficile, le temps & la répétition des exercices remédient à ce défaut. Les organes se prêtent, & la voix devient successivement douce & facile. C'est de la même maniere que je déshabitue mes Éleves de jetter ce cri désagréable qui est familier à presque tous les sourds, & qui differe singuliérement de la voix ordinaire. Je leur fais y substituer la voix humaine, qu'ils produisent au moyen du tremblement qu'ils communiquent au larynx.

Dès que j'ai obtenu la voix que je defirois de mon Éleve, ce qui arrive communément à la premiere tentative, je me mets fur le champ à lui montrer comment on prononce les voyelles, c'eft-à-dire, que je lui fais modifier l'ouverture de la bouche, tandis qu'il forme le fon dans le larynx, de la même maniere que je l'ai décrit ci-deffus, en parlant de la formation de ces lettres. Pour lui faciliter ce travail, je lui place un miroir devant les yeux; par-là il acquiert plus aifément l'habitude des mouvemens multipliés & divers de la langue, de la mâchoire & des levres, néceffaires pour former des voyelles ; habitude que peut-être il auroit de la peine à contracter, en cherchant feulement à imiter ceux qu'il me voit faire, s'il ne les effayoit pas lui-même de temps en temps devant fon miroir. C'eft, en effet, un principe généralement reçu, que nous ne réuffiffons à mouvoir tous les mufcles de notre corps, felon nos defirs, qu'après nous être exercés très-long-temps; & c'eft également une expérience que font tous les jours les perfonnes qui apprennent à danfer, à chanter, ou à jouer de quelque inftrument de mufique. J'accoutume donc mon Eleve à imiter les mouvemens qui lui font néceffaires, devant un miroir, jufqu'à ce que fes organes aient pris, en quelque forte, leur pli, & les exécutent avec facilité. Ces différentes obfervations m'ont fait connoître combien on fe trompe de croire que les fourds parleroient auffi-tôt qu'on leur rendroit l'ufage de l'ouie. Il y a bien, à la vérité, un rapport très-intime, & une correfpondance parfaite entre les organes de l'ouie & ceux de la parole, au moyen defquels il nous eft prefque naturel d'imiter les fons que nous entendons ; mais je les crois infuffifans pour produire dans nous cet effet dès la premiere fois. Ce n'eft qu'en nous efforçant long-temps d'imiter les fons que prononcent les autres, & en écoutant notre propre voix, que nous parvenons à en faifir les rapports mutuels ; & telle eft la maniere dont tous les enfans apprennent à parler par dégrés. Que fi quelqu'un veut apprendre à parler, qu'il foit fourd où qu'il entende, il n'est pas moins nécessaire qu'il tienne la même marche que s'il s'instruisoit dans un Art quelconque; & alors, comme je l'ai déja insinué dans mon premier Chapitre, il a besoin d'un long usage pour donner à ses organes l'aptitude & la flexibilité requises. C'est par cette raison qu'il nous faut un long espace de temps pour prononcer correctement les lettres d'un idiôme étranger.

Qu'on me permette de faire ici une observation essentielle; c'est que toutes les fois que je montre aux sourds à prononcer quelque lettre, je l'écris sur le champ devant eux, dans la persuasion où je suis, qu'autrement ils ne sçauroient se graver dans la mémoire l'idée de cette lettre, ce qui leur est cependant indispensable. Pour m'assurer davantage de leurs progrès, je leur fais quelquefois répéter quelques lettres que j'ai écrites sous leurs yeux, sans les avoir prononcées, & quelquefois aussi je les leur fais articuler & imiter avec la plume, après que je les ai simplement prononcées : cet exercice est pour eux d'une incroyable utilité. Les lettres s'impriment plus profondément dans leur mémoire, & ils font par-là en état de les répéter aisément durant mon abfence. Enfin, ce qu'il y a de plus étonnant, c'eft que lorfqu'ils connoiffent toutes les lettres de l'alphabet, & qu'ils les lifent facilement, dès-lors même je leur fais écrire correctement tout ce qu'il me plaît de leur dicter. Mon ufage eft de leur montrer rarement plus de deux ou trois lettres dans un jour, pour ne point apporter de confufion dans leurs idées.

La prononciation des voyelles eft un exercice très-délicat, & que l'on doit diriger avec prudence, parce que le moindre changement dans la pofition de la langue, en altere néceffairement le fon. Les fourds, de même que ceux qui jouiffent de l'organe de l'ouie, ne les prononcent pas toutes avec la même ouverture de la bouche ; il faut donc varier fa méthode auprès d'eux. Le fon des voyelles *E* & *I*, *O* & *U* ordinaires, *O* & *U* des Allemands, étant prefque le même, il arrive fouvent que les fourds les confondent enfemble, fur-tout dans les commencemens, & en articulent une, tandis que je leur en demande une autre ; j'emploie la ruse pour remédier à cet inconvénient. Je ne reprends point mes Éleves dans ce cas, au contraire, je les applaudis, comme s'ils eussent prononcé la lettre que j'avois exigé d'eux ; je leur prescris seulement de répéter plusieurs fois ce son qu'ils ont déja rendu ; & enfin j'écris devant eux le caractere qui exprime cette même lettre, après avoir effacé celui de la premiere que je leur avois demandé. C'est ainsi que j'obtiens, comme par hasard & sans aucun travail, la voyelle que peut-être autrement ils n'eussent dite qu'avec beaucoup de difficultés. Je suis aussi dans l'habitude, lorsque mes Éleves apprennent les voyelles, de leur faire mettre souvent leurs doigts sur mon gosier, & de comprimer doucement, avec les miens, leurs narines : je les accoutume ainsi à donner, en parlant, une voix forte & à plein canal.

Lorsque l'usage a rendu la prononciation des voyelles familiere à mes Éleves, nous passons aux demi-voyelles, qui sont un peu plus difficiles à saisir, & sur-tout les nasales. Les sourds ne pouffent jamais la voix du côté des narines, fi on ne leur apprend à le faire. Je commence donc par la lettre *M*, c'eſt la plus diſtinƈte & la moins difficile ; avec elle ils s'accoutumeront plus aifément à faire paſſer la voix par le nez. Je preſcris aux ſourds que j'inſtruis, de preſſer leurs levres l'une contre l'autre, & d'appliquer la main fur leur goſier, tandis qu'ils produiſent un ſon. Ce fera néceſſairement dans ce cas celui de *M*, & non pas comme on le fait prononcer ordinairement, & fi mal à propos *EM*. La fille d'un *M. Kolard*, avant qu'elle fût confiée à mes ſoins, prononçoit bien *papa*, expreſſion familiere, & plus facile à être faiſie par les yeux, que bien d'autres ; mais il lui étoit impoſſible d'articuler *maman*, quoique, fuivant l'aveu de ſon pere, on eût tenté mille fois de le lui faire dire. J'y réuſſis cependant en moins d'une minute, par le moyen que je viens d'indiquer.

Je ne puis aſſez répéter au Leƈteur, & lui faire trop ſentir la néceſſité de ce que j'ai preſcrit au Chapitre ſecond, touchant les demi-voyelles & les conſonnes. J'y ai avancé très-expreſſément qu'il ne falloit point que les sourds, confiés à nos soins, prononçassent jamais ces lettres avec les voyelles qu'on y joint d'ordinaire ; telles, par exemple, que *em, en, ka, ef,* &c. ce seroit les mettre dans le cas de ne jamais ni lire, ni parler correctement. La force & la propriété des demi-voyelles & des consonnes, ne réside pas dans ces voyelles sur-ajoutées, mais dans une voix ou souffle particuliers, & d'un genre déterminé qui leur convient. C'est ainsi que dans le mot *man*, la propriété de la lettres M consiste toute entiere dans le son qui sort par les narines ; car on ne prononce point *emman*. L'instituteur qui se conduiroit autrement, & qui auroit appris à ses Éleves à prononcer ces lettres suivant la méthode routiniere, auroit le désagrément, s'il vouloit leur faire articuler les mots *tafal* ou *hond*, de les entendre prononcer ainsi *TE, A, EF, E, EL,* ou *HA, O, EN, DE*, ce qui seroit tout-à-fait ridicule. Mais la difficulté de corriger ce défaut, seroit d'autant plus grande, que dans les commencemens on n'a pas pu converser avec eux. Par ma méthode, au contraire, mes Éleves commencent à lire aussi-tôt qu'ils connoissent leurs lettres: qu'est-ce en effet que la lecture? Sinon la prononciation successive des lettres dont les mots sont composés. Par exemple, pour prononcer le mot *mond*, il ne faut rien faire autre chose qu'articuler les lettres *M*, *O*, *N*, *D* de suite & sans intervalle, & le mot *mond* se dira de lui-même.

N. B. La méthode dont je parle, pourroit être adoptée dans les Ecoles de la Jeunesse, & je suis convaincu qu'elle y réussiroit, sur-tout par rapport aux langues dont les lettres s'expriment par des mots, comme *alpha*, *omega*, *gimel*, *dubbeld*, *u*, *y grec*, &c. Les enfans perdent beaucoup de temps, & souvent le desir de s'instruire, avant qu'ils soient parvenus à séparer par abstraction les lettres initiales de ces mots, & à les lier à d'autres en lisant. Je puis me glorifier, tout ennemi que je sois d'une sotte jactance, d'avoir ainsi, par pure bienveillance, montré à lire à des enfans qui n'avoient jamais fréquenté les écoles, & qui ne connoissoient point la méthode vulgaire d'épeler, & ce, dans l'espace de deux ou trois jours, par maniere de récréation, & en paroiſſant m'occuper de toute autre choſe. J'appris également au fils d'un Tailleur d'habits, d'Amſterdam, né ſourd & muet, dans le cours de deux ſemaines, à lire & à ſçavoir par cœur toute l'Oraiſon dominicale. Combien doit-il me paroître étonnant que cette méthode abrégée de lecture, ait été ou tout-à-fait inconnue, ou du moins négligée juſqu'ici ?

Je ne connois rien de particulier aux deux autres naſales, qui ſont l'*N* commune, & l'*N* telle qu'elle ſe prononce avant le *G* ou le *K*, & qui differe totalement du premier. Pour les enſeigner à mes Éleves, je les fais voir dans un miroir quelle eſt la ſituation de la langue qu'elles exigent toutes deux. J'approche une de leurs mains de mes narines, de façon qu'ils puiſſent ſentir l'air ſonore qui s'en échappe, & je place l'autre ſur mon goſier, pour qu'ils reçoivent l'impreſſion du tremblement qui s'opere dans le larynx. J'avertis ici que la lettre *N*, lorſqu'elle eſt ſuivie d'un *B* ou d'un *P*, ainſi que la lettre *M*, quand elle précede les lettres *G*, *K* ou *Q*, ſe prononcent comme *NG*;

pour la plus grande commodité, par presque tout le monde, ce qui n'est point à négliger vis-à-vis les Sourds & Muets. Les François donnent presque toujours à leur *N* finale, le son de *NG*; observation que doivent faire les personnes qui auroient à instruire un Sourd de cette Nation.

Pour enseigner à mes Éleves la lettre *L*, je leur prescris d'appliquer la langue aux dents incisives & canines supérieures seulement, & à la partie du palais qui les avoisine. Dès qu'ils ont ainsi disposé convenablement leurs organes, je leur fais signe avec la main de donner de la voix; mais afin qu'ils ne se trompent pas, & qu'ils ne prononcent point une *N* au lieu de *L*, ce qui arrive toujours lorsqu'on ferme tellement le passage à la voix, qu'elle reflue vers les narines; je comprime doucement avec les doigts cette derniere partie, jusqu'à ce qu'elle ait pris son pli, & je force ainsi la voix à sortir par la bouche avec le son de *L*.

De toutes les lettres, l'*R* est la plus difficile à prononcer; & c'est la seule qui, jusqu'ici, ait résisté à mes tentatives. Parmi les Sourds auxquels j'ai donné mes foins, il n'en est cependant que deux qui la modifient dans le gosier, sans pouvoir le produire au-dehors ; ce qui, je crois, vient de ce qu'ils ont l'un & l'autre la langue si épaisse, qu'ils ne fussent jamais venu à bout de l'articuler, quand même l'organe de l'ouie ne leur eût pas manqué. Je m'y prends de cette façon pour montrer cette lettre. Je place la main de mon Éleve alternativement sur mon gosier & sur ma bouche, pour lui faire palper l'air qui sort en frémissant, & qui quelquefois est interrompu. Je lui fais aussi remarquer dans un miroir le mouvement de tremblement & d'ondulation qui agite la langue. Au reste, je ne conseille à personne d'attendre d'un Sourd, pour la premiere fois, une belle prononciation de cette lettre. Je dis plus, il ne faut point trop fatiguer l'Éleve en réitérant fréquemment, ou en prolongeant long-temps l'exercice qu'elle demande. On doit remettre ce travail à un temps plus commode, & attendre que les organes de la parole ayent acquis, par le long usage, la mobilité nécessaire.

Je regarde ma carriere comme très-avancée, lorsque je suis parvenu à graver dans la mémoire de mes Éleves, les voyelles & les demi-voyelles. Il ne faut, pour ainsi dire, aucune espece de travail pour leur enseigner les consonnes. Ces lettres sont formées par un souffle tout-à-fait muet, ou bien légérement sonore; lequel, par les différens dégrés d'ouverture ou de clôture exacte qu'on sçait donner à propos aux trois régions de la bouche, sort successivement ou avec une sorte d'explosion, & tout-à-coup. Les Sourds peuvent distinguer facilement ces lettres, en plaçant leur main devant la bouche, pour estimer la force du souffle quelle chasse au-dehors.

La lettre *H*, la plus simple de toutes les consonnes, n'est autre chose que l'air qui sort dans le moment de l'expiration, mais avec un peu plus de densité & d'agitation qu'à l'ordinaire.

Je montre à prononcer la consonne *CH*, dont le son est beaucoup plus rude que celui de l'*H* simple, en faisant voir à mes Éleves dans un miroir la courbure que prend la langue, & en leur faisant palper le souffle qui la produit. Je m'y prends de la même maniere pour les consonnes

consonnes *S*, *SCH* ou *CH* des François, *SH* des Anglois, & *F* ou *PH*. Rien n'est plus aisé à prononcer que ces différentes lettres ; & la méthode que j'ai donné précédemment, m'a toujours tellement facilité leur enseignement, que je ne me ressouviens pas d'avoir employé pour elles plus d'un quart d'heure d'instruction.

Aux lettres que nous venons d'énoncer, répondent les suivantes qui sont presque les mêmes avec elles, telles que le *G* des Flamands avec *CH*, le *Z* de ceux-ci & des François, avec l'*S* ; le *J* des mêmes François, avec *SCH* ; & le *V*, avec l'*F* ou *PH*. Les dernieres cependant sont accompagnées d'un léger murmure qui se prolonge autant que leur durée ; murmure que je fais imiter aux sourds, en leur faisant mettre une fois seulement la main sur mon gosier. Au reste, il importe peu que mes Eleves ajoutent à ces lettres, ce son prolongé, ou l'omettent, pourvu qu'ils les prononcent un peu plus doucement que les premières.

Il seroit très-facile d'enseigner les consonnes explosives, même à un sourd aveugle ; il en prononceroit nécessairement une d'entre-elles, en lui faisant sentir l'explosion du souffle, chassé au-dehors avec force & vîtesse. Je me contente, pour ces lettres, d'ordonner à mes Éleves de tenir les yeux fixés sur ma bouche & ma langue : j'applique leur main sur mon gosier, & je prononce le *K*, le *T* ou le *P*, lettres que je leur fais répéter sur le champ. A peine s'en trouve-t-il un seul qui se trompe même pour la premiere fois. Ces trois lettres en ont également trois autres qui leur correspondent ; sçavoir, le *G*, tel qu'il se prononce par les François & les Allemands, avec le *K*, le *T* avec le *D*, & sous un certain rapport avec le *TH* des Anglois, & enfin le *P* avec le *B*. Il suffira de montrer aux sourds à prononcer ces dernieres lettres plus doucement & avec moins de force que les premieres.

Je n'ai rien à dire sur les consonnes doubles, sinon que je ne les fais voir à mes Éleves, qu'après avoir épuisé toutes les simples, & lorsqu'ils sçavent en combiner deux ensemble. En effet, s'ils prononcent bien *KS*, je leur apprends alors la lettre *X*, en leur disant qu'elle équivaut au *K* & à l'*S* réunis ;

j'en agis de même pour le reste des consonnes. Le *Z* des Allemands, ainsi que le *C*, avant l'*E* ou l'*I*, n'est autre chose que *TS* ; le *J* des Anglois est le *D* & le *J* des François ; & le *CH* des mêmes Anglois ne differe point du *T* & du *SH*, &c.

Telle est ma méthode de procéder, pour montrer aux sourds à prononcer toutes les lettres les unes après les autres ; cela ne suffit pas, il faut encore qu'ils sçachent parler. Je vais donner ici quelques principes sur la maniere de joindre ces lettres ensemble, très-importans pour la parole & pour la lecture.

J'exige de mes Éleves, dans les commencemens, qu'ils prononcent toutes les demi-voyelles & les consonnes, en tenant la bouche très-ouverte, afin que leurs levres & leurs dents ne m'empêchent point de voir les mouvemens de leur langue. Lorsqu'ils sont suffisamment exercés, je les habitue à donner seulement à la bouche l'ouverture convenable, en articulant les demi-voyelles *N*, *NG*, *L*, *R*, & les consonnes *H*, *G*, *CH*, *S*, *SCH*, *Z*, *K*, *D*, *T* ; autrement il pourroit arriver qu'ils

joigniffent ces lettres à des voyelles, &
à d'autres confonnes, d'où réfulteroient
des hiatus & une cacophonie défa-
gréables. Ils prononceroient, par exemple, *Wiel* pour *Wil*; *Tien*, au lieu de
Tin, &c. Or, tout l'agrément de la
parole & de la lecture, confifte dans
l'union immédiate, & non interrompue,
des voyelles avec les confonnes, & il
faut bien fe garder d'y mêler quelques fons étrangers. Quoiqu'il en foit,
la faifon de l'hiver eft, en général,
la plus favorable pour l'inftruction des
fourds & muets, par la raifon que le
fouffle qui fort de la bouche & des
narines, durant la prononciation, eft
fenfible à la vue.

Lorfque les fourds, confiés à mes
foins, prononcent correctement toutes
les lettres dont j'ai parlé jufqu'ici, je
leur en fais articuler deux ou trois des
plus faciles, & dont le mouvement eft
le plus évident, de maniere qu'elles fe
joignent entr'elles immédiatement, &
qu'il n'y ait point d'intervalles; telles
que les fyllabes, *ab, am, af, ba, fa,
ef, aft, tam, mof,* &c. je leur fais,
par-là, contracter l'habitude de donner à ces lettres le fon qui leur con-

vient. Je les assujettis ensuite, & par dégrés, à des combinaisons plus difficiles, en mêlant ensemble, & de plusieurs manieres, des voyelles, des demi-voyelles & des consonnes. Je leur propose tantôt les unes, tantôt les autres ; je leur apprends ainsi à lire avec un peu d'attention, dans un court espace de temps, & presque sans travail. J'ai soin, pour inculquer d'avantage dans leur mémoire les idées des mots, de leur faire composer, sur le champ, de ces derniers avec des lettres que je prononce successivement, & qu'ils répetent après moi ; puis je les leur fais mettre sur le papier. Je réitere très-fréquemment cet exercice. Je leur apprends ainsi à peindre, non-seulement les lettres, mais encore tous les mots dont ils ont des idées, en y joignant l'orthographe convenable. J'ai réussi, par cette méthode, à montrer en un mois à un enfant de la Ville de *Harlem*, dont l'esprit étoit lent & borné, la prononciation exacte des lettres, à laquelle il joignoit la lecture & l'écriture, dans un dégré très-médiocre à la vérité.

Si une consonne est suivie d'une

autre consonne, comme *ps*, *ts*, *kt*, *gd*, *lf*, &c. ou d'une demi-voyelle, comme *ls*, *lk*, *lm*, *md*, *mf*, *ms*, &c. je prends les plus grandes précautions pour que mes Éleves les joignent ensemble immédiatement ; autrement il arrive souvent, si on n'y fait point attention, qu'ils mettent entre chaque lettre, durant la prononciation, ou un *ou* un *l*. Je préviens cet inconvénient, en les habituant, comme je l'ai remarqué plus haut, à prononcer les demi-voyelles & les consonnes, en n'ouvrant la bouche que suivant le besoin, & à sa volonté. J'avoue cependant que les trois combinaisons suivantes *pm*, ou *bm*, *tn*, ou *dn*, *tl* ou *dl*, m'ont donné une peine incroyable. Je n'obtenois, à leur place, de la part de mes Éleves, que *pem*, *ten*, *del*, jusqu'à ce que j'eusse remarqué qu'il n'étoit pas nécessaire de prononcer ces consonnes explosives, mais que le seul effort requis pour leur formation suffisoit ; ce qui m'a réussi.

Il arrive très-fréquemment, & surtout dans les commencemens, que les Sourds ne prononcent pas assez rapidement les voyelles jointes à une demi-voyelle, ou à une consonne, mais qu'ils en prolongent le son bien au-delà des bornes, ce qui ôte tout l'agrément de la lecture. Je remédie à ce défaut, en faisant précéder les demi-voyelles & les consonnes par les voyelles que je plie le mieux, si je puis ainsi parler, & que je modere, en quelque sorte, avec la main; par exemple, dans ces syllabes.*kam*, *stem*, *stof*, *tip*, *lub*, les voyelles *A, E, I, O, U*, doivent être articulées avec une extrême rapidité; mais pour que mes Éleves ne disent point *kaam*, *stéem*, *stoof*, *tiip*, *luub*, dès que j'ai entendu le son de la voyelle, je presse leurs levres de mes doigts. Je leur montre à modifier ainsi, à leur gré, les voyelles, non-feulement dans les mots dont il est question, mais même dans tous les autres.

Après avoir exercé de cette maniere mes Eleves, pendant quelque temps, je leur donne à lire dans un Livre, que je ferme, lorsqu'ils en ont parcouru une ligne. Je leur prescris alors de tenir les yeux attachés sur moi, tandis que je prononce tous les mots de la phrase qu'ils ont lue, que je leur fais répéter après moi. On ne sçauroit croire combien cet exercice leur est avantageux. Ils s'accoutument ainsi à imiter, au premier coup d'œil, les mots du Livre qu'ils ne font que quitter, & dont l'idée est encore présente à leur mémoire. C'est par cette raison qu'il arrive tous les jours que, lorsque nous avons sous les yeux le livre que quelqu'un lit auprès de nous, ou que nous sçavons par cœur ce qui y est contenu, nous suivons aisément la lecture; ce que nous n'eussions pas fait autrement, soit à cause de la distance où nous sommes du Lecteur, soit à cause de l'obscurité de l'Ouvrage. Je ne voudrois cependant pas fatiguer les Sourds par cet exercice qui est assez désagréable, jusqu'à ce qu'ils eussent fait des progrès suffisans. Ces sortes de personnes veulent être conduites avec beaucoup de douceur & de prudence.

Il se présente ici plusieurs difficultés à résoudre; mais elles ne font qu'apparentes. La premiere, c'est que certaines lettres, comme l'*E* & l'*I*, l'*O* & l'*U* ordinaires, l'*O* & l'*U* des Allemands se prononcent presque avec une égale ouverture de la bouche. La seconde, qu'il en est d'autres qui different très-peu de celles qui leur correspondent : telles sont les nasales, *M*, *N*, *NG*, relativement aux explosives *P*, *T*, *K*. Enfin, il s'en trouve dont le son ne passe pas, pour ainsi dire, le gosier, ainsi qu'on l'observe dans *CH*, ou dans *K* ; ce qui doit nécessairement apporter de la confusion dans l'esprit des Élèves : mais ces difficultés sont réellement de peu de conséquence. Je remarque d'abord que l'expérience des Sourds & Muets, que l'on voit parler, & comprendre ce qu'on leur dit, milite absolument pour moi. Je réponds à présent à la premiere difficulté, en disant qu'on ne doit point exiger des Sourds un discernement parfait des lettres, jusqu'à ce qu'ils se soient rendus familiers un certain nombre de mots. Une fois parvenus à ce point, ils n'hésiteront pas davantage que le Lecteur le plus exercé ne le fait tous les jours, en lisant une Lettre missive écrite avec précipitation, dans laquelle il rencontre à chaque ligne des lettres plus différentes les unes des autres, que l'*M* ne l'est de l'*N*, l'*R* de la même lettre, l'*A* de l'*O*, &c. qui sont cependant tracées avec le même caractere, & qu'on ne peut diſtinguer entr'elles, que par ce qui précede, ou ce qui ſuit. Je dis à la ſeconde difficulté, qu'il faut accoutumer les Sourds à jetter les yeux ſur le goſier des perſonnes qui leur parlent; & la raiſon eſt que les conſonnes exploſives ſe prononcent toujours avec une certaine élévation du larynx, & ſe diſtinguent par-là des naſales qui leur ſont paralleles. Quant à la troiſiéme difficulté, à peine mérite-t-elle qu'on s'y arrête. La lettre *K* eſt une conſonne exploſive; & les modifications que fait ſubir aux organes ***CH***, ſont ſenſibles à la vue. On doit prendre quelques précautions pour s'accommoder à l'infirmité naturelle des Sourds, telles que celles de parler lentement, diſtinctement & la tête élevée; précautions qu'il ne faudra pas négliger, ſur-tout dans les commencemens. Je blâme beaucoup les perſonnes qui ſont dans l'uſage de ſe contourner ridiculement la bouche, en mille manieres, ſous le prétexte de ſe rendre plus intelligibles à nos Éleves, & qui, par des mouvemens de tête continuels, prétendent donner plus d'énergie à leur parole, laquelle, dans le fait, par ce moyen, devient presque inutile aux Sourds.

On m'arrête encore par une objection, & on me dit : Les Sourds que vous aurez instruit, parleront, à la vérité ; mais peut-être qu'à l'exception de vous, ils ne comprendront jamais ce qu'on voudra leur dire. J'avoue que cette difficulté est de quelque importance : on remarquera cependant que, dans le cours ordinaire des choses, la plupart des hommes prononcent avec aussi peu de soin quelques lettres, qu'ils en tracent mal les caracteres sur le papier. Or, avec ces sortes de personnes, celui qui apprend à parler est dans une position semblable à celle de quelqu'un à qui on montre à lire différentes écritures ; mais le Sourd, dont les oreilles, si je peux ainsi m'exprimer, sont dans les yeux, n'a l'intelligence des paroles qu'on profere devant lui, que par une sorte de lecture. Voici donc quel est mon raisonnement. Comme l'enfant qui apprend à lire l'écriture, ne peut se faire d'abord qu'à celle de son Maître, que peu-à-peu il parvient à se rendre familiere celle de ses camarades, & qu'enfin il vient à bout de déchiffrer les écritures les plus mauvaises & les plus inlisibles; il n'est pas surprenant que mes Eleves comprennent dans les commencemens, bien plus facilement ce que je leur dis, que ce que d'autres pourroient articuler devant eux, sur-tout accoutumé que je suis à prononcer les lettres dans toute leur étendue, & non-pas à les mutiler comme on fait trop souvent dans la conversation. Mais je soutiens qu'ils entendront, par dégrés, leurs parens, leurs amis & leurs domestiques, & que bientôt il n'y aura personne qu'ils ne puissent entendre.

Dès que j'ai mis un de mes Eleves né sourd, en état de lire & d'imiter un peu les paroles que je prononce devant lui, je dirige mon instruction sur ce principe que j'ai à faire à un nouvel habitant du monde où nous vivons, & dont l'esprit, semblable à une table rase, est susceptible de recevoir toutes les connoissances qu'on y voudra graver. Je commence par lui apprendre les noms, tant substantifs qu'adjectifs, des choses les plus communes. J'y joins les verbes & les adverbes nécessaires, avec quelques conjonctions. Je passe ensuite aux déclinaisons & aux conjugaisons. Enfin je lui montre les constructions particulieres, ou la syntaxe des langues qu'il doit étudier. J'ai soin de mêler dans mes leçons des exemples qui joignent l'utile à l'agréable. J'insiste beaucoup sur la maniere d'exprimer les demandes des choses nécessaires à la vie ; sur le respect dont ils doivent être pénétrés pour la Divinité, & pour leurs peres & meres, qui en sont la plus vive image ; sur les principes de la justice que l'on doit à chacun ; sur la politesse, &c. J'ai tiré les plus grands secours des cinq cercles mobiles que j'ai trouvé dans l'Ouvrage de *Schwenterus*, intitulé : *les Délices des Mathématiques*. Je regarde ces cercles comme le trésor de la langue Allemande ; j'y ai même fait des additions, & je les ai adaptés à l'idiôme Flamand. On peut apprendre à l'aide de cette machine promptement, & même avec plaisir, non-seulement toutes les combinaisons possibles des voyelles, des demi-voyelles & des consonnes, mais encore la terminaison de tous les mots Allemands, ainsi que leurs dérivés & leurs composés. Ces cercles sont faits d'un carton fort épais ; ils augmentent de grandeur depuis le premier, qui est le plus petit, jusqu'au cinquiéme, dont la circonférence surpasse celle des autres. Tous ont un bord qui excede le cercle précédent, & ce bord seul est chargé de caracteres. Ils sont tellement disposés, qu'on peut, suivant le besoin, les faire mouvoir autour d'un centre commun. Le premier de ces cercles contient toutes les prépositions, & les autres particules avec lesquelles sont composés & les noms & les verbes, comme *ab, an, in, mit, be, ge, ver,* &c. Sur le second sont les lettres initiales *s, st, str, fr, fl, kr, kl, sch, schr,* &c. La troisiéme renferme toutes les voyelles & les consonnes, qui forment avec les précédentes lettres, ou une syllabe, ou une partie de syllabe. Le quatriéme est occupé par les lettres finales qui terminent tous les monosyllabes Allemands, comme *rt, rin, rs, rf, rsch, rt, rn, rk, mt, nt, st, lm,* &c. Enfin on voit sur le dernier les terminaisons des mots de la même langue, comme *en, er, in, ung, heit, sam,* &c. En faisant tourner ces différends cercles, on conçoit aisément comment d'un mot *racine*, il sort plus de cent dérivés & composés, ce qui est fort commode dans l'étude d'une langue, & abrege beaucoup le travail.

Il ne me reste plus, pour dégager ma parole, qu'à exécuter la seconde promesse que j'ai faite en commençant cet Ouvrage. Je vais m'en occuper, & donner les moyens de corriger les défauts du langage; ils sont en si grand nombre, que je dégoûterois sûrement mes Lecteurs en les retraçant tous; & d'ailleurs, qui ignore que très-souvent

Aux remedes de l'Art il est des maux rébelles.

Je n'exposerai donc ici que les principaux, & ceux qui entrent plus particuliérement dans mon plan. Je les distingue en généraux, où la parole en entier est viciée; & en particuliers, quand c'est seulement la prononciation d'une ou de deux lettres qui est défectueuse. Les uns & les autres peuvent être accompagnés, ou non, d'une insigne dépravation des organes de la voix & de la parole.

Des défauts universels de la parole compliqués avec l'altération des organes, il en est qui appartiennent à la voix, tels que l'aphonie, ou sa perte absolue, & les autres façons dont elle peut pécher, soit dans sa qualité, soit dans sa quantité, soit dans la maniere de l'élever; d'autres tirent leur origine de plus loin, & sont dûs à la foiblesse de la langue & des autres organes de la parole, ou à leur paralysie, ou bien encore à l'excessive pesanteur de cette partie; ou enfin à l'immobilité de celles dont le mouvement libre est indispensable; immobilité qu'elles contractent par leur adhérence avec d'autres. L'art dont nous nous occupons maintenant, & cette réflexion n'échappera à personne, ne peut rien contre de tels défauts; leur guérison est du ressort de la Médecine & de la Chirurgie, & nous leur en abandonnons bien volontiers le soin.

Il n'en est pas ainsi des défauts universels de la parole sans vice dans les organes : ces derniers sont de mon ressort. J'en distingue deux principaux; l'un est celui que j'appelle *hottentotisme*; l'autre est le bégayement. J'ai déja décrit l'un dans le premier Chapitre de cette Dissertation, & il est très-rare de le rencontrer. Il consiste en ce que celui qui en est affligé, entend, à la vérité, & discerne à merveille les sons proférés par un autre; mais les modifie de telle maniere en les faisant passer par les organes de la parole, lorsqu'il veut les rendre audehors, qu'il en devient inintelligible à tout le monde. J'ai vu dans cet état la fille de M. *Jean Weer*, Echevin de Harlem; de toutes les lettres elle ne pouvoit prononcer que le *t*, & ses discours n'étoient qu'un assemblage confus & ridicule de cette lettre quelle répétoit à l'infini. Je lui ai cependant montré à prononcer clairement & distinctement toutes les lettres, en n'employant d'autre méthode que celle que j'enseigne aux Eleves sourds & muets. Je suis venu à bout, dans l'espace de trois mois, de corriger tellement ce défaut regardé jusqu'alors comme incurable, qu'il n'en est pas resté de vestiges, & qu'à compter de cette époque, cette jeune & aimable personne parle très-correctement.

Le bégayement est une continuelle méprise dans les discours, qui doit presque toujours son origine à une mauvaise habitude anciennement contractée, laquelle s'est invétérée. Il consiste la plupart du temps dans la répétition laborieuse des lettres explosives ; répétition qni se fait avec tant d'agitation, que le visage de ceux qui bégayent, paroît quelquefois rouge, & souvent même livide ; ce qui est occasionné par le mouvement trop prompt de l'aspiration de l'air, & la lenteur de l'inspiration. La lecture faite à voix claire & élevée ; le récit devant quelque ami, de ce qu'on a lu récemment ; le soin d'apprendre chaque jour quelque chose par cœur, & de le répéter souvent ; les paroles articulées posément & avec réflexion : tout cela s'oppose aux progrès du mal, & y remédie en quelque sorte. J'acheve la curation, en exerçant ces sortes de personnes à prononcer fréquemment des lettres explosives, combinées de toutes les façons, comme dans les syllabes *tak, tek, tik ; pak, pek, pik ; kuyt, tuyt*, &c.

Les défauts particuliers de la parole consistent en ce qu'on ne peut prononcer, ou qu'on prononce mal une, deux ou plusieurs lettres. Ils sont occasionnés, soit par la mauvaise conformation de quelque organe, ou leur débilité, soit par une habitude imprudemment contractée. Les organes susceptibles d'altération, sont actifs ou passifs seulement. Ces derniers sont les conduits de la bouche & des narines, qui donnent passage à la voix & au souffle, & qui, par leur trop grande ouverture, ou leur excessive étroitesse, alterent la parole. L'ouverture de la bouche est viciée par la luxation de la mâchoire inférieure, ou par son immobilité dûe à une autre cause, & alors on ne peut rétablir la parole, qu'en détruisant le principe de ces infirmités. Le conduit nasal est souvent trop ouvert, de façon que la voix & le souffle s'échappent en partie par cette voie. Dans ce dernier cas, indépendamment du vice universel de la parole, & de la dépravation marquée de la voix, il existe un défaut particulier, qui n'est autre chose que l'impossibilité de prononcer les lettres K, T, P, & celles de cette espece, dont le son doit sortir par la bouche. Il est facile d'obvier à cet inconvénient par l'usage d'un obturateur, ou d'une lame très-mince de métal, qui, en bouchant convenablement ce canal, force la voix & le souffle à prendre le chemin de la bouche. Si cet excès d'ouverture dans les narines n'eſt pas conſidérable, on prononce les lettres dont nous venons de parler, en comprimant, ou en bouchant entiérement les narines. Il vaudroit encore mieux s'accoutumer à fermer ce conduit avec la partie poſtérieure de la langue. On me fit voir la fille d'un Libraire de cette Ville d'Amſterdam, dont le conduit naſal ſe prolongeoit juſqu'au milieu du palais. L'enfant, par cette raiſon, ſe refuſoit à articuler les lettres ci-deſſus : je lui en rendis la prononciation facile par la ſeule compreſſion des narines.

Le conduit, dont nous parlons, péche quelquefois par le défaut contraire : il n'eſt que peu ouvert, ou bouché tout-à-fait. De-là naît la difficulté très-grande, ou l'impoſſibilité de prononcer les naſales *M*, *N*, *G*. La ſeule reſſource eſt alors de lever les obſtacles, & d'ouvrir le canal : toute autre tentative ſeroit inutile. Les perſonnes attaquées du *coryza*, vulgairement appellé le *rhume de cerveau*, ou dont les narines ſont engorgées par un *mucus* très-épais, n'articulent qu'avec peine les lettres en queſtion : mais c'eſt mal-à-propos qu'on dit qu'elles parlent du nez, puisque, dans ces cas, la voix ne passe pas du tout par ce conduit.

Les organes actifs de la parole, susceptibles d'altération, sont la langue, la luette, l'une & l'autre mâchoire, les levres & les dents. La langue peut pécher par son volume, par sa qualité, par son mouvement; & ces trois défauts sont quelquefois séparés, quelquefois réunis. Le volume de la langue est souvent excessif, manque plus rarement, à moins qu'il n'y en ait eu une portion coupée, ou rongée par un ulcere. La langue est quelquefois si grande, qu'elle remplit toute la capacité de la bouche; ce qui ne peut avoir lieu, que la parole n'en souffre. Cet organe alors heurte, durant qu'on parle, tous les points de la bouche; d'où il résulte, ou qu'on prononce mal certaines lettres, ou qu'on les estropie, pour ainsi dire, désagréablement. Dans ce cas, si toutefois son volume le permet, la langue doit être dirigée avec la main devant un miroir. J'ai gardé quelque temps chez moi un Gentilhomme Danois qui, indépendamment de ce qu'il articuloit mal certaines lettres, à cause du volume énorme de sa langue, ne pouvoit, quelque effort qu'il fît, prononcer le *K*, mais disoit le *T* à sa place. Je m'y pris de cette façon : je plaçai sur cet organe mes deux doigts, que j'y fixai fortement, & je lui prescrivois de prononcer la syllabe *ka*. Je m'apperçus qu'il tentoit, suivant son usage, de dire *ta*; mais ne pouvant approcher la langue des dents, il fut forcé de prononcer *ka*, au grand étonnement de tous les assistans. Ce même Gentilhomme modifioit dans le fond de la bouche, & d'une maniere fort imparfaite, la lettre *L*, qui doit se former près des dents. Je l'accoutumai en peu de temps à appliquer sa langue à ces parties osseuses, & il est parvenu à la prononcer par la suite assez correctement. Il faut observer que, dans les circonstances dont nous parlons, on ne doit pas s'attendre à réussir, lorsqu'il sera question de la lettre *R*. La qualité de la langue est dépravée, lorsque ses fibres motrices étant trop relâchées, elle en contracte une certaine paresse, qui nuit principalement à la prononciation des lettres *L* & *R*. On voit que, dans quelques-uns, l'âge corrige ce défaut : l'accroissement de la chaleur naturelle, qui se développe successivement, fortifie par dégrés le ton des fibres, ainsi que le système général des nerfs. Chez d'autres, il est héréditaire, & ne doit nullement être négligé. J'en ai guéri un grand nombre assez heureusement, & tout récemment encore le fils & la fille d'un Marchand de Roterdam, qui n'articuloient point du tout les lettres *R* & *L*, & substituoient à leur place la lettre *I* par-tout où les autres étoient nécessaires. Au moyen de ce que je leur ai appris la vraie situation qu'il faut donner à la langue pour la prononciation de ces deux lettres, l'un & l'autre articulent l'*L* correctement & avec promptitude, & prononcent l'*R* du gosier, comme on dit communément. Enfin, la langue peut pécher dans son mouvement de trois manieres : ou toute la partie inférieure & latérale de cet organe est immobile, comme je l'ai vu autrefois, chez l'illustre *Ruysch*, dans une jeune personne, & alors l'art s'oppose difficilement à ce défaut de la Nature; ou sa partie antérieure trop bridée par le frein qui est serré & court au-delà de ce qu'il faut, ne sçauroit se prêter aux mouvemens de la langue vers les dents supérieures, & rend la prononciation des lettres *L* ou *R* difficile ou totalement impossible ; obstacle que leve cependant la section du frein, qui doit être suivie de l'exercice fréquent de cette partie pour en faciliter le mouvement ; ou enfin le même frein manque totalement à la langue, ce qui, à la vérité, ne nuit qu'à la lettre *L*. En effet, durant sa prononciation la langue est élevée supérieurement & un peu retirée en arriere ; mais si elle n'est pas retenue par le frein, elle tombe nécessairement dans le fond de la bouche, & forme en se rétablissant une espece d'*R* obscur, à la place de l'*L*. Ce défaut de conformation est très-rare, & son effet disparoît facilement, avec la seule attention, lorsqu'on veut prononcer l'*L*, de porter & de soutenir sa langue en haut, & un peu antérieurement.

Il arrive quelquefois que la lüette manque, & ce défaut nuisible à la parole, est absolument irréparable ; quelquefois elle péche par son trop grand volume. L'absence de la lüette altere

&

& la voix, c'est ce qu'éprouvent tous les jours les personnes qui ont perdu cet organe à la suite d'un ulcere vénérien ou d'une autre nature, & la prononciation des lettres explosives, par la raison que le souffle ne peut être retenu dans la cavité de la bouche, il trouve toujours une issue prompte & facile par le conduit nasal, que ne ferment plus dans ce cas la luette, ni le voile du palais. L'excès de volume dans la luette est de moindre conséquence; il contribue seulement à rendre plus obtus le son des lettres nasales. D'ailleurs on y remédie facilement en en retranchant une partie avec le fer.

J'ai parlé des défauts propres à la mâchoire inférieure, en traitant de l'ouverture vicieuse de la bouche. La supérieure est quelquefois attaquée de carie, ce qui produit une lésion générale de la voix & de la parole. Je n'ai que quelques mots à dire sur les dents & les levres.

Les dents peuvent nuire à la parole de deux façons, ou si elles manquent tout-à-fait, ou si elles sont tellement serrées qu'il n'y ait entre elles aucun intervalle. Dans l'un & l'autre cas, l'S

& l'*F* se prononcent d'une maniere vicieuse ; ce qui arrive aussi, dans le premier cas seulement, aux voyelles *E* & *I*, dont le son devient plus aigu près des dents. L'insertion des dents artificielles supplée aux naturelles qui manquent, & on peut, à l'aide de la lime, ménager un intervalle entre les canines & les incisives, pour que le souffle traverse librement dans la prononciation de l'*S*, de l'*F*, du *Z* & du *V*.

La parole peut être altérée en dernier lieu par ce vice de conformation des levres, que l'on nomme *bec-de-liévre*, ou lorsque ces organes ont été détruits ou déformés à la suite d'une blessure ou d'une playe. Dans ces circonstances, on ne sçauroit prononcer les lettres *M*, *B*, *P*, *F*, *V*, & c'est bien imparfaitement qu'on articule les lettres *O* & *U* ordinaires, *O* & *U* des Allemands : au reste, l'opération remédie efficacement à l'inconvénient que procure le bec-de-liévre. Elle doit cependant être suivie d'un exercice fréquent, pour la formation des lettres labiales, jusqu'à ce que les organes y soient accoutumés. Si les deux levres sont détruites, je ne vois point de remede, si ce n'est que par le moyen des doigts, on ait l'ingénieuse subtilité de remplacer ces parties. S'il reste un de ces organes bien conservé, il tiendra lieu des deux, en l'exerçant avec industrie. J'ai vu un enfant dont la levre inférieure étoit si petite, & le menton si retiré, qu'il ne pouvoit former la lettre F. Je lui fis appliquer la levre supérieure sur les dents inférieures, & il prononça l'F à la premiere aspiration.

On ne sçauroit déterminer le nombre des vices de la parole contractés par une mauvaise habitude, ni leur donner de nom, ni les définir autrement que de vive voix ; ils consistent dans la prononciation de quelques lettres, ou trop foible ou trop rude, trop basse ou trop aigue, trop ouverte enfin, ou trop serrée. Ce sont des taches qu'on peut faire aisément disparoître, en suivant les principes que nous avons exposés dans le cours de cette Dissertation. Les personnes qui s'appliquent à l'étude d'une langue étrangere, sont toutes dans cette classe.

Il est encore un autre défaut de la parole, commun à certains Prédicateurs, qui, en parlant très-haut, ne peuvent cependant se faire entendre de la centiéme partie de ceux qui les écoutent; la cause n'en est pas difficile à trouver. Trop occupés à faire valoir leur voix, ces Orateurs font disparoître, en quelque sorte, les consonnes des mots, sous le son des voyelles. Ils prodiguent ainsi leur voix, & la rendent trop aigue. Leurs périodes ne sont pas terminées, qu'ils ont déja chassé tout l'air de leurs poumons, ce qui les met dans la nécessité de ne donner aux derniers mots de chaque phrase, qu'une prononciation très-imparfaite, & qui se fait en inspirant; ils semblent donc dévorer une partie de ce qu'ils disent, suivant l'expression vulgaire, qui peint bien ce défaut. Ils se corrigeront en modérant leur voix, & en ne l'élevant point impétueusement & sans mesure; il en naîtra un avantage qu'ils partageront avec leurs Auditeurs.

Ce que j'ai dit jusqu'ici, touchant la parole & la voix, doit s'entendre de l'usage ordinaire & journalier qu'on fait de l'une & de l'autre, durant le mouvement d'aspiration. Il est encore une façon de la former pendant l'inspiration que peu de personnes connoisfent, & que j'ai quelquefois admiré dans des *ventriloques* ou *gaſtrymithes ;* c'eſt ainſi qu'on les nomme. J'ai entendu autrefois à Amſterdam une vieille femme qui parloit de ces deux manieres ; elle répondoit, en inſpirant, aux queſtions qu'elle ſe faiſoit à elle-même, & j'aurois juré qu'elle converſoit avec un homme éloigné d'elle de dix pieds au moins ; car je croyois que la voix qu'elle abſorboit en inſpirant, venoit d'aſſez loin. Cette vieille femme auroit pu facilement jouer le perſonnage d'une Pythoniſſe.

Tous les détails dans leſquels je ſuis entré juſqu'ici, feront ſans doute d'une plus grande utilité aux Sourds & Muets, en faveur deſquels j'ai donné mon Ouvrage, qu'au reſte des hommes. Ces derniers cependant pourront profiter de quelques-uns des principes répandus dans ma Diſſertation, en les réduiſant en pratique.

Et d'abord, 1°. les perſonnes qui entendent aſſez difficilement, pour ne pouvoir aſſiſter aux Sermons, & ſe répandre dans les Sociétés, qu'en eſſuyant beaucoup d'incommodités, doivent s'exercer devant un miroir, &

parvenir ainsi à se passer du ministere des oreilles, & à les faire suppléer par les yeux. Ils réuniront, par ce moyen, à une utilité réelle, un agrément inexprimable.

2°. Les enfans dirigés par un Maître intelligent, apprendront avec ma méthode, & en très-peu de temps, à lire non-seulement une langue quelconque, mais encore, pour peu qu'ils s'appliquent, à remarquer la formation de chaque lettre :

3°. Ils pourront les entendre également à l'aide de l'organe de la vue, comme par celui de l'ouie; avantage dont il n'est personne qui ne sente toute l'importance. Il est en effet presque toujours de notre intérêt de connoître ce que l'on fait, ou ce que l'on dit à notre insçu, qui nous concerne, & de n'ignorer point les desseins secrets qu'on trame contre nous; desseins qui peuvent être formés sous nos yeux, & être dérobés à notre intelligence, lorsqu'on prend la précaution de parler à voix basse. Ne devons-nous pas nous estimer heureux de découvrir par les yeux ce que l'on cherchoit à soustraire à nos oreilles, d'éviter ainsi les piéges qu'on nous tendoit, & de pénétrer des secrets contraires à notre sûreté ?

4°. Les personnes, dont la parole est notablement altérée, pourront, comme je l'ai déja remarqué, d'eux-mêmes, & sans le secours d'aucun Maître, en suivant mes principes, corriger ces défauts, & les faire même disparoître, à moins que leurs organes ne s'y refusent.

5°. Enfin, ma méthode préservera de l'oubli la prononciation convenable des langues quelles qu'elles soient; & quand le temps, ou d'autres circonstances viendroient à l'altérer, ou à l'effacer entiérement, il ne faudroit qu'un travail médiocre pour la rétablir, en articulant les lettres, & les modifiant, suivant le plan que j'ai donné.

Heureux l'Ecrivain, a dit *Horace*,

Qui sçait joindre en tout point l'agréable à l'utile.

Puissé-je me flatter d'être dans le cas de la maxime de ce Poëte du goût & de la raison ! Peut-être qu'il se trouvera des Lecteurs qui me rendront cette justice. En considérant attentivement le méchanisme admirable de la parole, ils verront sans doute avec quelque plaisir la verité des principes que j'ai suivi dans mon Ouvrage ; & si les circonstances leur en rendent la pratique nécessaire, soit pour leur utilité propre, soit pour celle d'autrui, je ne leur demande que de se joindre à moi, pour chanter les louanges d'un Dieu Créateur. Ils restitueront ainsi à la noble fonction de la parole, sa plus belle, comme sa plus ancienne prérogative.

F I N.

AVIS AU RELIEUR.

Le Relieur placera la Figure du Bureau Typographique, à la page 175.

Et celle de l'Alphabeth Manuel, à la pag. 199.

A ORLEANS, de l'Imprimerie de COURET D VILLENEUVE, Imprimeur du Roi.

www.ingramcontent.com/pod-product-compliance
Lightning Source LLC
Chambersburg PA
CBHW050907230426
43666CB00010B/2064